孤山镇志

LOCAL RECORDS OF GUSHAN

辽宁省东港市孤山镇志编纂委员会 编

图书在版编目（CIP）数据

孤山镇志 / 辽宁省东港市孤山镇志编纂委员会编
.-- 北京：方志出版社，2018.11
（中国名镇志丛书）
ISBN 978-7-5144-3370-8

Ⅰ.①孤… Ⅱ.①辽… Ⅲ.①乡镇—地方志—东港
Ⅳ.① K293.15

中国版本图书馆 CIP 数据核字（2018）第 237895 号

·中国名镇志丛书·

孤山镇志

编　　者：辽宁省东港市孤山镇志编纂委员会
责任编辑：高孟君

出 版 人：冀祥德
出 版 者：方志出版社
地址　北京市朝阳区潘家园东里 9 号（国家方志馆 4 层）
邮编　100021
网址　http：//www.fzph.org
发　　行：方志出版社图书经销中心
电话　（010）67110500
经　　销：各地新华书店
排　　版：北京纺印图文设计制作有限公司
印　　刷：北京中科印刷有限公司

开　　本：787 × 1092　　1/16
印　　张：18
字　　数：317 千字
版　　次：2018 年 11 月第 1 版　　2018 年 11 月第 1 次印刷

ISBN 978-7-5144-3370-8　　定价：145.00 元

序一

习近平总书记指出："不忘历史才能开辟未来，善于继承才能善于创新……只有坚持从历史走向未来，从延续民族文化血脉中开拓前进，我们才能做好今天的事业。"中国优秀传统文化是在漫长的历史长河中历经无数次涤荡和沉淀而形成的思想精髓，蕴藏着无穷的宝藏和无尽的力量。发掘和继承优秀传统文化，是延续中华文明"根"与"魂"的必由之路。与时俱进，推动传统文化不断开拓创新，是中华文明常葆勃勃生机的重要保证。

"国有史，邑有志。"编修地方志是中国特有的文化现象，是中华民族的优秀文化传统。数千年来，连绵不断的志书编修为保护中华民族根脉，传承中华文明发挥了不可替代的作用。中国现存古志有 8000 余种，占现存古籍的十分之一。中华人民共和国成立以来，编修完成数万种省、市、县三级综合性行政区域志、部门志、行业志、专志等，编纂数万种地方综合年鉴、行业年鉴和专门年鉴等，整理出版数千种历代方志及相关研究成果，发表相当数量的方志理论与年鉴理论研究成果。这既是对我国国情、地情持续开展的大规模普遍调查，也是对各地自然与社会发展状况进行的综合研究，其成果构成了一座丰富的文化资源宝藏，为各级领导科学决策提供了重要参考，为推动经济社会发展和文化建设发挥了重要作用。

当前，中国特色社会主义进入新时代，全国地方志事业也进入新时代。如今的地方志事业围绕党和国家利益、经济社会发展，以人民为中心开拓创新，志、鉴、馆、史"四驾马车"并驾齐驱，志、鉴、馆、网、库、用、会、刊、研、史"十业并举"，加快实现在全国范围内全面推进地方志从一项工作向一项事业转型升级。在党中央、国务院的亲切关怀和各级地方志工作者的共同努力下，一批紧密结合社会发展需求、具有独特创造性的工作逐步开展，涵盖中国名镇志、中国名村志、中国名山志、中国名水志、中国名街志等"名志"系列文化工程是其中代表。作为首个"名志"系列文化工程的中国名镇志文化工程，启动于 2015 年，至今已是第三个年头。中国名镇志丛书在记述主体上，选择中国历史文化名镇、经济强镇、特色镇等在全国具有影响力和代表性的乡镇，旨在全面展示中国名镇的文化精髓；在内容题材选择上，重在突出不同名镇的“名”和“特”，力求集中体现不同名镇最精彩的部分，增强可读性；在志书编纂程序设置方面，志书申报、篇目设计、专家审读、专家组验收等流程环环相扣，紧密结合，力争把每一部志书都打造成精品佳志。

习近平总书记指出：“历史和现实都表明，一个抛弃了或者背叛了自己历史文化的民族，不仅不可能发展起来，而且很可能上演一场历史悲剧。”2018 年是改革开放 40 周年，40 年来中华大地发生了翻天覆地的变化，乡镇发生了极为深刻的改变，从粗茶淡饭到有机食品，从粗布衣裙到精美时装，从土屋平房到高楼大厦，人民生活水平大大提高，城乡差距不断缩小。然而，在感受辉煌成就的同时，我们也应该看到，许多精巧的古建、精湛的工艺、亲切的乡音、独特的乡俗也在快节奏的发展中与我们渐行渐远，曾经的家乡正逐渐变为记忆中的故园。

党的十九大报告提出乡村振兴战略，此后党中央、国务院又推出一系列重大举措。实施乡村振兴战略，必须全面加强乡村文化建设，培养乡村文化自信，培植文化之“根”，铸牢文化之“魂”。没有乡村文化的高度自信，没有乡村文化的繁荣发展，就难以实现乡村振兴的伟大使命。振兴乡村文化，既要塑形，更要铸魂，必须遵循乡村发展的客观规律，在发展中把文化的精髓保留下来，把乡土味道、乡村风貌的“魂”传承下去。在保留优秀乡村文化内核的基础上，用现代表现方式，把反映时代精神、先进理念的内容通过群众喜闻乐见的文化产品表达出来，才能够让乡土文化具有更强大的生命力。用创新性的模式书写乡镇志，传承和抢救乡土历史文化，激发爱国爱乡情怀，为探索中国特色新型城镇化发展经验、发展模式、发展道路提供历史智慧和现实借鉴，正是实施中国名镇志文化工程的目的和意义所在。

“月是故乡明”。中国人素有“家国情怀”，家乡的山水是最为美丽的，家乡的风俗是充满温暖的，一声亲切的乡音，一口熟悉的家乡菜，都能拨动游子的心弦，让其魂牵梦萦。中国名镇志丛书是一套全面梳理中国名镇历史人文，挖掘文化特色，突出“名”和“特”的镇志。它能让人民群众深刻感受到本土本乡自然的优美、历史的醇厚、人物的杰出、艺文的风雅等，有助于培养人民群众对家乡文化的自信，激发起人民群众浓烈的爱乡爱国情怀，助力国家新型城镇化建设和乡村振兴战略的实施。

是为序。

中国社会科学院院长
中国地方志指导小组组长　谢伏瞻

序二

连绵不断地编修地方志是我国特有的文化传统，为传承中华文明作出了巨大的贡献。在党中央、国务院的高度重视和支持下，这一古老的文化传统焕发勃勃生机，展现新的活力，成为保存、继承、发扬光大中华优秀传统文化的重要依托，培育和践行社会主义核心价值观的重要媒介，社会主义先进文化建设的重要组成部分，发展中国特色社会主义，增强道路自信、制度自信、理论自信的重要载体，在实现“两个一百年”奋斗目标和中华民族伟大复兴中国梦进程中具有不可替代的地位和作用。

事物总是在不断发展中前进。经过改革开放以来 30 余年的发展，中国特色地方志事业与传统的编修地方志已不可同日而语，形成了志（志书）、鉴（年鉴）、库（地情数据库）、馆（方志馆）、网（地情网站）、刊（期刊）、会（学会）、研（理论研究）、用（开发利用）等多业并举的新格局。截至 2015 年 10 月底，全国编纂完成首轮、二轮省、市、县志书 8000 多种，编修部门志、行业志、专业志、乡镇村志 27000 多种，编纂地方综合年鉴 2300 多种，累计整理旧志 2500 多种，还编纂出版了大量的地情书，字数以百亿计，形成以反映国情、地情为主要内容，全面系统、持续不断、卷帙浩繁的社会科学成果群。另外，还开通了 27 个省级网站、230 个市级网站、816 个县级网站；建成国家方志馆 1 个、省级方志馆 16 个、市级方志馆 86 个、县级方志馆近 300 个。这些成果，成为国家极为重要的文化资源，是国家文化软实力和公共文化服务体系的重要组成部分。

最近几年，地方志工作的触角在不断延伸，部门志、行业志、专业志、特色志、乡镇村志编纂方兴未艾，成为当前地方志事业发展新的增长点和亮点。特别是乡镇志，兴起了编纂热潮，从自发的民间行为逐渐过渡为政府组织的文化行为，有的省份以政府令形式将其纳入地方志编修范畴，像河南省还以省政府办公厅名义要求全省普修乡镇志。乡镇志并不是一个新生事物，据现有资料可考，宋代常棠所撰《澉水志》是现存最早的一部乡镇志。与省、市、县三级志书相比，乡镇志虽属小志，但意义却不小，特别是在当前国家全力推进新型城镇化建设的背景下，乡镇志的作用更显重要。

启动中国名镇志文化工程，是适应当前新型城镇化建设形势发展需要、地方志事业发展形势需要的重要举措，也是充分发挥地方志存史、资政、育人功能的重要手段。作为最基层行政组织的志书，镇志是最接近中国社会发展变迁的国情、地情记录文本，具有重要的历史文献价值。而作为充分反映本区域自然、政治、经济、文化和社会的历史与现状的资料性文献，镇志又能全面展示发展脉络，摸索发展经验，为探索中国乡镇未来发展方向提供借鉴和参考。当然，对于祖祖辈辈生于斯长于斯的中国人来说，故乡就是一个魂牵梦萦的地方，故乡的情怀终生难忘。留得住乡愁，记得住乡思，充分展示名镇文化魅力，激发爱乡、爱国情怀，正是中国名镇志文化工程题中应有之义。

是为序。

中国社会科学院原院长
中国地方志指导小组原组长 王伟光

序三

“国有史，邑有志”，中国自古就有注重编史修志的传统。按照我国目前地方志行政法规，国家各级地方志机构的法定职责是编纂省、市、县三级志书，并不包括县以下的乡镇志和村志。这种规定，一方面可能因为全国有数百万自然村落和数万乡镇，全部实行官修很难实现；另一方面可能因为我国历史上就有“皇权止于县”的说法，县以下的民间社会历来是一个以自治为主的领域。然而，改革开放几十年来，我国社会正在发生巨变，这种巨变在基层社会的乡镇、村落、家庭领域更为深刻。作为“乡之首，城之尾”的镇，逐渐被日益崛起的大都市淹没了光彩，村落在快速的城镇化过程中每天都在大量消失，农村家庭的小型化、空巢化趋势非常突出。在这种情况下，我一直在思考，如何留得住历史文化记忆和乡愁，如何把修志的工作向基层社会延伸？

中国人的“家国情怀”，是从“诚意、正心、修身”开始，到实现“齐家、治国、平天下”。所以从国家一统志，省、市、县三级志，到乡镇志、村志、家谱，也是一个完整的系统。

正是在这种背景下，我们决定启动中国名镇志文化工程。乡镇是无数中国人生命的底色和成长的摇篮。如何在城镇化进程中，留得住乡愁，记得住乡音，忘不了乡思，事关城镇化进程的人文关怀和文化保护，事关文化血脉的传承。同时，科学记录城镇化进程，反映城镇化成就，也为今后探索城镇化发展规律、积累经验提供了基本素材。作为全面系统记述一定行政区域的自然、政治、经济、文化和社会的资料性文献，志书是以上功能最好的载体。

我国目前有 4 万多个乡镇，全部修乡镇志还不具备条件。中国名镇志丛书选择的是传统文化名镇、历史军事重镇、革命历史名镇、民族特色名镇、特色经济名镇、旅游景观名镇等类型的乡镇，应该是最具代表性的，在中国乡镇文化传承和社会发展中具有标杆意义。

编纂中国名镇志丛书是对乡土历史文化的保护。随着城镇化进程加快，有不少乡镇被撤并，有些还是在历史上有重要意义的历史文化名镇、特色镇等。如不及时对其历史进行整理、记录，这些重要的历史资料将散佚殆尽。因此，中国名镇志丛书的编纂是对宝贵历史资料的抢救。

编纂中国名镇志丛书是对乡土意识的传承。什么东西有魅力？故乡的山水，乡音乡情的记忆，乡土的气息和家乡菜的味道，不管走到哪里，总是触动心弦。中国名镇志丛书记录的是家乡的山山水水，家乡的历史文化，家乡的风土人情，留住的是乡愁。这些最能激发远方游子和本地民众的爱乡情怀、爱国情怀。

编纂中国名镇志丛书是一种学术探索。镇志的编纂，实质也是一次深入的社会调查研究。“麻雀虽小五脏俱全”，相比省、市、县，乡镇第一手资料的获得需要付出更大的努力。我们也希望在志书编纂上有所创新，使中国名镇志丛书成为一套图文并茂、雅俗共赏的新型志书。

中国社会科学院副院长
中国地方志指导小组常务副组长

中国名镇志文化工程专家委员会

名 誉 主 任　徐匡迪

主　　　任　谢伏瞻

常务副主任　李培林

委　　　员（按姓氏笔画排序）

毛其智　叶裕民　李　铁　李善同

杨保军　柳　拯　倪鹏飞　魏后凯

中国名镇志文化工程学术委员会

主　　　任　李培林

常务副主任　冀祥德

副 主 任　邱新立

委　　　员（按姓氏笔画排序）

于伟平　王　晖　王铁鹏　巴兆祥

田　嘉　苏炎灶　李　江　李孝聪

张大伟　张英聘　陈泽泓　陈　强

黄晓勇

中国名镇志丛书辽宁编纂指导小组

组　长　鄢钢城

副组长　麻志杰　林燕燕

成　员　袁国华　李明哲　赵国辉　李　栋　刘忠义
　　　　　黄文科　祖丽敏　韩晓东　李立新　王成刚
　　　　　赵　丹　郎景城　刘亚辉　王玉来

辽宁省东港市孤山镇志复审委员会

主　任　张　鸣

副主任　黄文科　苗　强

成　员　林　静　卜俊丽　伊炳洁　李小琳

辽宁省东港市孤山镇志编纂委员会

辽宁省东港市孤山镇志编辑部

中国名镇志丛书凡例

一、以马克思列宁主义、毛泽东思想、邓小平理论、“三个代表”重要思想、科学发展观、习近平新时代中国特色社会主义思想为指导，坚持辩证唯物主义和历史唯物主义的立场、观点和方法，存真求实，全面、客观、系统记述中国名镇城镇化进程和改革开放成果，传承和抢救乡土历史文化，激发爱国爱乡情怀，留住乡愁，为探索中国特色新型城镇化建设、服务乡村振兴战略提供历史智慧和现实借鉴。

二、为全面反映入志事物发展脉络，各志上限追溯至事物发端，下限一般断至各镇志启动编修年份，个别重大事项可延至搁笔。详今明古，着重反映时代特色和地方特点，重点体现各镇的“名”与“特”。

三、记述地域范围以下限年份的行政辖区为主。为体现名镇在更大区域内的意义，可以从更开阔的区域视野记述与该镇相关的内容。

四、统一采用纲目体，设类目、分目、条目三个层次。横排门类，纵述史实，述而不论。

五、综合运用述、记、志、传、图、表、录等各种体裁，以志体为主。体裁运用适当创新，篇目设置不求面面俱到，一般意义上的乡镇级内容略去不载。

六、除引用文字和附录文献资料外，统一使用规范的现代语体文记述，行文力求朴实、严谨、简洁、流畅、优美，具有较强可读性。

七、人物部类遵循“生不立传”原则，人物传主按生年排序，只选录对本镇发展有重大影响的人物，不面面俱到。

八、各项数据一般采用国家统计部门数据。数据缺乏的，采用主管部门或主办单位正式提供的数据。

九、数字用法、标点符号、计量单位分别执行国家标准《出版物上数字用法》（GB/T 15835—2011）、《标点符号用法》（GB/T 15834—2011）、《国际单位制及其应用》（GB 3100—1993）和《有关量、单位、符号的一般原则》（GB 3101—1993）。历史上使用的计量单位，如斗、石、里、尺、磅、华氏度等，在引文时可照录。考虑到社会使用习惯，全书中亩不统一换算。

十、中华民国成立前的纪年，使用朝代年号纪年，括注公元年份；中华民国成立后的纪年，均使用公元纪年。志中所称“解放前（后）”，以该镇解放日为界；“新中国成立前（后）”，以中华人民共和国成立日 1949 年 10 月 1 日为界；“改革开放前（后）”，以 1978 年 12 月中共十一届三中全会召开为界。本志“×× 年代”，凡未加世纪者，均指 20 世纪。

十一、为节省篇幅，避免重复，本志采用条目互见法。参见条目的表示形式为：参见本志“×× 类目 · ×× 分目 · ×× 条目”。

十二、对旧志、古籍中的繁体字、冷僻字一般用简化字或通用字替换，易引起误解的则保留。

十三、记述各个历史时期的党派、机构、职务、地名等，均以当时的名称为准。对频繁使用的名称，首次用全称并括注简称，其后用简称。

十四、各镇志需要单独说明的事项，均在各自编纂始末中记述。

孤山镇在中国的位置

黑龙江省
哈尔滨
吉林省
长春
沈阳
辽宁省
东港
孤山镇
内蒙古自治区
呼和浩特
北京市
北京
天津市
天津
河北省
石家庄
山西省
太原
山东省
济南
渤海
黄海
东海
新疆维吾尔自治区
乌鲁木齐
甘肃省
宁夏回族自治区
银川
青海省
西宁
兰州
陕西省
西安
河南省
郑州
江苏省
南京
上海市
上海
安徽省
合肥
西藏自治区
拉萨
四川省
成都
重庆市
重庆
湖北省
武汉
浙江省
杭州
湖南省
长沙
江西省
南昌
福建省
福州
钓鱼岛
赤尾屿
台湾省
台北
台湾岛
贵州省
贵阳
云南省
昆明
广西壮族自治区
南宁
广东省
广州
香港
澳门
东沙群岛
海南省
海口
海南岛
西沙群岛
永兴岛
中沙群岛
黄岩岛
南海
南沙群岛
曾母暗沙
黄河
长江
图例
北京 首都
天津 省级行政中心
未定 国界
省、自治区、直辖市界
特别行政区界
名镇(乡)所在区域
名镇(乡)
1∶32 000 000
审图号：GS（2018）5807号

孤山镇在辽宁省的位置

图 例

沈阳	省级行政中心
本溪	地级市行政中心
凤城	县级行政中心
	省界
	地级界
	名镇(乡)所在区域
	名镇(乡)

1：3 590 000

审图号：GS（2018）5807 号

孤山镇地图

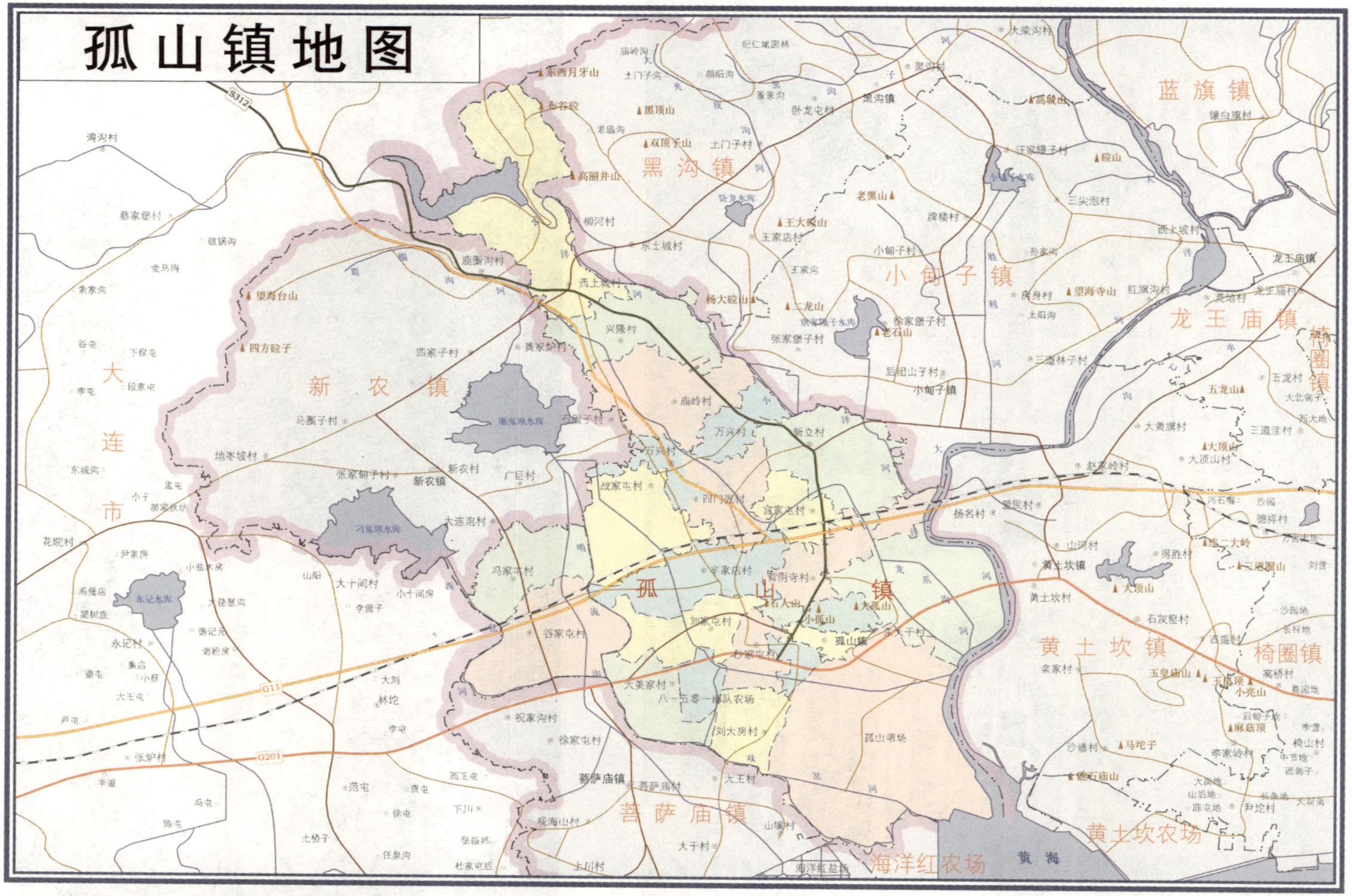

审图号：辽 S（2013）43 号

1：180000

大鹿岛风景名胜区（2006 年）

孤山镇的除夕夜（2016 年）　　吕国强　摄

刘芳春　摄

下庙秋景（2005 年）　　刘芳春　摄

大孤山娘娘庙会旧照（1932 年）

东港市档案局　提供

2008 年大孤山庙会盛况（2008 年）　　刘芳春　摄

孤山镇地段的鸭绿江口湿地标志雕塑（2006 年）

刘芳春　摄

位于大鹿岛村的民族英雄邓世昌塑像（2006 年）　　刘芳春　摄

大孤山上庙千年银杏树（2006 年秋）

刘芳春　摄

孤山新貌（2017 年）　　肖民　摄

镇区胡同内的黄泥墙和杏梅花（2015 年）　　毛振成　摄

目录

1 山风海韵　灵秀孤山

9 基本镇情

11 **建置区划**

11 建置

11 区划

13 **区位交通**

13 区位

13 交通

14 **自然环境**

14 地质地貌

14 气候

15 土壤植被

15 海域海岛

15 湿地河流

15 山岭

16 泉

16 **人口民族**

16 人口

17 民族

18 **镇区建设**

19 居民住宅

21 基础设施

23 公用事业

24 **经济发展**

24 农业

26 工业

28 商贸业

29 旅游业

29 **社会事业**

29 教育

31 卫生

31 体育

33 社会保障

33 **精神文明**

33 文明创建

34 道德楷模

35 文化遗产

37 物质文化遗产
37 出土文物
38 古迹遗址
45 水下文物
46 湮没文物
47 非物质文化遗产
47 孤山民间鼓乐
48 孤山泥塑
49 妈祖祭典
49 大孤山粄子制作工艺
50 孤山满族靰鞡制作技艺
50 孤山剪纸技艺
51 孤山农民画技艺
51 孤山蓑衣编织工艺
52 大孤山庙会
52 孤山民间故事
53 孤山刺绣技艺

55 古建筑群

57 上庙
57 三霄娘娘殿
58 佛爷殿 龙王殿
60 圣水宫
61 圣磬斋 一层楼
61 三官殿
61 玉皇阁
62 药王殿
62 观海亭
62 佛塔
64 下庙
65 天后宫
70 地藏寺
73 文昌宫
73 财神殿
74 关帝殿
75 吕祖亭
76 戏楼
76 戏楼造型
76 戏楼装饰

79 古镇保护

81 编制规划
81 孤山镇规划
81 大孤山风景名胜区管理局规划
81 修复与新建
81 重建
82 扩建与新建
83 修缮

85 **保护机构及措施**
85 保护机构
85 保护措施

87 旅游开发

89 **规划方案**
89 大鹿岛旅游景区规划
89 大孤山风景名胜区规划
90 **旅游资源**
90 大孤山风景名胜区
95 大鹿岛国家 AAAA 级旅游景区
100 鸭绿江口湿地国家级自然保护区孤山核心区
101 孤山古镇区
104 **旅游节庆**
104 娘娘庙会
104 海灯节
105 杏梅花节
106 **配套服务**
106 资金筹措
106 项目建设
106 民宿客栈
106 宾馆酒店
106 古镇特产
107 **交通及旅游路线**
107 交通路线
107 旅游路线
109 **管理机构**
109 大孤山风景名胜区管理局
110 辽宁大孤山国家森林公园管理处
110 辽宁省大孤山文物管理处
110 孤山镇旅游办公室

111 驻军战事

113 **军事设施**
113 城堡
113 城壕
113 野战机场
114 军营
114 **驻军**
114 明军
115 清军
115 奉军
115 日伪军
115 国民党政府军
115 人民武装
116 其他武装
117 **战事**
117 甲午黄海海战
119 自卫军围攻大孤山
120 从家大沟遭遇战

120 孤山野战机场轮战
121 大孤山空战
121 **遗址 纪念设施**
121 毛文龙碑
122 甲午海战古战场
122 甲午英烈陵园
123 邓世昌雕像
124 大孤山革命烈士陵园
125 石人山革命烈士纪念碑

127 地域文化

129 **文艺组织**
129 戏班
129 剧团
131 民间艺术活动
134 民间故事搜集整理
134 群众文化研究
135 文学创作
135 书画艺术
138 **牌匾碑碣**
138 牌匾
139 碑碣
141 **红学研究**
141 著述成果
142 学术交流
142 **文化设施及场所**
142 大孤山娘娘殿戏台
143 大孤山戏楼
143 县（市）文化馆孤山分馆
144 镇（区、乡、公社）文化站
144 乡（镇）村（大队）图书馆（室）
144 古韵街文化广场
144 大泉眼文化广场

145 风土民情

147 **习俗**
147 岁时习俗
150 衣食住行
153 社交习俗
154 行业习俗
157 送考习俗
158 **方言**
158 语音
160 词汇
161 **特色物产**
161 孤山杏梅
162 四门张甜瓜
162 杂色蛤
162 梭子蟹
163 大洋河鲤鱼
163 大洋河白眼鲛

163 苇塘鲫鱼
163 罗圈背水库鲢鱼
163 草莓酒
164 **美食小吃**
164 西河锅烙
164 扒拉粑子
164 豆腐脑
165 碱蓬包子
165 宴春楼酱肉
165 七吃杂色蛤
166 五吃梭子蟹
167 六吃对虾
168 四品海菊花
168 三吃泥螺
169 腌嘟噜蟹子
169 五香海锥、海钱儿
169 青菜抹虾酱
170 凉拌布鸽鲜
170 腌虾爬子
170 **宗教信仰**
170 佛教
171 道教
171 伊斯兰教
172 基督教
173 **妈祖信俗**
173 妈祖巡游及祭典的场景
174 妈祖巡游及祭典的发展
176 **老旧物件**
176 生产工具
177 生活用具

179 **名人与名镇**

181 **人物传略**
181 聂乐信
182 姚子扬
183 徐成章
183 曹镇
184 张玉和
184 周桓
185 李桂仁
186 赵乃禾
186 邵宇
188 郑振江
188 姚峻
190 梁栋
191 王心稳
192 韩云娜
193 **名人与孤山**
193 毛文龙驻守大鹿岛
194 李希霍芬登顶大孤山
194 邓世昌在大鹿岛海域壮烈殉国
194 宋教仁在孤山组建中国同盟会辽东支部

194 邓铁梅、赵同指挥四路自卫军围攻大孤山
195 郭沫若关注孤山文化
195 姜育恒代言大孤山风景名胜区

197 艺文杂记

199 **诗文作品**
199 诗歌
204 散文
208 民间传说
210 民间故事
213 **杂记**
213 名人题字与墨宝
216 歌曲
219 楹联
219 碑文选录
221 **绘画作品选**

227 大事纪略

229 **清宋三好起义**
229 **清光绪年间凤城巡检司移驻大孤山**
230 **清光绪三十二年（1906）大孤山建成地车铁路**
230 **20 世纪 20—40 年代孤山镇手工业工人举行 5 次大罢工**
231 **1945 年吕其恩率部解放孤山镇**
232 **1958 年谷屯村发现新石器时代贝丘遗址**
233 **1981 年西土城村发现辽代西土城遗址**
234 **2009 年丹东大孤山经济区成立**
235 **2014 年纪念中日甲午海战 120 周年海上公祭活动在大鹿岛举行**
236 **“丹东一号”入选 2015 年度全国十大考古新发现**
236 **孤山镇获得“中国历史文化名镇”“全国文明村镇”等称号**

239 附录

241 孤山镇阎坨贝丘遗址保护公告
243 孤山镇历史文化名镇保护规划（2008 年—2030 年）（节选）
250 当代大孤山妈祖公祭仪式（节选）

255 主要参考文献

256 编纂始末

山风海韵　灵秀孤山

长白山逶迤千里浩荡而来，奔至黄海岸边陡起一峰，天下便有了一座奇山——大孤山。山海有情，孕育出中国历史文化名镇——孤山镇。

孤山镇，地润天泽，埠古水丰。洋河水脉自北而来，黄海潮汐由南而至，依千山之余脉，领海岛之风骚，一镇连大连、鞍山、丹东三市，集山海河川于一方。

孤山镇的历史文化以贝丘文化为代表。古人类在这片土地上捕鱼狩猎，春种秋收，世代繁衍，将中华文明的火种传续后人。境内以阎坨子贝丘遗址为代表的 8 处新石器遗址，将人类在此地活动时间追溯至 6000 ~ 7000 年前。

唐武德年间，洪真在大孤山修建望海寺，并亲自种植银杏树二株。后经历代道家僧侣及信众续建重修，占地面积 1.29 万平方米，建筑面积 5000 余平方米，有殿 15 座、亭 2 座、楼 3 座，共 132 楹的古建筑群坐落于大孤山南麓。

大孤山古建筑群所有建筑随山就势，构成阶层式庭院，集南北古建筑之大成，整体建筑典雅美观，既具江南建筑的精巧细腻，又有北方建筑的庄重朴厚。其弥散的宗教文化、妈祖文化、建筑文化，影响着古镇的民俗民风和建筑风格，使古镇居民深悟做人之道、生存之道。

孤山镇，兴之于海、河水运。唐朝时期，大孤山前有船舶停靠码头，唐人称之为“橐驼湾”。唐先天二年（713），鸿胪卿崔忻出使渤海国，自长安至登州后走水

镇区一角（2016 年）　　丹东孤山经济开发区管理委员会　提供

大鹿岛村全貌（2009 年） 孤山镇大鹿岛村民委员会 提供

路，经青泥浦（大连）、橐驼湾至鸭绿江唐恩浦口北上。史书记载，唐朝遣使到渤海国共 19 次，渤海国遣使赴唐 138 次，双方使节走水路时，孤山是重要的驿站。

明清时期，海上贸易船只往来频繁，大洋河流域山珍物产乘舟而下，孤山港成为南北物资贸易集散地，山东、河北等地灾民闯关东者多有至此落脚谋生，孤山还流传有“东街扛载的，南街使船的，西街种菜的，北街买卖的（经商之意）”的民谣。

清光绪年间，镇内商业店铺多达 500 余家，木器加工、制香等工业作坊兴盛。后来，因陆路交通发达，孤山港货船逐年减少，至中华人民共和国成立后，没有远程货船停靠，但凭借区位优势，仍为辽东半岛商贸重镇。

孤山镇，曾几度成为地区政治中心。清光绪二年（1876），岫岩州在此设巡检司。1915 年，庄河县在此设县佐。1946 年，设孤山县。1987 年，为副县级建制镇。2011 年，设丹东大孤山经济区。

天人合一，文脉永续。千百年来，孤山镇人民以聪颖的智慧和勤劳的双手，创造了多彩的地域文化，境内物质文化遗产有省级 4 处、市级 3 处、县级 5 处；国家级非物质文化遗产 1 项、省级 1 项、市级 9 项；第三次国家文物普查登记点 48 处。镇内有以古戏楼为标志的文化设施，以及图书馆、博物馆、文化站等。

历史文化源远流长，重教尚学之风久盛不衰。孤山镇被辽宁省、丹东市定为“现代农民画创作基地”“民族器乐基地”“版画创作基地”“书法创作基地”。镇内清末创立学堂、民国得以发展。中华人民共和国成立后，自幼儿到高中教育形成体系。孤山中学是辽宁省重点高中。2014 年，孤山镇被评为“中国历史文化名镇”。

有了土的肥沃、山的雄奇、海的平阔、河的奔涌，有了文化的神韵、教育的开化，便有了人的聪颖与豪迈。这里，走出了中华人民共和国开国上将周桓，走出了中共中央政治局委员、中央军委副主席范长龙；走出了中华人民共和国科学家、中国农工民主党中央委员会副主席姚峻，走出了画家、书法家、出版家邵宇；以及梁栋、王绪阳、王喜义、王秉忠等大家。

孤山镇，古今军事之要冲。明天启元年（1621），抗击后金名将毛文龙率兵攻克大鹿岛，又以大鹿岛为支点，连克石城岛、给店岛等岛屿，并收复镇江城。其后，又以大鹿岛等岛屿为根据地，扩充兵力十万余众，频繁袭击后金，有力地牵制后金向西扩张，减轻宁远、山海关守军压力。

清光绪二十年（1894）八月十八日（9 月 17 日），中国北洋水师的 10 艘战舰同日本国的 12 艘战舰，在大鹿岛西南海域展开生死决斗，史称甲午中日大东沟海战。清光绪三十年（1904），日俄在争夺中国东北的战争中，日军 1.1 万人于 5 月 18 日从朝鲜南浦乘船驶向大孤山；次日，在大孤山南尖子登陆，向岫岩方向攻击。

中华人民共和国成立后，大鹿岛作为军事要塞有部队驻守，孤山镇内也一直有驻军。抗美援朝战争期间，临时修建的大孤山机场，为中苏两国空军参战提供有利条件。

孤山镇，北国旅游之胜地。山、海、岛、河、湿地，古迹、庙宇等文化遗产，构成绚丽的自然景观和人文景观；孤山镇夏无酷暑、冬无严寒，游览胜地、避暑佳地闻名全国。

秀奇神韵大孤山。大孤山以树呈秀，有柏、槲（柞）、枫、松、银杏、国槐、水杉等树木 274 种，300 年树龄以上的古树 200 余株，其中树龄 1300 余年的两棵银杏树，为镇山之宝；有占地面积400余亩的鹅耳枥成片林，为国家一级保护树种在东北地区的最大林地；有在树上直接生芽的萌芽松400余亩，其规模国内罕见。姹紫嫣红的数十种灌木花类，与星罗棋布的参天树木相搭配，形成层次分明、千姿百态、相互交错的北国特有森林景观。大孤山以石生韵，有观音石、孔明石、十二生肖石、罗汉石、骆驼石，有石人、石龟、摩西石崖，更有石林大峡谷，可谓山势险峻、峭岩凌空、怪石嶙峋，堪称“天然石雕公园”。大孤山以山体大佛称奇，更有汇道、佛、儒三教于一体的古建筑群。1991年，大孤山森林公园被林业部批准为国家级森林公园。1992年，辽宁省政府批准成立大孤山风景名胜区。2003年，大孤山国家森林公园被辽宁省林业厅和旅游局评为十佳森林公园，同年获国家AAA级旅游景区认证。

风景旖旎大鹿岛。大鹿岛是中国沿海北端最大岛屿，岛屿面积6.6平方千米，为孤山镇的一个渔村。岛上植被丰富，有多处自然景观和人文景观，岛前的月亮湾滩平浪缓、水清沙洁，是北黄海较好的海滨浴场。是品尝海鲜、避暑纳凉的好去处，每至旅游旺季，游人如潮，年均接待量达25万人。2017年，大鹿岛被评为国家AAAA级旅游景区。

大孤山国家森林公园（2013年） 牟作玉 摄

鸥鸟蹁跹洋河口。镇域内湿地为鸭绿江口湿地国家级自然保护区孤山核心区，大洋河口芦苇连片，稻田万顷，是各种鱼类和鸟类的天堂，已发现植物 344 种、鸟类 240 种、鱼类 88 种、底栖动物 74 种。大洋河口周边滩涂面积约 2.42 万公顷，是黄海北岸保护最为完好的滩涂之一，盛产各种贝类。丰腴的美食和适宜的环境吸引各种鸟类光顾此地，成为东北亚重要的鸟类迁徙停歇地。每年春天大批候鸟在此停歇，它们或翩翩起舞，或交口鸣唱，其景壮观，宛如图画。到孤山，玩在山海湿地间，吃在北国风味里，山珍海味应时而至，西河锅烙、扒拉杈子[①]、碱蓬包子等几十种传统美食，足使游客乐不思蜀。

孤山镇，民众生存之福地。境内属温带海洋性气候，全年日照时间 2000 小时，春季回暖较周边地区早到 10 天左右，秋季比周边地区晚 10 天左右。

鹤大公路（201 国道）、丹东至大连高速公路、丹东至大连高速铁路穿境而过，有市级以上公路 23.3 千米、县级公路 20 千米、乡级公路 55 千米、村级公路 65 千米。

镇区道路、桥梁、路灯、排水、绿化等市政设施，供水、供热、供电、供气以及环境卫生等公用设施均按照东港市域副中心城规划建设；以东街、西街两个社区为核心的新居民区建设多点开花，至 2017 年，建成规范化小区 23 个，建筑面积 61.89 万平方米；以古韵一条街为中心的文化园区，与大孤山国家森林公园浑然一体。

物华天宝，天道酬勤。孤山土肥水美，物产丰富，稻菽果蔬品质好，海淡水产品种全，素有鱼米之乡美誉。孤山杏梅为果中珍品，四门张甜瓜声名远播；“孤山大米”品牌靓丽，草莓美酒香飘万里；以镇内 201 国道为轴心的工业园区已具规模，入驻企业 25 家；机械加工、食品加工、服装加工、精密铸造四大支柱的工业经济方兴未艾。农业、工业、商贸、旅游、金融和社会各项事业全面发展，人民生活水平似芝麻开花节节高。

2015 年，孤山镇被确定为“全国建设宜居小镇示范”。2016 年，入选第一批“中国特色小镇”，同年被评为中国报业特别关注古镇。2017 年，被评为第五届全国文明村镇。

6.36 万名勤劳睿智的孤山人民，以极大的热情拥抱着这 282.8 平方千米的秀美家园，以创造性的思维编织着美好的梦想。历史文化将在他们的生命中延续，秀美景色将在他们的呵护和开创中锦上添花。千年古镇——孤山，将伴随着中国梦的实现，在黄海北岸熠熠生辉，以其靓丽的身姿吸引着世人的目光。

---

① 杈：为孤山镇人依据汉字造字特点自创的字，读音为 cǎ。

大鹿岛晨曦（2016 年）　　高春禾　摄

基本镇情

孤山镇位于黄海北岸，与朝鲜一衣带水，集山海河川于一方，因境内有大孤山而得名。孤山镇埠古水丰。境内阎坨子贝丘遗址等新石器遗址，距今已有6000～7000年历史，1300多年前已建有码头，拥有天然优质渔场。

孤山镇于清光绪三十二年（1906）设大孤山巡检司。1946年7月成立孤山县，县政府驻地设在孤山镇。中华人民共和国成立后，特别是中共十一届三中全会以来，孤山镇经济社会事业日新月异。1986年，孤山镇行政级别升至副县级，成立大孤山风景区管委会。规划先行，全面实行古镇、古建筑保护和旅游开发，科学发展、文化昌明、人民安居乐业。孤山镇荣获“中国历史文化名镇”、“全国建设宜居小镇示范单位”、首批“中国特色小镇”、第五届全国文明村镇称号。

建置区划

建置 孤山，远在新石器时期，就是人类生息之地。尧时属青州，舜时属营州，夏时仍属青州，商时又属营州，周属幽州，春秋属燕国地。战国时期属燕国辽东郡，秦因之。西汉初，地方实行“郡国并行制”，属燕国；西汉元朔元年（前 128），改燕国为郡，属辽东郡。东汉属幽州辽东郡；东汉末，公孙度据辽东，属平州。三国时期，属魏辽东郡西安平县。

西晋时期，为平州辽东郡西安平县地。东晋建武元年（317），北方进入十六国时期，先后属前燕、前秦、后燕的平州辽东郡。东晋元兴三年（404），高句丽陷辽东。唐总章元年（668）收复辽东，置安东都护府，孤山地区属之。

五代十国和两宋时期，孤山为辽、金辖域。元朝，属辽阳行省辽阳路。明朝，属辽东都指挥使司凤凰城辖域。清初，属奉天府盖平县，后属岫岩厅。清光绪二年（1876）一月，岫岩厅改为州，孤山设巡检司，为岫岩州所辖。清光绪三十二年（1906），属庄河厅。民国时期，孤山属庄河县。

1946 年 7 月 1 日，成立孤山县，孤山镇为县政府驻地。

中华人民共和国成立后，属安东县。1958 年，为安东市管辖。1965 年，改安东县为东沟县，归其管辖。1993 年 6 月 18 日，撤销东沟县，设立东港市，孤山镇为东港市辖。2011 年 7 月，成立丹东大孤山经济区，孤山镇归其管辖。2017 年 3 月，复归东港市辖。

区划 清咸丰年间建大孤山镇（清末至 1947 年的行政区划，称孤山地区为大孤山），光绪三十二年（1906），庄河厅辖境分 6 路 33 区，立大孤山为商镇特别区，同时隶属正东路。宣统二年（1910）冬，大孤山为镇，同时设大孤山自治乡，乡公所驻大孤山镇。

1915 年，大孤山设县佐。1918 年，庄河县设 6 保甲，大孤山属第三甲区。1921 年，大孤山镇属二区辖。1922 年 9 月，大孤山县佐撤销。1924 年，划全县为 9 自治区，大孤山为三区。1929 年 2 月，施行新村制，划全县为 8 区、2 镇、83 村，大孤山为镇，同时为六区区公所所在地，辖 12 村。

1931 年“九一八”事变后，大孤山属伪庄河县公署第六区，辖 12 村。1936 年 10 月1日，施行新街村制，大孤山街辖东关、东山、蛮萤、摆渡口、双眼井、粮市、后山、官厅、中大后、中大前、平安、保安、九圣、西大、康河、中正、三道沟、董屯 18 区。1940 年 6 月，大孤山街 18 区划并为 8 区，即东关区、圣宗区、双泉区、官厅区、九圣区、西河区、康河区、中正区；同时，从安富村划入 3 个区，即石人、刘大房、大鹿岛，共 11 个区。

1945 年“九三”胜利后，大孤山街与团山村、双山村组建为大孤山区，行政机构名称为孤山区人民政府，隶属庄河县人民政府所辖。1946 年 7 月 1 日设孤山县后，大孤山区为其所辖。1948 年 11 月，设孤山镇，辖东关、西关、南关、北关、中心、大鹿岛 6 村。

中华人民共和国成立后，孤山镇区内撤销村建制，直辖 98 个居民组，大鹿岛村仍归孤山镇辖；南关村的刘大房、西关村的沙屯划归孤山区。

1950 年 6 月，恢复镇辖村行政区划，孤山镇辖东关、西关、南关、北关、中心、大鹿岛 6 村。1956 年，孤山镇所辖的蔬菜互助组组成初级合作社，同年 4 月，升为高级合作社，称富强高级蔬菜合作社；同时，大鹿岛村改为鹿岛乡，仍属孤山镇所辖。1958 年 6 月 22 日，孤山镇所辖的果农互助组组成果树跃进社，仍属孤山镇所辖。同年 8 月，镇内 4 个街道并为 2 个街道，即东关、西关街道。

1958 年 9 月 12 日，孤山镇、孤山乡、菩萨庙乡、新农乡（由庄河县划入）一镇三乡合并，成立孤山人民公社（简称孤山公社），同时撤销孤山镇建制，原辖区划为 3 个作业区、1 个街道办事处，办事处辖 58 个居民组。富强公社与跃进公社划归孤山作业区第八连（沙屯），统属孤山公社所辖。1959 年 12 月，孤山公社街道办事处改为孤山公社城镇工作委员会，恢复 4 个街道居民委员会。

1961 年 7 月，各公社撤销作业区。孤山公社将原来的 3 个作业区划分为 3 个公社，即孤山公社、菩萨庙公社和新农公社；作业区下属的各连改为生产大队。孤山镇城镇工作委员会仍属孤山公社所辖，名称改为孤山公社城镇办事处，辖 4 个街道和蔬菜、果树 2 个大队。

1966 年 1 月，恢复孤山镇建制。1969 年年初，孤山镇建制撤销，改为“五七”大队，同时将 4 个街道改称连队。蔬菜、果树 2 个大队划归孤山公社。1973 年 11 月，撤销“五七”大队，恢复孤山公社城镇办事处建制，仍属孤山公社所辖。1978 年 11 月，乡镇分开，孤山镇辖东、西、南、北居民委员会和菜农、果农委员会。

1987 年 9 月，孤山镇升格为副县级建制镇。1988 年 8 月，孤山镇和孤山乡再次合并，撤销孤山乡建制，原孤山乡管辖的 11 个村及乡属机关单位归孤山镇管辖。

2002 年 1 月，新立镇与孤山镇合并，称孤山镇，全镇总面积 282.8 平方千米，辖 19 个村、2 个社区。其中谷家屯、战家屯、冯家屯、大姜家、刘大房、沙家屯、刘家屯、辛家店、背阴寺、东大于、新立、宫家屯、庙岭、万兴、四门张、兴隆、西土城、江家粉房为农业村，大鹿岛村为渔业村，共有 193 个村民组；东街、西街 2 个社区共有 58 个居民组。

区位交通

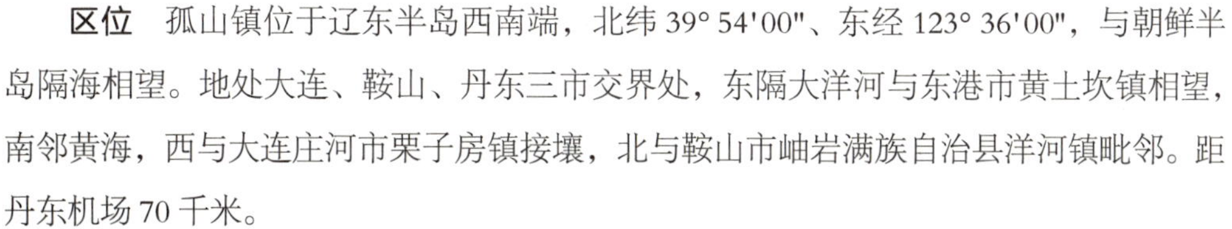

区位 孤山镇位于辽东半岛西南端，北纬 39° 54'00"、东经 123° 36'00"，与朝鲜半岛隔海相望。地处大连、鞍山、丹东三市交界处，东隔大洋河与东港市黄土坎镇相望，南邻黄海，西与大连庄河市栗子房镇接壤，北与鞍山市岫岩满族自治县洋河镇毗邻。距丹东机场 70 千米。

交通 2005 年 9 月，丹东至大连高速公路通车，在镇内背阴寺村夹心村民组处入境，于宫屯村西叉村民组处出境，孤山出口于大盘线 4 千米处，并设有服务区。还有鹤大线、大盘线、谷冯线、孤蛎线、石城线、达谷线 6 条交通干线。

2015 年 12 月建成通车的丹东至大连高速铁路，在孤山背阴寺村夹心村民组处入境，于宫屯村西叉村民组处出境，孤山站设于大盘线 4 千米处。

从辽宁省省会沈阳市到孤山镇的线路：乘坐沈丹、丹大高速公路客车或沈丹、丹大高铁到孤山站。丹东民航机场有直达北京、青岛、上海、深圳的航班。

2015 年 12 月 17 日，丹大高铁试运行，居民首次在孤山站试乘高速列车　　吕国强　摄

自然环境

地质地貌　孤山镇内地层属元古界辽河群，出露地层有前震旦系、震旦系、侏罗系、第四系。构造体系为新华夏系构造，属秋木庄—望海庙构造带。孤山镇地处辽东断块山，大孤山为典型断块山地形，而大孤山的东、西部为海岸堆积地形，其前、后为冰水扇地。孤山镇内地势西、北部较高，为丘陵区；东、南部地势平坦，平均海拔高度 3.9 米，为平原区。

气候　孤山镇属温带海洋性气候，水量充沛，冬季无严寒，夏季无酷暑。气候冷暖交替变化大，风大，雨量大，阵雨多；平均气温比东港市其他地区高 1℃。春季回暖比东港市其他地区早 10 天左右，秋季晚冷 10 天左右，平均气温 12.2℃，夏季最高气温 32.2℃，冬季最低气温 -25.6℃；7 月、8 月两个月高气温集中，1 月、2 月两个月低气温集中。无霜期 179 天；雨量集中在 7 月、8 月，雨量 1000 ~ 1100 毫米，平均湿度为

50%，全年日照时间 2000 小时。最大风力 11 级。

土壤植被 孤山镇内西、北部大部分为黄土，适宜种植玉米、大豆等旱田作物和栽植果树；东、南部多为青碱土壤，适宜栽种水稻，所产稻米品质优良，“孤山大米”备受青睐。孤山镇总面积 282.8 平方千米，有耕地面积 7133 公顷，其中旱田面积 2609.2 公顷，水田面积 4523.8 公顷；林地面积 3653.4 公顷，多为柞树、板栗树及各种果树。

海域海岛 孤山镇内有海岸线 20 千米；浅海面积 1420 公顷，滩涂面积 2333.4 公顷，由于地处大洋河入海口，海水与淡水混合后，水质非常适宜杂色蛤养殖，所生产的杂色蛤肉鲜、嫩、脆，味道醇美，驰名国内外。

大鹿岛位于大洋河出海口，海拔 189.1 米，东西长 4 千米，南北最大宽度 2 千米，面积 6.6 平方千米，岛岸线长 12.15 千米；周边有独立坨子、板礁、小礁、大礁和灯塔山等岛礁。

湿地河流 孤山镇内湿地属鸭绿江口湿地一部分，被列入国家湿地自然保护区，占地面积 1 万公顷。湿地内芦苇成片，稻田成方，是各种鱼类和鸟类的天堂。

孤山镇内河流有大洋河、小洋河、双岔河、东岔河和西岔河。

山岭 孤山镇内的古马楼山，海拔 548.9 米，表层由黄沙土和裸露的花岗岩组成。

大孤山，海拔 337.3 米，由火岩石构成，为长白山和千山山脉的延伸。大孤山上古树参天、奇石林立、洞穴幽幽。

罗圈背岭，海拔 371.8 米，为镇域内最高岭，位于西土城村。

大孤山（2015 年） 郑迎春 摄

鸭绿江口湿地——大洋河段芦苇塘（2006 年） 刘芳春 摄

泉 圣水泉，位于大孤山的一处峭岩半壁之上，有泉三眼，吐水如珠，汇成一线，潺潺下注，于壁下凿出一洼石塘，天旱不涸，雨天不溢，人称圣水。

大泉眼，位于西街8组，泉水旺，冬暖夏凉，水质好，原为周围居民饮用水的露天大井，后因泉脉被建筑物阻断而干涸。

人口民族

人口 6000多年前，有先人在孤山繁衍生息；春秋战国时期，中原地区民众为避战祸，渡海入境，从事农渔生产；至唐朝，沿海形成零散居住点，且于大孤山前辟有港口，称橐驼湾。

明朝，关内居民或避兵燹灾荒，或经商务工，到孤山定居者日益增多，又因大洋河水运发达，孤山港与南北各地货运繁忙，成为南方与东北重要的货物中转码头，人口随之剧增。

清初，大量满汉人丁随军入关，人口一度减少。顺治年间，清廷颁布《辽东招民开垦条例》，关内居民蜂拥而至，大孤山周围成为人口稠密区。乾隆至道光年间，关内水旱灾害迭现，饥民不顾朝廷对东北发祥地的封禁，携儿带女“闯关东”，形成流民潮。随后，很多民众到孤山投亲靠友以谋生路，逐渐形成由姻亲、挚友组成的几户或几十户的居民点，以致愈集愈众，渐成村落。其中，以孤山街为中心区，至光绪三十二年（1906），孤山成为庄河厅辖域内与庄河、青堆子并列的三个重镇之一。民国至中华人民共和国成立前，人口有所增加。

中华人民共和国成立后，1950—1971年人口增长较快，其后实行计划生育政策，人口增减趋于平稳，只是随行政区域的分合而产生变化。1985年，孤山镇总户数4537户，总人口16199人，其中非农业人口15144人；男性8373人，女性7826人；人口自然增长率6.04‰。孤山乡总户数7003户，总人口数29768人，非农业人口1170人；男

孤山人民公社儿童幸福院（1961 年） 李安和 提供

性 14750 人，女性 15018 人；人口自然增长率 5.97%。新立乡人口 16740 人。1988 年，孤山镇与孤山乡合并，总人口数 47164 人。2002 年，孤山镇与新立镇合并，总人口数增至 65773 人。

至 2016 年年底，全镇有 22023 户，常住人口 63631 人，其中男性 31622 人、女性 32009 人，人口自然增长率 -2.1‰。总人口中，有城镇人口 17170 人，农村人口 46461 人。

民族 域内的汉族，多自明清时期从山东、河北移入。清康熙年间，朝廷由京畿一

表 1

2002—2016 年孤山镇居民情况表

年份	总户数（户）	总人口（人）	农业人口（人）	非农业人口（人）	男性（人）	女性（人）
2002	19117	65773	47228	18545	32853	32920
2003	19455	65668	47168	18500	32792	32876
2004	19625	65585	46784	18801	32751	32834
2005	19842	65529	47390	18139	32779	32750
2006	19993	65518	47068	18450	32746	32772
2007	20111	65321	47127	18194	32646	32675
2008	19117	65773	47228	18545	32853	32920
2009	20604	65043	45903	19140	32496	32547
2010	20963	64434	46538	17896	32175	32259

续表 1

年份	总户数（户）	总人口（人）	农业人口（人）	非农业人口（人）	男性（人）	女性（人）
2011	21183	64290	46500	17790	32168	32122
2012	21248	63975	46212	17763	32122	31853
2013	21638	63950	44503	19447	32065	31885
2014	21962	64123	44180	19943	32303	31820
2015	20195	58419	41095	17324	29099	29320
2016	22023	63631	46461	17170	31622	32009

带调八旗兵至岫岩、凤城实边，从事农田开垦，部分满族、蒙古族、锡伯族居民入住域内。清光绪十年（1884），回族人丁世存全家从岫岩搬到大孤山，经营回民饭店，为最早迁入域内的回族居民。中华人民共和国成立后，其他少数民族常住人口或因工作需要，或是联姻关系，以及受到大孤山景色吸引而迁入。

至 2016 年年末，孤山镇常住人口中，汉族 61666 人、满族 1630 人、朝鲜族 165 人、回族 55 人、锡伯族 54 人、蒙古族 45 人、彝族 8 人、苗族 3 人、黎族 2 人、藏族 1 人、佤族 1 人、达斡尔族 1 人。

镇区建设

民国时期，孤山镇区内已形成南大街、前大街、后大街、西大街、正堂街。中华人民共和国成立后，孤山镇作为安东县西部中心城镇，县级商贸卫生文化等部门均在此设分支机构，城镇建设规模渐增。20 世纪 80 年代，镇政府对镇区进行大规模建设，拆掉临街老建筑，拓宽街路，建造楼房。2004—2010 年，镇政府对东街社区正堂区域进行改造，建成文化园区。2011 年 7 月，丹东大孤山经济区成立后，在 201 国道南侧建 2.5 平方千米工业园区，城区向南拓展。至 2016 年，城区面积 49.5 平方千米，建设规划面积 27.1 平方千米。城区由老住宅区、新建居民区、文化园区和工业园区四部分组成。

居民住宅 中华人民共和国成立前，镇内殷实人家住宅上敷鱼鳞状青瓦，套钱状屋脊且两端立砖雕，水磨砖墙，门窗刻凹凸线条，屋前滴水处铺石板，整个宅舍呈青灰色。也有的房子苫苇，墙为青砖。家家有院墙，以石砌、砖砌或泥土打成，临街建门楼。院中栽杏梅树，少则一两棵，多则五六棵。住宅区胡同宽者二丈，窄者七尺，更窄者二人相遇需擦身而过。此时农村居民建房没有统一规划，一般以家族形成村屯。

中华人民共和国成立后，镇内居民建房多为红砖红瓦，院墙或用黄泥打成或用红砖砌成，照样建有门楼。按照统一规划对老村屯进行改造，新建居民点的房屋有统一标准。中共十一届三中全会后，人们生活逐渐富裕，大多居民改用砖瓦建房。20 世纪 80 年代，房地产公司开发居民楼。20 世纪 90 年代，镇房产部门兴建商品住宅出售，一些企事业单位建职工住宅，多为楼房。至 2016 年，镇内东街、西街两个社区占地 5.2 平方千米，有规范化居民小区 23 个，居民楼 185 栋，建筑面积 61.89 万平方米。

孤山镇黄海大道住宅区（2016 年） 丹东孤山经济开发区管理委员会 提供

孤山镇中心住宅区（2013 年）

表 2

1988 年孤山镇胡同分布情况一览表

胡同名称	起讫地点	胡同名称	起讫地点
河西胡同	滨河路—通达路	清真寺胡同	景山街—中大街
桥西胡同	江家园胡同—二号桥	杨大院东胡同	西后街—中大街
于园胡同	康河路—滨河路	杨大院胡同	西后街—中大街
江家园胡同	西大街—菜农委十四组	拥军胡同	九圣北路—西后街
桃园胡同	中大街—西大街	朝阳胡同	景山街—西后街
站前胡同	通达路—石人路	河东胡同	景山街—朝阳寺沟
大里沟胡同	石人路—大里沟	鱼市胡同	东后街—中大街
九圣东胡同	西后街—中大街	讲堂胡同	讲堂—东后街
九圣西胡同	西后街—中大街	东马道胡同	大孤山古建筑群—东后街
大板桥胡同	南大街—苇塘	西马道胡同	正堂路—东后街
国药胡同	中大街—南大街	新华胡同	东后街—中大街
康河胡同	南大街—康河路	宴春胡同	东后街—中大街
小泉眼胡同	中大街—菜农委五组	正堂北胡同	景山街—西后街
景山胡同	景山街—大孤山麓		

刘芳春 摄

基础设施

民国时期，孤山镇区内 5 条街道，均为土砂石路面，有跨西河沟桥 2 座。1976 年，修建下水管道。此时路逐渐拓宽改建，河流建石桥或水泥桥。1977 年，始有路灯。20 世纪 90 年代后，开始对路面进行硬化处理。2016 年，镇区内有油路主干道 7 条，全镇有市级以上公路 23.3 千米，县级公路 20 千米，乡级公路 55 千米，村级公路 65 千米。路灯、下水等设施齐全；有街心广场 1 处、儿童主题公园 1 处、街心花园 3 处。

港口 域内港口开始于唐朝，大孤山前海域称橐驼湾，辟有港口。200 多年前，大孤山港位于魁星楼下，水路海运通往安东、大连、营口，以至山东、天津、烟台等地，河运通往岫岩等北部大洋河流域，是辽东的著名港口。后来，由于陆路交通发达，港口货运量逐渐萎缩，至中华人民共和国成立后，没有远海客货运输。随着大洋河泥沙淤塞，港口南移，只供进出大鹿岛的船只停泊。

2009 年，大鹿岛村在黄土坎镇老狠沟建大鹿岛港，供进出大鹿岛客船停泊，港区面积 6.66 万平方米。其中客运站建筑面积 4477.1 平方米，售票大厅、候船大厅可容纳 1300 人；港区路面总面积 1.8 万平方米；停车场面积 3.1 万平方米，可容纳车辆 1500 台。

水利 中华人民共和国成立前，域内没有水利设施。中华人民共和国成立后，由孤

大鹿岛港客运站（2011 年）　　东港市档案局　提供

山水利管理所组织施工，利用双岔河水灌溉农田，逐步建成水利灌溉网，其后发展为孤山灌区，承担孤山及周边乡镇农田灌溉任务，形成以刁家坝、廉家坝、罗圈背 3 座中型水库为主要水源，新立、杜屯提水站和其他小型水库、闸站为补充水源，干、支、斗、农 4 级渠系的水利灌溉网，孤山镇受益水田面积 4523.8 公顷。

电力　1925 年，大孤山商务会组建电灯公司，用 2 台汽油发电机发电，供给 147 家富有商号照明。半年后，因设备故障停业。1960 年 8 月，孤山公社成立办电办公室，组织办电事宜，高压部分由公社投资，低压部分群众集资，办电办公室统一购买器材，负责安装，1961 年春节前夕供电。随后，各村也相继通电。1987 年春，大鹿岛村埋设海底电缆，1988 年 7 月供电。2016 年，全镇电容量达到 3 万千伏安。

通信　清光绪三十二年（1906），大孤山电报分局成立。光绪三十四年（1908）五月，大孤山电报分局与大东沟电报房通报，受理业务以商界居多，后陆续拓展政务电报、公务电报、特种电报、寻常电报业务。1918 年 5 月，大孤山至安东开通长途电话。东北沦陷时期，有线电报、电话被日本人控制。1946 年 10 月，国民党军队进占孤山后，有线电报、电话遭破坏停办。1947 年孤山第二次解放后，电报、电话业务恢复。1949 年，孤山有市内电话 41 台。1956 年，孤山邮电支局撤除电报机改用话传。1959 年，开通孤山至大东沟人工报机电路，电话传输紧张得以缓解。1974 年，电话电路实现载波传输。1985 年，开通孤山至东沟、前阳电传机电路。是年，孤山至丹东开通长途电话电路 3 路、电缆载波 2 路、明线 1 路。1986 年 12 月，孤山邮电支局共有磁石电话 287 户，用户均为镇内机关、企事业单位。1987 年，改为 HT976 纵横制自动电话。1988 年 10 月，孤山微波站投入使用。1989 年，镇内共有 452 户安装自动电话。20 世纪 90 年代，镇内居民开始使用手机。2016 年，全镇安装程控电话 1.4 万部，有移动电话 1.1 万部；镇内设有无线电视差转台和有线电视站。

邮政 清光绪三十四年（1908）四月，大孤山成立邮务局，开办信件包裹邮寄和汇兑业务，年汇大洋约 4000 元。清宣统元年（1909），开办快递挂号业务。1912 年，开办商务传单和保价信函业务。1913 年，开办代售印花税票业务。1930 年，开办定期储金业务。东北沦陷时期，邮政业务被日本人垄断。解放后，大孤山邮务局一度仅办理信件业务。1948—1949 年，开办信件、包裹保价邮政业务。中华人民共和国成立后，各种业务量逐年上升，并陆续开展报刊发行、集邮、机要通信业务。1977 年后，函件、包裹邮寄量逐年增加。进入 21 世纪，邮件快递业兴起。

公用事业

早时，孤山镇内居民饮用大泉眼水，烧煤炭、苇叶和树叶；农村居民饮用屯堡公用井水，烧玉米和水稻秸秆、野草、土煤等。环境卫生无人问津。

供水 1977 年秋，镇政府在朝阳寺沟东山坡打一眼深 109 米的水井，通过管道向镇内供水。1980 年，在距第一眼井 5 米处打第二眼井，深 105 米，两眼井轮流供水，日供水能力 600 吨。1985 年，自来水进户率 45%。后来引罗圈背水库水进镇，城镇居民全部用上自来水。

大姜家村自来水工程于 1986 年动工兴建，1987 年 6 月正式供水。2003 年 11 月，大鹿岛村埋设海底管线，从岛外引入淡水，在岛上建立供水站，保证全岛生产、生活用水。至 2005 年，有 8 个村近 3 万人陆续用上自来水。2016 年，镇内自来水普及率达到 100%，农村自来水普及率达到 20%。

供热 20 世纪 90 年代后期，镇内实行集中供热。2008 年，供热面积 18 万平方米。至 2016 年，供热面积达 70.1 万平方米。

供气 1990 年，居民始用液化气。2016 年，镇内有液化气站 2 处，居民普遍用液化气做饭。

环境卫生 1978 年 8 月，镇内成立卫生队，清扫主要街道。1980 年 1 月，卫生队更名公共卫生管理站，增加运输车辆，负责主要街道清扫、居民生活垃圾和公厕粪便清运、并对环境卫生进行监督管理。2016 年，镇内实现街道清扫、垃圾和公厕粪便清运全覆盖，生活污水集中排放；各村设有专人管理清运生活垃圾。

经济发展

农业

孤山镇内历代种植粮食，以玉米、高粱、大豆为主，民国前期引进水稻种植技术。解放前，少数富户拥有农田，雇佣贫苦农民耕种，正常年景玉米亩产 100 千克左右，高粱、大豆产量更低。解放后，实行土地改革，农民虽分得土地，但产量仍然较低。

中华人民共和国成立后，1953 年成立互助组，1954 年成立初级农业合作社，1955

一望无际的稻田（2017 年） 丹东孤山经济开发区管理委员会 提供

大鹿岛村捕捞养殖贝类作业（2014 年）

孤山镇大鹿岛村村民委员会 提供

年成立高级农业合作社，1958 年成立人民公社。1961 年，实行公社、大队、生产队三级所有制，以生产队为基本核算单位，组织农民兴修水利，改造低产田，产量逐年提高。辛家店村党支部书记郑振江在 1 亩水田中进行水稻科学栽种，经 3 年试验，获得总产量 1006.5 千克的好收成。全村水田亩产由 130 千克提高到 280 千克。1982 年，孤山镇农作物总面积 165.26 公顷，孤山乡农作物总面积 3985.6 公顷，合计农作物总面积 4150.87 公顷，其中水田 2687.53 公顷，玉米种植面积 869.73 公顷，大豆种植面积 79.87 公顷，其他面积种植高粱、花生等作物。是年，实行土地联产承包责任制后，农民生产积极性提高，不仅粮食产量上升，多种经营生产也得到全面发展。2005 年，孤山镇农作物总面积 5582 公顷，产量 3.04 万吨。2016 年，孤山镇农作物总面积 6667 公顷，产量 5.4 万吨。

渔业生产 孤山镇内渔业生产主要来自大鹿岛村。有滩涂、浅海面积 2.62 万亩，海域面积 17 万亩。1948 年，村民李桂仁带头组建全县第一个渔业互助组，年捕鱼产量比单干船增长 28% 以上，收入增加。随后，大鹿岛村历届领导班子大力整合海岛资源，充分利用海洋优势，以海水养殖为主导产业、海岛旅游为支柱产业，与海上捕捞和海产品加工组成四大经济主体，实行以集体经济为主、多种所有制并存的经济模式，全村经济发展很快。2016年，全村有大小渔船300余只，养殖面积1.1万亩，年产贝类17486.91吨，产值 6985.3 万元，实现利税 50 万元。

果蔬生产 孤山镇内有菜田 66.67 公顷，生产的蔬菜除供应本镇居民食用外，每年外销 40%。镇内的杏梅于 1918 年引进，1926 年后种植面积不断扩大。20 世纪 80 年代，

诗情画意杏梅园（2016 年） 孤山镇人民政府 提供

镇政府建杏梅园，倡导居民发展庭院杏梅种植，全镇形成 5000 株种植规模。经百年培育，杏梅生产成为孤山农业一大特色。2016 年，产量 50 吨，旺销国内，远销亚洲和欧美地区。

工业 清咸丰十年（1860），谭云玺在孤山镇开设制作秤杆作坊。清末，大孤山有人开香铺制香，至 1933 年发展香铺 6 家。1919 年，葛宝林创建永昌丝厂。至 1934 年，镇内有缫丝、造纸、木工、铁工、制鞋等手工业百余家，从业人员 600 余人。但是至 1945 年，只有十几家手工作坊。

中华人民共和国成立后，政府优先发展全民所有制工业，私营和集体工业也有较大发展。1952 年起，逐步将个体手工业者组成手工业生产小组和合作社。1956 年，基本完成对私营工业和个体手工业的社会主义改造。1961 年，根据中央“调整、巩固、充实、提高”八字方针，对全镇工业进行调整，部分企业停产、合并、转制。至 1965 年，镇内工业以国营工业、县营集体工业和社队工业组成，产值平稳有升。“文化大革命”期间，工业生产仍有一定发展，孤山油嘴厂生产的柴油机精密偶件——喷油嘴，全国有名。

中共十一届三中全会后，乡村和个体工业发展较快，形成国营、集体、联户、个体工业一起上的局面，孤山镇工业经济发展步入了快车道。1985 年，有国营、集体工业企业 22 家，职工 5683 人，年总产值 3945 万元，其中镇办企业 4 家，年产值 90 万元。主

油嘴厂产品——喷油嘴总成（2018 年） 宋文杰 提供

大孤山经济开发区内方元机械有限公司（2017 年） 孤山镇人民政府 提供

要产品有丝绸、木工机床、阀门、农机配件、服装等。丹东丝绸五厂年产柞蚕丝织品 321 万米，销往东北、西北、华北等 13 个省市及日本、香港等地。2005 年，孤山镇企业总数 1103 家，其中 11 家企业进入重点企业行列，全镇工业产值 36.3 亿元，实现税金 1999 万元。建于 2011 年的工业园区入驻企业 25 家，其中基础设施投资企业 1 家，房地产开发企业 1 家，工业企业 23 家。

商贸业 清光绪初年，孤山镇商贸渐现繁荣。光绪三十二年（1906）成立大孤山商务会，入会者150余人。来往于安东、大连、天津、烟台等地的船只不断输入麦粉、豆油、糖类、布匹、石油等货物，输出大豆、粮谷、柞蚕茧、柞蚕丝等产品，镇内商业店铺达500余家。后来由于大洋河水运凋敝、陆路交通发达，加之安东、大连港口的发展，孤山市况渐衰。1921年，有杂货铺、药铺、鱼菜行、饭店等116家、商民4000余人。1941年实行配给制后，多数商业店铺倒闭，仅存30余家。

中华人民共和国成立后，安东县商贸部门在镇内设百货公司、五交化公司、糖酒公司、食品公司、饮食服务公司、食品厂等分支机构，带动镇内商业发展。1956年，对私营商业进行社会主义改造，镇内商业企业逐步由国营商业部门代管，农村私营商业由供销社代管，境内行商摊贩大幅减少。

中共十一届三中全会后，允许并鼓励个体经商，镇内个体经商户迅速增加。1981年，每年农历四月十八举办古庙物资交易大会，为商贸发展提供契机，年参加交易者10万余人，成交额达100余万元。至1985年，孤山镇内有各类商业、饮食、服务业店铺300余家，社会商品年销售额3000万元。有农贸市场1处，年成交额291万元。随着农村经济发展，商贸业逐渐向产供销一体化迈进。1990年，大鹿岛村养殖公司与丹东长兴外贸公司组建合资企业，向日本出口杂色蛤1000吨，换汇折合人民币800万元。1992年2月，大鹿岛被辽宁省政府批准为国家二类口岸，1995年3月正式对外开放，年贸易额达500万美元。2003年，贝类出口11600吨，创汇1050万美元。镇内有冷库8座，蛋鸡养殖36户，全部实行自产自销。孤山杏梅、梭子蟹等产品实行网上销售。

20世纪90年代初，大孤山庙会期间中大街正堂路段 东港市档案局 提供

旅游业　镇内以大鹿岛和大孤山旅游景区为支撑的旅游业兴起于 20 世纪 80 年代。建于 2010 年的文化园区，占地面积 3 万平方米，仿古建筑面积 2.5 万平方米，驻有 10 余处展览厅院、5 处艺术体育培训班和活动站、2 个娱乐休闲会所、20 多家旅游艺术品商店、3 家演艺团体，为镇内旅游增添活力。2017 年，大鹿岛景区接待游客 24.8 万人次，旅游收入 4150 万元；大孤山景区接待游客 10 万人次，旅游收入 700 万元。

社会事业

教育　清咸丰至同治年间，孤山域内有私塾 2 家，共有学童 30 余人。光绪二十九年（1903），聂乐信创办崇正女子小学，后逐渐发展为综合性女校。

民国时期，镇内有小学校 7 所、中学 2 所。1946 年 7 月，孤山解放后，孤山县人民政府成立孤山联合中学；镇内的小学校经合并、整顿，改建东关小学、西关小学、镇中心小学，后又改为第一小学（镇中心小学）、第二小学（东关小学）、第三小学（西关小学）。

中华人民共和国成立后，镇内教育逐年发展，除国家公办学校外，还有民办学校。建于 1930 年的东港市第一中学，是省级重点中学，先后培养出邵宇、姚峻、梁栋、范长龙、韩云娜等党政军领导干部和教科文卫拔尖人才。

表 3

1987 年孤山镇内学校情况统计表

校名	班级数（个）	学生数（人）	教职员数（人）
东沟县第一中学	18	1049	115
东沟县第五中学	18	798	68
孤山镇东街小学	22	916	55
孤山镇西街小学	19	793	49
合计	77	3556	287

崇正女校旧照（20 世纪 20 年代）　　　　东港市档案局　提供

孤山镇内于 20 世纪 50 年代末普及小学义务教育。1987 年，普及九年制义务教育。

1987 年 9 月，孤山乡归孤山镇辖，共 11 个村，每个村均设有 1 所小学，共 103 个班级，其中高年级小学 34 个班，初年级小学 69 个班，共有学生 2795 人，占适龄入学率的 98.1%。共有教职员 153 人。

2001 年，新立镇有小学 8 所、56 个班级、学生 1460 余名、教师 92 名；学前班 12 个、幼儿 380 余名、教师 12 名；中学 1 所、学生 700 余名、教师 46 名。

东港市第一中学校园（2015 年）　　　　东港市档案局　提供

东港市第二医院（21 世纪初）　　东港市档案局　提供

2016 年，全镇有幼儿园和学前班 32 个，小学 15 所，中学 4 所，高中 1 所。入园幼儿 1000 余人，小学在校学生 4000 余人，中学在校学生 2300 余人。适龄儿童入学率 100%。

卫生　孤山镇最早的中药房是位于镇内后大街的合盛春，为赵家浩开办。清同治九年（1870），山东中医大夫赵博轩到孤山镇开设大生东药房。

民国时期，孤山镇内较大的中药房有东盛福、合盛春、兴益堂、大生东、永合义、天生福、德泰恒、广生堂、广田药房等。1927 年，宋占乙在安东医院学医有成，到孤山镇开设西医院，为镇内最早的西医院。1933 年，有金姓朝鲜族人到孤山镇开设惠春医院。其后，相继有景林中西医诊所、良辰西医诊所、日光医院、博爱西医诊所开业。

中华人民共和国成立后，孤山镇政府对私人开设的中西医药业进行改造，成立孤山联合药房。1950 年，安东县第二医院在镇内建立，逐渐发展为综合性医院，是东港市西部及庄河市青堆子镇以东的医疗中心。1957 年，建孤山镇卫生院。1958 年，建孤山中医院；同年，建孤山乡卫生院。是年，安东县结核疗养所在镇内建立，1973 年更名为东沟县结核病防治所。2002 年，民营红星医院建立。2016 年，镇内有综合型医院 4 家，村（社区）卫生所 21 个，有医务人员 474 名，病床 725 张，不仅满足镇内居民就医，还为周边乡镇居民提供医疗服务。镇内职工享受医疗保险，农民全部参加新型农村合作医疗。

体育　中华人民共和国成立后，孤山镇每年举办季节性篮球、排球、乒乓球和田径赛活动。

1975 年，孤山镇成立业余体校，内设篮球班，学员 72 人；武术班，学员 30 人；乒乓球班，学员 12 人；排球班，学员 24 人；田径班，学员 36 人。1976 年，镇内建成简易灯光球场一座，设四层看台，可容纳 2000 名观众观看体育比赛。

1981 年 11 月，成立孤山镇体育运动委员会。1982 年，孤山镇成立篮球、排球、乒乓球、羽毛球、桥牌 5 个专项协会和裁判委员会。至 1985 年，孤山镇共举办三届全民运动会。此外，每年都举办两届篮球、排球、乒乓球比赛，每年冬季举办全民长跑运动会。

1970—1978 年，孤山镇先后获得东沟县男、女乒乓球赛冠军，东沟县男、女篮球赛冠军；1980—1988 年，先后获得儿童女篮三连冠（县级）、东沟县男、女乒乓球赛冠军和第二名。1986 年 8 月，在丹东市首届农民“丰收杯”篮球赛中，孤山镇代表队男、女队双获冠军；同年 9 月，孤山镇男、女篮球队代表丹东市参加辽宁省农民篮球赛，男队获亚军，并取得代表辽宁省参加全国农民篮球赛资格。1987 年，孤山镇在东沟县中、小学田径比赛中，获小学组第八名、高中组第三名。1989 年秋，在东沟县第六届全民运动会上，孤山镇获体育总分第一名，囊括儿童组、少年组、成年组总分冠军，同时获体育道德风尚奖。

1986 年，孤山镇被评为辽宁省农村体育先进单位。2002 年，被农业部授予“亿万农民健身先进乡镇”称号。

孤山镇涌现出辽宁男篮主教练刘鸣洋，国家女篮副队长刘月秀，沈阳军区女篮队员

1999 年，由大鹿岛村冠名的全国女篮甲级联赛在东港体育馆举行

东港市档案局　提供

聂延波，辽宁青年篮球队队长孙丽娟，中国火车头女子篮球队副队长于光英，以及被评为辽宁省“健康老人”的猿式螳螂拳第 11 代传人李洪斌。

社会保障 中华人民共和国成立前，镇内只有聂乐信办的福利机构，收养鳏寡孤独者，数量有限。

中华人民共和国成立后，镇政府建敬老院，收养孤儿和鳏寡孤独老人。1957 年，对参加劳动有困难或完全丧失劳动能力、生活没有依靠的病残人员，实行保吃、保穿、保烧、保教、保葬（后改为保吃、保穿、保住、保医、保葬，简称“五保”）。供给五保户的粮款和物资，从生产队公益金和集体副业收入支付。1986 年，孤山敬老院收养老人和孤儿 35 人。2001 年，新立敬老院有养员 35 人。2016 年，镇内敬老院有养员 78 人，每人年生活费标准 7020 元。

2016 年，城镇居民低保人数 312 人；农村居民低保人数 1454 人，农村居民五保人数 182 人；参加农村养老保险人数 8600 人，农村医疗保险人数 42299 人；城镇登记失业率 1%。

精神文明

文明创建 1986 年，孤山镇开始“十村、百队、千户”文明创建活动，并开展文明户、文化中心户、五好家庭评比竞赛活动。1997 年，开展“十星级”文明户创建活动。1998 年，成立孤山镇文明市民分校，分期分批开展文明市民教育。1999 年，在东港市开展的“百里文明长廊”文明建设工程中，孤山镇细化并分解各项工作任务，文明创建活动向纵深发展。2005 年，孤山镇成为东港市“百里文明长廊”文明建设工程示范点；大鹿岛村获“全国民主法制示范村”称号。2017 年，孤山镇被中央精神文明建设指导委员会评为全国文明镇、辽宁省精神文明建设指委会评为辽宁省文明村镇标兵；3 个家庭被评为丹东市美丽农家，1 个家庭被评为丹东市最美家庭；张丽丽被评为丹东市最美孝妻贤母，刘世德被评为丹东市“孝老敬亲好少年”，隋淑楠被评为丹东最美孝心少年；孙立波被评为东港市三八红旗手，王丽丽被评为东港市巾帼建功标兵、巾帼创业标兵。21户获“孤山镇文明家庭”，10人获“孤山镇优秀妇女工作者”，16人获“孤山镇好儿媳”，9人获“孤山镇岗位标兵”称号。

道德楷模 1960年，刘家屯村13岁小学生姜际桐为救落水儿童而牺牲，被共青团安东县委、县文教局追认为模范少先队员、模范学生。1977年，镇蔬菜大队民兵连副连长徐连生为救女民兵牺牲，被辽宁省军区追记为一等功，被民政部批准为革命烈士。

镇内还涌现出优秀民兵干部孤山缫丝厂女民兵排长徐桂芳、大鹿岛大队勇擒敌特的民兵连指导员于忠礼，这两人出席全国首届民兵代表大会，受到毛泽东、朱德接见；镇内有爱工厂胜于家、曾出席全国群英会、患癌症晚期也不放弃技术革新的好工人张玉和；有刻苦钻研技术，实现技术革新50余项，被全国总工会命名为“全国职工技术革新能手”的王心稳；有组建辽宁省第一个渔业生产合作社，带领大鹿岛村人民走上富裕路的全国农业劳动模范李桂仁；有曾五次获得省、市、县劳动模范称号，为孤山镇农业生产做出突出贡献的郑振江；还有被评为全国“健康老人”并向国家捐献“猿式螳螂拳”“阴阳拳”拳谱的李洪斌。

省级劳动模范郑振江　　宋文杰　提供

文化遗产

阎坨子贝丘遗址的发掘，将孤山镇人类活动历史上溯到六七千年前的新石器时期。至 2017 年，孤山镇内存有 40 余处不可移动文物，其中省级文物保护单位 4 处、市级文物保护单位 5 处、县级文物保护单位 5 处，另有 30 余处不可移动文物未定级。民间鼓乐、泥塑、剪纸等 11 项非物质文化遗产中，有国家级 1 项、省级 1 项、市级 9 项。这些物质文化遗产和非物质文化遗产，从不同侧面显示出古镇深厚的文化底蕴，彰显孤山镇人民的聪明才智。

物质文化遗产

出土文物 镇域内发现和出土新石器时期、商周时期及唐、宋、辽、金、明、清各时期珍贵物质文化遗产多种。

清乾隆二十四年（1759）大孤山古建筑群上庙重修“娘娘殿”时，从地下掘得16尊铁罗汉，专门增建“佛爷殿”供奉。20世纪50年代初，经历史学家、考古学家、文学家郭沫若鉴定，为晚唐时期文物。镇内还发现商周时期銎式矛。

1958年，阎坨子贝丘遗址中出土石器、骨器和陶器等文物。石器有辉绿岩、砾石打制的亚腰形扁平石铲；磨制石器有扁平玉石凿、石斧、石铲、石刀。骨器有骨椎、骨针、骨梭、骨刀等70余件，其中骨梭由斜辟兽长骨制成，一端保持原骨质面，另一面经人工削磨，在距顶端5厘米处斜穿1孔，孔径0.3毫米，尖端折损，残长10.5厘米，藏于孤山文物管理所。陶器均为手工制成，有压印“之”字纹、刻画平行斜线纹、网络纹、斜线三角纹等，以夹砂红褐陶为主，其次为夹砂红陶，并含滑石粉。

1979年10月，谷屯村袁屯遗址出土圆形穿孔石器1枚，其材质为黑色泥灰岩，直

1759年出土的十六尊唐代铁罗汉塑像（1954年）

东港市档案局　提供

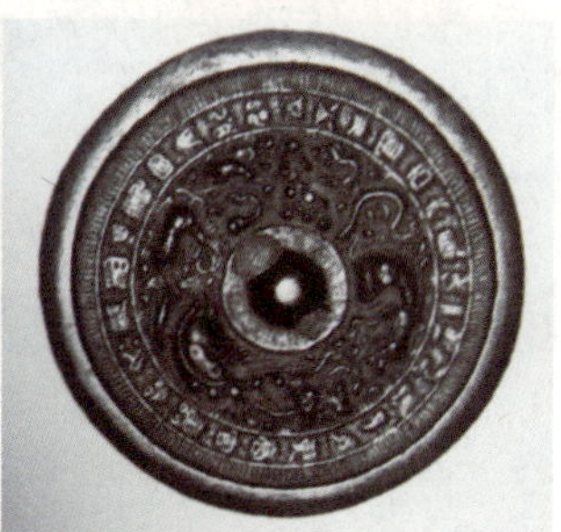

1979年，大鹿岛村出土的唐代“孔雀海兽葡萄镜”，为青铜铸磨而成，现藏于孤山文物管理所（2014年）

东港市文物管理所　提供

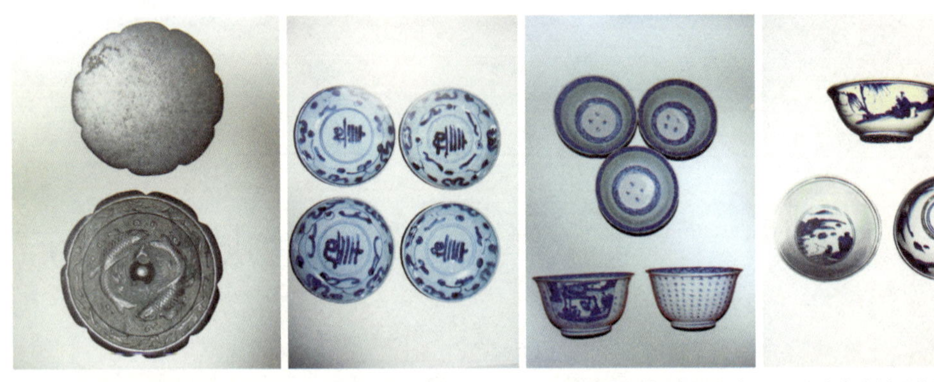

1979 年，大鹿岛村出土的金代花瓣形双环圈铜镜（2014 年）
东港市文物管理所 提供

大鹿岛附近海域明代沉船中出土的青花“寿”字碟（2014 年）
东港市文物管理所 提供

大鹿岛海域明代沉船中出土的明永乐款青花《赤壁赋》碗（2014 年）
东港市文物管理所 提供

大鹿岛海域明代沉船中出土的明成化款碗（2014 年）
东港市文物管理所 提供

径 14.9 厘米，中间有孔，一侧孔周围凸起，石器周围有密集的齿，为青铜时代遗物。1980 年 5 月，阎坨子贝丘遗址出土 1 石铲，为青石，扁平长条形，铲身微呈梯形，刃部略呈弧形，宽 9.5 厘米，顶宽 6.8 厘米，长 28.6 厘米，属新石器晚期遗物，距今约 5000 年，现藏于孤山文物管理所。同年 12 月，谷屯村袁屯遗址出土石斧，乳白、墨绿、土褐 3 色，表面呈花纹状，近似梯形，长 14.2 厘米，刃宽 5.4 厘米，弧形，尚锋利，最厚处 1.5 厘米，为新石器晚期遗物，距今约 5000 年。

1990 年 10 月，东沟县文物管理所调查组在西土城遗址发现一处窖藏，出土唐末和北宋前中期年款铜钱近 5 千克。同时，发现两块完整的辽代灰布纹瓦，还有明代灰板瓦、脊瓦、筒瓦、檐瓦、滴水瓦、青布瓦片、青花瓷碟、褐釉瓷罐等文物。

大鹿岛村遗存明代石碑 2 通、古井 1 处。

古迹遗址

镇域内有古迹遗址 48 处，其中新石器时期 7 处、辽金时期 1 处、明清时期 24 处、民国时期 13 处、中华人民共和国时期 3 处。

新石器遗址有谷屯村阎坨子贝丘遗址、谷屯村南老窑贝丘遗址、谷屯村王坨贝丘遗址、谷屯村西蛎瓦叉贝丘遗址、谷屯村后赵贝丘遗址、新立村潘北遗址、兴隆村兴前遗址，其中以谷屯村阎坨子贝丘遗址最为闻名。

明代遗址有大孤山山城遗址、背阴寺寺庙遗址、石窟寺及石刻遗址、四门张村古窑址、谷屯村前赵古窑址、大鹿岛村北沟口古井遗址、庙岭村曲屯古遗址。

西土城遗址标志碑（2017 年） 刘晓阳 摄

清代遗址有大孤山朝阳寺遗址、兴隆村修屯火神庙遗址、孤山魁星楼遗址、新立村王炉小庙遗址、孤山西街大泉眼遗址、刘大房村赵屯古井遗址、谷屯村西蛎瓦叉古井遗址、刘大房村赵屯船坞遗址。

省级文物保护单位 镇内有西土城遗址、毛文龙碑、大孤山古建筑群、孤山杨家大院省级文物保护单位 4 处。

西土城遗址，在西土城村张家沟村民组南 30 米处冲击平地上。遗址东西宽 600 米，南北长 700 米，总面积 42 万平方米。古城遗址被沙砾覆盖，第一层为耕土层，松软，呈浅黄色，厚 20 ~ 30 厘米，有瓦片、砖块、瓷片，多为近代遗弃物；第二层为沙层，浅黄色，厚 50 ~ 200 厘米，遗址西侧沙层较薄，向东渐厚，有少量文化遗物；第三层为黑土层，即文化层，内含陶瓷残片和灰布纹瓦片；第四层为生土层，无遗物。文化层中可见原始土坑和房屋遗迹，四周有部分城墙基石。遗址中有青砖，灰、红布纹瓦片，大量陶器、瓷器残片和铁制、铜制器物残件及古代油坊器具。考古专家认为该遗址曾是一处规模较大、较为繁华的城址，建于辽代，弃于明代。该遗址于 2010 年 5 月被公布为市级保护单位。2014 年 10 月，被公布为省级文物保护单位。

大鹿岛新建望海寺碑，此碑又称“毛文龙碑”（参见本志“驻军战事 · 遗址　纪念设施 · 毛文龙碑”）。

大孤山古建筑群，1979 年 5 月，大孤山古建筑群被公布为省级文物保护单位（参见本志“古建筑群”）。

孤山杨家大院，位于西后街 44—46 号，大院有正房 10 间，东西厢房各 5 间，门楼 2 座，青砖小瓦，青灰叠瓦脊，屋檐斗拱，当街筑有围墙。1921 年，孤山居民曹、王两

杨家大院（2009 年）　　辽宁省大孤山风景名胜区管理局　提供

家联手建造坐北朝南相同规格且并排的两处住宅，两个院落各建正房 5 间、东西厢房 5 间，中间一道院墙；东西院各建一座门楼，一堵影壁墙。两处院落南北长 44 米，东西宽 39 米，整体占地面积 1677 平方米。房屋落成后，东院归属王家，西院归属曹家。两家户主先为朋友，后结为姻亲。“文化大革命”初期，两处院落上缴给孤山镇政府。镇政府接收后，拆除大院东西厢房和中间院墙，使其变成一栋四合院，改做福利院。此后，孤山驻军以他处房产置换该院，安置军官家属。“文化大革命”结束后，大院返还原房主，两家在院中间重砌院墙，大院再度一分为二。1986 年，王姓后人将宅院卖给杨家。2011 年，杨家大院被丹东市人民政府列为文物保护单位。2014 年 10 月，被辽宁省人民政府列为文物保护单位。

市级文物保护单位　镇域内阎坨子贝丘遗址、甲午海战无名将士墓、大鹿岛灯塔为市级文物保护单位。

阎坨子贝丘遗址，位于谷屯村阎坨子屯北 500 米处，为海边居住先民捕食的介壳类水生物所遗留下来的多种贝壳与泥沙混合堆积而成。遗址高出地表约 5 米，呈正方形，边长 100 米，面积 1 万平方米，为低矮台地，周围为缓坡，多为耕地，文化层厚度为 1.5 ~ 2 米。1958 年，该遗址在农民改造土壤时被发现。同年，遗址中有石器、骨器和陶器等文物出土，并发现原始灶址。1976 年，辽宁省博物馆工作队考证认定该遗址为新

谷屯村阎坨子贝丘遗址（2017年） 刘晓阳 摄

石器时代，距今6000～7000年，为具有喜食海鲜饮食特征的古人类居住遗址。1983年8月，被丹东市人民政府确定为市级文物保护单位。

甲午海战无名将士墓，位于大鹿岛村东山北坡。1938年，日本人在大鹿岛西南海域拆除清光绪二十年（1894）中日海战中沉没的“致远”舰时，潜水打捞的中国人王绪年在沉舰中打捞出一具骸骨，请大鹿岛村民将遗骨装入木箱，在大鹿岛东口哑巴营中安葬。1985年，丹东市文物普查时发现该墓，定名为“甲午海战无名将士墓”。次年重修。1988年，东沟县人民政府将该墓公布为县级文物保护单位。1990年6月，县文物部门用水泥石块翻修该墓并树立文物标志。1995年5月，大鹿岛村出资扩建为陵园。同年6月，中共东港市委、市政府将其确定为东港市爱国主义教育基地。1996年，陵园被国家关心下一代工作委员会公布为“全国青少年爱国主义教育基地”。2002年1月，辽宁省国防教育委员会将其列为“辽宁省国防教育基地”。同年，大鹿岛村再次对陵园进行扩建，四周植树栽花，铺设104级花岗岩石阶，象征大鹿岛长眠着104位在中日甲午黄海大海战中牺牲的英烈。2005年5月，中共辽宁省委宣传部、辽宁省民政厅、教育厅、文化厅、共青团辽宁省委员会，公布陵园为“辽宁省爱国主义教育示范基地”；同年10月，被列为丹东市文物保护单位。

大鹿岛灯塔，清光绪三十二年（1906）安东开埠后，英国人把持了安东海关。1923年，为给往来船只导航，英国人在大鹿岛蟒山上筹建灯塔。工程自1924年3月开工，次年竣工。灯塔用铁板围造，呈筒状，底部直径1.8米，塔高13米。灯塔顶端安置航标灯一盏，灯外有玻璃罩。塔内设有供工作人员上下的铁制阶梯。在灯塔旁15米处，建有一栋长11.4米，宽4.8米，建筑面积约55平方米英式二层小楼，为看护灯塔人员生活起居之所。小楼北50米处，建一方形小房子，用于存储灯具、灯油。“二战”期间，太平洋战争爆发后，英国人撤离，灯塔弃用。1983年8月，灯塔被列为丹东市文物保护单位。1990年，大连航标局对灯塔和附属建筑进行修缮，并架设航标灯，重新启用，为过往船只导航。

大鹿岛灯塔（20世纪20年代中期）
东港市档案局 提供

县级文物保护单位 孤山镇被列为县级文物保护单位的有孤山山城遗址、观音庵、周桓故居、基督教东教堂、大孤山烈士墓。

孤山山城遗址，位于大孤山东南部，北依山峰，南向黄海，东临悬崖，西邻陡坡，地势险峻。山城呈椭圆形，南北长约900米，东西宽近100米。山城城墙由火成岩石块

孤山山城遗址（2017年） 刘晓阳 摄

堆砌，墙体随山势起伏延伸。山城东南角有一豁口，宽约百米，临近40米深峡谷，船只可抵豁口，为山城水门。城墙大部分坍塌，保存较好地段，尚存高1米、宽2米残墙。城内地势起伏不平，北坡陡峭，南端突起，呈元宝形。山城西南角，有一直径5米、高约3米的烽火台，台子周围筑有圆形防护墙。山城西侧中上部城墙外侧，有一险峻地段，筑有东西宽30米，南北长120米的椭圆形小城，为瓮城。城内发现灰布纹瓦残片、灰陶片、施黑釉瓷片、绘青花瓷碗片。文物部门认定孤山山城为明代山城。1983年4月，东沟县人民政府将孤山山城公布为县级文物保护单位。

观音庵，原名观音庙，位于镇内东街，始建于清朝中期，清咸丰九年（1859）重修，历时一年修竣，时称观音阁。1941年，改名观音庵。

观音庵原由正殿、配殿、观音阁及仓库等组成，占地1060平方米。正殿为释迦牟尼殿，坐东面西，面阔5楹，为硬山式梁柱建筑结构，青瓦合顶，建筑面积105平方米。正殿左右各有配殿5间，建筑面积170平方米。左配殿为禅堂、客厅，右配殿为生产用房，后5间草房为仓库。庵院西南跨院有观音阁1楹，为单檐歇山式结构，青瓦合顶，建筑面积30平方米。观音庵东侧立有“重修观音阁碑记”石碑1通，立于咸丰十年（1860）八月。观音阁内供奉南海观音菩萨，塑像坐南面北，俗称倒座观音，故观音庵又称倒座庙。庙门有楹联：“问大士为何倒座，因众生不肯回头。”

观音庵大雄宝殿（2009年） 毛振成 摄

中华人民共和国开国上将周桓故居旧照（20世纪80年代初）

陶作成 提供

“文化大革命”初期，观音庵殿堂被砸，佛像俱毁。1967—1985年，被孤山镇房产管理所接管，出租给当地居民居住。1985年后，落实宗教政策，观音庵重拾香火。观音庵从1993年起先后经历多次扩建与修缮。1983年4月，被公布为东沟县文物保护单位。

周桓故居，位于镇内东街。原为坐北朝南五间草房，建筑面积95平方米，始建于清光绪年间。中华人民共和国开国上将周桓于清宣统元年（1909）出生于此，并度过少年时光。1983年4月，周桓故居被公布为县级文物保护单位。1996年6月，经东港市人民政府批准，原旧居由住户重新翻建。

孤山基督教东教堂，位于镇内东街，俗称“讲堂”，丹麦基督教传教士聂乐信于清光绪三十一年（1905）建造，占地面积5500平方米，建筑面积2000平方米，主体建筑为四栋三层楼，丹麦古典风格。1983年4月，被列为县级文物保护单位。教堂于2013年重修，现存房屋66间，大部分保存完好。

大孤山烈士墓，1950年4月1日，在大孤山戏楼西道旁，修建烈士墓，并树立花岗岩纪念碑一座，碑阳阴刻“为人民而死千古不朽”两行共9个字，碑阴阴刻楷书碑文和16位烈士姓名。1980年5月13日，孤山镇人民政府将烈士墓、纪念碑迁至戏楼西侧山坡下，建成革命烈士陵园。1983年4月，被公布为县级保护文物。2013年，孤山镇政府出资重修。烈士陵园建成后，中华人民共和国成立后牺牲的革命烈士也安葬于此。至2017年，陵园内有烈士墓98个。

孤山基督教东教堂旧址（20 世纪 90 年代）　　东港市档案局　提供

水下文物

第三次全国文物普查中，镇内发现水下文物线索 14 处。

明代沉船　大鹿岛村灯塔山北北纬 39°45'19.7"、东经 123°44'49.5"海域，全国第二次文物普查时，曾在周围海滩发现船板，且搜寻到各种青花瓷碗。

清代沉舰　中日甲午黄海大海战中，中国北洋水师的“致远”舰、“经远”舰、“扬威”舰、“超勇”舰被日军击沉于大鹿岛南部海域。

其他遗存　第三次全国文物普查中，镇内海域存有未探明文物线索 8 处，列表如下：

孤山镇水下文物线索一览表

表 4

序号	名称	地址	地理坐标（北纬、东经）	年代	口碑资料
1	大鹿岛南沉船	大鹿岛村南部海域	39° 23 ' 36 " ~ 53 " 123° 45 ' 22 " ~ 39 "	不详	据菩萨庙镇海洋红村小王屯居民栾树春介绍，在此处海域曾发现沉船，并从船上打捞出门板等器物，还曾在附近海域多次打捞出铜铁锚、瓷器等。没有其他材料证明具体沉船年代及原因
2	大鹿岛西南沉船	大鹿岛村西南 3 海里处	39° 22 ' 25 " 123° 43 ' 25 "	不详	据黄土坎镇栾家村 4 组居民宋家满介绍，此处有沉船。1931 年出版的海图有标注，但此处沉船没有渔民打捞实物信息，具体沉船年代及原因不详

续表 4

序号	名称	地址	地理坐标（北纬、东经）	年代	口碑资料
3	铁 锚	大鹿岛村正南	39° 22' 25" 123° 43' 27"	不详	据菩萨庙镇小岛村居民孙忠恕介绍，在大鹿岛村正南 16 ~ 21 海里处，曾发现铁锚，大约 250 ~ 300 千克
4	日本沉船	大鹿岛村南	39° 22' 30" 123° 43' 30"		据孤山镇大刘房村渔民赵庆敏介绍，在大鹿岛南面海域有日本沉船，2010 年前后，有人曾打捞该船卖废铁，沉船年代详细资料不清
5	沉船	大鹿岛村东南	大鹿岛新码头北	民国	据菩萨庙村小岛村居民孙忠恕介绍，在大鹿岛村东南 38 海里处有一沉船，为铁壳。20 世纪 80 年代，渔民在此捕鱼时渔网被挂破，沉船年代不清
6	大鹿岛西南沉船	大鹿岛村西南海域	与庄河黑岛交界处	民国	据黄土坎镇栾家村 4 组渔民宋家满介绍，民国期间，有一艘运输粮食和食盐的船只在此沉没，以前落潮时隐约可见，后淤积不现
7	大鹿岛海域日本飞机失事处	大鹿岛村周围海域	大鹿岛大顶子山 39° 44' 39" 123° 43' 37.7"	1931—1945 年	据黄土坎镇沙碛村 5 组居民王同亮介绍，日伪时期，从浪头机场飞往大连的日本通信飞机，飞行至大鹿岛上空时撞到山上，沉入海底。日伪当局曾派飞机在周边地区撒下大量传单，内容大意是“如能找到日本飞行员尸体，将给予经济奖励”
8	大鹿岛西南飞机失事处	大鹿岛西南 30 海里	39° 22' 18" 123° 43' 20"	1950 年	据孤山镇东大于村 6 组村民孙洪军介绍，抗美援朝战争时期，志愿军一架战斗机在大鹿岛西南 30 海里海域上空失事，坠入海中，至今未打捞

湮没文物

因住宅建设和土地开发，镇内湮灭一批古迹遗址。

孤山火神庙 位于镇内东街，为清朝寺庙遗址，因建住宅而消失。

孤山瘟神庙 位于戏楼东南 100 米处，为清朝寺庙遗址，因开发住宅湮灭。

苑屯遗址 位于谷屯村苑屯组，为新石器时代原始聚落遗址，因修建养鱼池消失。

西潘刀币窖藏址 位于庙岭村西潘组，战国时期窖藏遗址，因建造建筑物而消失。

非物质文化遗产

孤山民间鼓乐 清朝末年，鼓乐班活跃于民俗活动和各类集会上，民间称为“喇叭房”，或“某家吹”“某家帮”，均无班名，只有在城里设班时，才有正式名称。鼓乐艺人被称为“喇叭匠”或“吹手”。王世德父子的鼓乐坊在20世纪30年代是孤山一带颇有影响的鼓乐班子。王世德的儿子王吉林、庙岭村鼓乐世家王远成、孤山镇的“龙海子”（艺名）都是鼓乐高手。

孤山民间鼓乐使用的吹管乐器主要有大小唢呐、笙、管（单、双管）、笛、萧等，打击乐器有鼓、锣、钹、碰钟、梆子、木鱼等。20世纪初，孤山民间鼓乐又增加二胡、

2018年4月，国家级非物质文化遗产保护项目民间鼓乐传承人孤山唐家班亮相孤山镇首届“杏梅花旅游节”

吕国强 摄

板胡、低胡、三弦和阮等弦乐和弹拨乐器。唢呐演奏形式有大唢呐乐、小唢呐乐以及“三不搁”[①] 和“咔戏”[②] 等。鼓乐演奏曲牌有唢呐曲和笙管曲，唢呐曲中又分大牌子曲、小牌子曲和套曲，笙管曲中有“雅乐”或“堂曲”。艺人演奏鼓乐的曲谱是“工尺谱”。

王吉林、王远成等演奏的《小开门》等曲目，被收入《中国民间器乐曲集成·辽宁卷丹东分卷（一）》。唐家班、姚家班仍活跃在农村舞台，两家鼓乐班各有 10 余人，唐海峰是非物质文化遗产项目传承人，姚龙飞也是广受欢迎的鼓乐艺人。2008 年 6 月，包括孤山民间鼓乐在内的丹东民间鼓乐被公布为国家级非物质文化遗产保护项目。

孤山泥塑 孤山泥塑是孤山镇艺人受庙宇复制神像的启发，以面塑为基础，演变为民间艺术创作，历时 150 余年。

孤山泥塑多以人物、动物为主，分为“细活儿”和“耍活儿”，均为圆塑。“细活儿”指陈列观赏的工艺品，是以本色为主创作作品，体现出典雅、大气的艺术特点；“耍活儿”指儿童玩具，以彩绘为主，依据儿童兴趣、爱好制作，因此这类作品内容丰富，形式多样。

孤山泥塑制作工艺有选泥、摔泥、捏制、刮割、阴干、着色 6 个环节。“选泥”即选择当地一种细腻且黏合力强的白土；“摔泥”即用水将所选白土和成泥团，并反复捶打、

孤山泥塑传承人曹会芳的泥塑作品（2017 年） 刘晓阳 摄

① 三不搁：由低音唢呐（50 厘米左右）、中音唢呐（40 厘米左右）、高音唢呐（25 厘米左右）各 1 支，主奏乐曲，配以笙、锣、钹等打击乐器为伴奏的演奏形式，主要用于节日、婚嫁等喜庆活动或农闲时的娱乐活动，艺人称之为“三不搁”。

② 咔戏：“咔”，即模拟。技艺较高的鼓乐艺人能在演奏中逼真地模拟鸟鸣禽啼、戏曲中不同人物的唱腔等变化，多用于“对棚”（与对手打擂竞技）时的绝活。

摔揉，使之更加细腻粘合；“捏制”即用双手捏出作品雏形；“刮割”是用刮刀在捏制好的作品雏形上刮刻出作品的细微处；“阴干”是将“刮割”好的作品放置在没有阳光照射的通风处，经三五天自然风干；“着色”是将水粉（广告色）调和好，用毛笔涂到“阴干”后的作品上。经过以上的几个环节，一件色彩迷人、栩栩如生的泥塑作品就呈现在眼前。

孤山泥塑既追求写实，又讲究夸张，以喜庆吉祥为主题，题材多取自民间故事、神话传说及古典戏剧、小说，作品多敷以重彩，亮眼动人，典雅大气，受人喜爱。“八仙过海”“嫦娥奔月”“白蛇传”“西厢记”“西游记”“红楼梦”等系列人物都是极具观赏性和收藏价值的作品。

孤山泥塑的主要传承人曹会芳，人称“泥人曹”，自幼酷爱美术，13岁时拜泥塑老艺人于瑞武为师。20世纪60年代，他的泥塑作品“张衡”等被选送北京等地参展。1988年，曹会芳的泥塑技艺被载入《中国艺人大全》。在曹会芳的带动下，泥塑爱好者队伍逐渐扩大，孤山泥塑成为一朵鲜艳的民间艺术奇葩。2011年7月，孤山泥塑被辽宁省政府公布为省级非物质文化遗产保护项目。

妈祖祭典 孤山镇人称妈祖为“海神娘娘”“天后娘娘”，故妈祖祭典也称祭“海神娘娘”，祭典活动始于清乾隆二十八年（1763）。2008年5月，东港市妈祖文化交流协会在大孤山天后宫隆重举行妈祖祭典巡游活动（参见本志“风土民情·妈祖信俗”）。2015年7月，大孤山妈祖祭典作为丹东妈祖祭典重要组成部分，被辽宁省政府公布为省级非物质文化遗产保护项目。

大孤山粄子制作工艺 粄子是孤山镇传统主食之一，源自满族人的“酸汤子”，同“酸汤子”一样，粄子的味道也是酸酸的，但这种酸不淡也不重。

粄子的原料是玉米，经泡发后再加工。传统的制作方法，先要“泡粉子”，即将籽粒饱满的玉米粒选出来，放到水缸等较大容器中用水浸泡8～20天，然后用大笊篱把泡发的玉米粒捞出洗净，用石磨磨，磨的过程称为“推粉子”。“推”出来的“浆水面”，需要“摆粉子”过滤。“摆粉子”即把浆水面装到白棉布袋里，放到装大半缸水的水缸或其他容器中来回摆动，让细面粉从口袋里过滤出来，剩在口袋里的“粗头”可做猪饲料。过滤出的细面在容器中沉淀2～3小时后，将容器里的清水取出，再放上屉布，屉布上加草木灰等吸水之物“起干”，俗称“沉粉子”。接下来是“起粉子”，将屉布上的吸水物取下，将屉布揭开，取出沉淀于上层的那层金黄色的“粄面子”，下层的白色沉淀物就是粉子。

粄面子是粄子制作的原料。接下来就是“打芡子”，取三分之一或四分之一粄面子炒熟，与余下的生粄面子揉搓和匀，并搓成粗大的条形。最后一步是“压粄子”，将“粄床子”（也称“和烙床”）架在沸水锅上方，将粄子面放入粄床子的投料口上，轻轻按压粄床子的手柄，筷头粗细的粄子就从粄床子的筛孔连贯而出，沉落沸水中。一会儿，那些煮熟的粄子条就漂浮在沸水上面，用笊篱将漂浮的粄子条捞出，就是可以再加工的粄子。

孤山粄子的特点是外表光亮金黄，粄条细长圆滑，有微微的酸味。孤山粄子是地方特色风味食品。2009 年，孤山粄子制作技艺被丹东市政府公布为市级非物质文化遗产保护项目。

孤山满族靰鞡制作技艺 靰鞡原为满族男子冬季穿用的鞋子，以猪皮或牛皮缝制而成。靰鞡轻便保暖，其底为“U”形，鞋型肥大，用晒干的靰鞡草置于靰鞡内，絮为“窝”形，以吸潮湿、隔寒凉，增强保暖性。也有用铁梳子将晒干的苞米窝梳成细丝，替代靰鞡草。

满族靰鞡制作工艺分“桌下活”和“桌上活”。“桌下活”即先将带毛的生皮子放在清水中浸泡几天，清除污垢后，再放置在经过滤的生石灰水中浸泡五六天，使其脱毛。脱毛后的皮子取出后用刀刮去上面的油脂，用片刀去厚的部分，再放回生石灰水中浸泡五六天，取出皮子再进行刮剔，然后放在皮灶上熏烤。皮灶用石头垒砌，黄泥封闭，下有通风口，上有添柴孔。皮子经过烟熏，进一步除掉油脂，变得柔软有弹性。皮子经烟熏后，晾干备用。“桌上活”即缝制，裁剪、扎眼、针缝、抽前脸、缝前脸、缝后跟、打旋钉楔、烙烫定型。2009 年 7 月，孤山满族靰鞡制作技艺被丹东市政府公布为市级非物质文化遗产保护项目。

孤山剪纸技艺 大孤山剪纸始于明末清初，主要用于祭祀和节庆活动中。清康熙年间，关内居民涌入本地，特别是部分居民从山东被朝廷“拨民”返回辽东后，与满族文化融合，剪纸内容趋向艺术化。清乾隆至嘉庆年间，孤山剪纸吸纳其他民族的剪纸元素，内容更加丰富多彩，创作风格由粗犷、简约和古拙，转向细致、繁复和精巧，应用范围更为广泛。许多妇女拿起剪刀即可剪出花鸟图案，每逢年节或婚嫁吉日，家家的窗户上都贴上红红的窗花，将喜庆气氛渲染得浓重热烈。

孤山剪纸中的“挂笺”“灵幡”和“佛陀”，用于祭祀和节庆活动；“喜花”，用于婚嫁和喜庆时装饰室内和器物；“窗花”（包括棚花和炕围花等）用于春节装饰门窗和居室；“案花”，多为印染丝绸布料提供花样。剪纸创作题材多以生活习俗、民间劳作、花鸟鱼虫、祥禽瑞兽、传说故事和吉祥词语为主。

孤山著名剪纸艺人董宝君、郑树梁将山东剪纸的细腻和玲珑剔透与北方剪纸，尤其是满族剪纸的粗犷和浑厚大气的风格相融合，形成独具特色的孤山风格。其表现技巧多为“阳剪”，线条细致而简洁，造型逼真而秀朗，姿态端方，风度翩然，极富装饰性美感。孤山剪纸作品多次参加全国及国际民间艺术展览。董宝君的数十幅作品发表于《人民日报》《群众文艺》等报刊，董宝君被载入《中国民间艺人》一书。

2009 年 7 月，孤山剪纸被丹东市政府公布为市级非物质文化遗产保护项目，董宝君为传承人。

董宝君的剪纸作品《龙凤》

丹东大孤山经济开发区管理委员会　提供

孤山农民画技艺　孤山农民画使用的材料为水粉、普通图画纸。先用线条笔法，勾出构图色块界限，然后根据整体构图的要求着色；画风具有线条清晰分明、手法平铺装饰、人物造型夸张、景物写意变形、色块对比强烈、视觉艳丽夺目等特征。作品内容多以海上风情、民族风情、民间习俗、农耕劳作为主题，生活气息浓郁，富有情趣，彰显地域特色。

2009 年 7 月，孤山农民画被丹东市政府公布为市级非物质文化遗产保护项目，张坤为项目传承人。

隋明美的农民画《小河清清》

丹东大孤山经济开发区管理委员会　提供

孤山蓑衣编织工艺　18 世纪，山东、河北移民迁居孤山时，蓑衣及其编织工艺随之传入。蓑衣形似斗篷，披于双肩，系于胸前，遮蔽全身。当地人穿着蓑衣常与苇帘头（苇编帽）或草帽配套。蓑衣用料多为稻草、蒲草、䌷草、马莲、椴树皮等。上等蓑衣为椴树皮，马莲、䌷草次之，稻草、蒲草再次之。椴树皮纤维细腻、拉力强、耐腐蚀，具有柔

2008 年大孤山娘娘庙会 刘芳春 摄

软、轻便的特性。其编织工艺分为伐木剥皮、浸泡脱浆、剥纤晾晒、搓制钢绳、手工编织、量体整形 6 个步骤。蓑衣编织属纯手工技艺，其传承来自口传身教，多自编自用。20 世纪 60 年代后，蓑衣被现代防雨工具取代，少有编织。2009 年 7 月，孤山蓑衣编织工艺被丹东市政府公布为市级非物质文化遗产保护项目。

大孤山庙会 大孤山庙会始于宋代，清道光年间戏楼建成后，庙会盛况空前，进庙拜佛、祈福还愿、戏曲演出、杂耍卖艺、秧歌表演、剃头修脚、看病抓药、商品买卖等无所不有。

大孤山庙会分别是农历四月十八“三霄娘娘生日”和四月二十八“药王（孙思邈）生日”庙会。届时，除进行祭祀外，药王庙会还举行“药王巡游”、免费献方献药活动。三霄娘娘庙会于每年农历四月十七至十九举行，十八为“正日”。主要活动有民俗活动，即礼拜祭祀、上香祈福；商贸物流，即销售各地商品，出售各种小吃；文化交流，即民间魔术、杂技、马戏表演，京剧、评剧、地方戏演出，字画展卖。2010 年 5 月，大孤山庙会被丹东市政府公布为市级非物质文化遗产保护项目。

孤山民间故事 孤山民间故事从内容上分为四个类别，即神话故事、宗教故事、历史传说、生活轶事。如:《杨二郎填海追太阳》《八仙过海》《药王孙思邈》《三女婿上寿》

等。在故事中，不论是人妖鬼怪，还是草木山石，皆灵动鲜活，生动逼真，令人难忘。不论是神话故事、历史传说，还是宗教故事、生活轶事，都运用娴熟的比拟、夸张和双关等艺术手法，巧妙地表达人民群众对历史、社会、人生、自然的感悟。故事通俗易懂，具有浓郁的乡土气息。2013 年，孤山民间故事被丹东市政府公布为市级非物质文化遗产保护项目，传承人张所文。

孤山刺绣技艺 孤山刺绣纹样细致精密、清晰活泼、立体生动，题材以花鸟鱼虫、山水、人物为多，人物又以传统戏剧人物、宗教人物和儿童为主。针法有走针绣、反针绣、乱针绣、插针绣、走边绣、扩针绣、抽丝锁壳绣、平针绣和插花绣等多种。绣线有金丝线、银丝线、棉丝线、大坯线等。布料多是软缎，色彩冷暖相应，对比鲜明。在色彩运用上追求对比效果，在换色、变色、对色、渐变等方面调用丰富的手段，强调立体感和真实感。

1954 年，背阴寺村残疾人毕淑清，用脚绣出“祝毛主席万寿无疆”锦旗一面，寄往北京，表达对人民领袖的爱戴和敬仰之情。2014 年 12 月，孤山刺绣被丹东市政府公布为市级非物质文化遗产保护项目，传承人潘贵媛。

孤山刺绣作品《锦上添花》 丹东大孤山经济开发区管理委员会 提供

大孤山古建筑群下庙文昌宫砖雕轩窗（2006 年）　　刘芳春　摄

古建筑群

大孤山古建筑群坐落于大孤山南麓，由上庙、下庙和戏楼组成，占地面积1.29万平方米，建筑面积5000余平方米，保护范围30万平方米。古建筑群始建于唐武德二年（619），现有建筑为清代中晚期遗存，有殿宇15座，亭2座，楼3座，共132楹。

古建筑群随山就势，由南向北逐渐升高，构成阶梯式庭院。整体布局紧凑，高低错落，疏密有致，深得筑园借景之道。殿院为正殿配殿呈对称式，组成三进、五进院落，看似各自独立，但又相互映衬烘托，集于一条中轴线上，所有建筑既有中原风格，又具北方特色，集南北古建筑之大成，工艺精湛，堪称完美。下庙整体布局呈繁体的“寿”字，是极具吉祥寓意和文化品位的构思。整体建筑体现砖雕、木雕、壁画“三大特色”，体现出孤山镇历史文化极具包容性的特点。

大孤山古建筑群是辽宁省现存较为完整的古建筑群之一，为东北地区现存保护较为完好的古代寺庙建筑群。1962年被列为市级文物保护单位。1979年9月5日被辽宁省政府公布为重点文物保护单位。

上庙全景（2012 年） 刘芳春 摄

上庙

上庙占地面积 1951.2 平方米，分为东、中、西 3 院，各院有青砖花门楼贯通。东院占地面积 887.6 平方米，由三霄娘娘殿、圣水宫、龙王殿、佛爷殿、钟楼、圣磬斋组成；中院占地面积 424.1 平方米，由玉皇殿、药王殿、三官殿构成；西院占地面积 639.5 平方米，为僧人生活起居之所，有僧房、禅堂。上庙院墙外，有望海亭和佛塔两座建筑。

三霄娘娘殿 位于上庙东院最东侧。山东崂山金山派第九代道士倪理休，经三年募化，于清乾隆十四年（1749）建成草殿，十年后又集资重修，而成此殿。三霄娘娘殿面阔 3 楹，依山势而建，殿宇伸入岩崖下，屋脊东端鸱吻紧抵岩石，前坡覆以青瓦，后坡仅用黄泥在苇把上抹就，使之成为有顶“无瓦”的宫殿，为古建筑群中“三绝”中的第一“绝”。

三霄娘娘殿（2006 年） 刘芳春 摄

三霄娘娘殿内供奉云霄、碧霄、琼霄三位娘娘，此三人为姜子牙封的“三仙姑”，掌管“混元金斗”，任何人由生到死，命运际遇全由她们确定。三霄娘娘右边还有眼光娘娘、疹痘爷爷和疹痘娘娘，眼光娘娘专治眼病，疹痘爷爷和疹痘娘娘专治身上起疹子的疾病。三霄娘娘左边有耳光娘娘、送子爷爷和送子娘娘，耳光娘娘治耳朵疾病，送子爷爷和送子娘娘专为不孕妇女送子女。殿内左山墙上有多宝道人奉通天教主令摆下的“诛仙阵”，还有通天教主和弟子摆下的“万仙阵”壁画。右山墙的壁画是三霄娘娘摆下的“九曲黄河阵”。殿外有石碑两通，其一为“游目骋怀”碑，刻有庄河县知事廖彭拟写的一副对联“圣水本无边，籍以革面洗心，回头是岸；孤山不可及，到此悬崖勒马，履险如夷。”碑阳尚有大孤山县佐山左莱阳龙锡钺书写的行楷小序，碑阴刻有当时文人的诗文。

三霄娘娘殿左崖壁上，横刻“道山不老”4 个大字，其下竖行依次刻有：“癸酉小春镌”“蓬莱姜延庆立”“庄河邹祇晋书”，共 17 字。

传说，三霄娘娘的生日为农历四月十八，大孤山的传统庙会就是每年的这一天，故庙会也被称为“娘娘庙会”。

佛爷殿　龙王殿　位于三霄娘娘殿西侧，为连山同脊的单体建筑。佛爷殿居东，龙王殿居西，各 1 楹。佛爷殿是在罗汉殿的遗址上建造的，重建三霄娘娘殿时，于唐代建

三霄娘娘殿左侧崖壁摩崖石刻“道山不老”（2006 年） 刘芳春 摄

造的望海寺旧址掘得铁罗汉 16 尊，清乾隆二十四年（1759）增建庙堂 1 楹，因 16 尊铁罗汉供奉殿内，称为罗汉殿。自此，道、佛两教共存于大孤山上庙。罗汉殿在“文化大革命”中被拆毁。现存佛爷殿为 1982 年在罗汉殿原址上复建，因供奉如来佛，故称佛爷殿。

罗汉殿和龙王殿（2014 年） 刘芳春 摄

上庙藻井上的凤凰戏牡丹图案（2015 年） 吕国强 摄

圣水宫（2006 年） 刘芳春 摄

“仁山智水”（2017 年） 刘洪 摄

龙王殿始建于清乾隆二十八年（1763）。“文化大革命”中被毁。1982 年复建。殿内供奉龙王，两旁是巡海夜叉，左边为雷公、电母、风神，右边为雨神、雾神、雹神。

圣水宫 位于龙王殿外西侧，唐天宝年间始建，因泉得名。建于峭壁之下，是中国古代建筑中的一种独特的建筑样式——“广”，为大孤山古建筑群中“三绝”中的第二“绝”。圣水宫内的天然石洞中有泉水流入泉池，站在泉池外侧，观看池水中悬崖倒影，称之为“水底洞天”，为大孤山“第一妙景”[①]。“孤山圣水”也是最为著名的景观。圣水宫外立有“圣水宫记”碑。

圣水宫“紫液洞”西侧崖壁上，竖刻“仁山智水”四字，无落款。为 1935 年大孤山斫字会会长吴邈正题刻。1982 年，辽宁省副省长、省书法家协会副主席王堃骋题写的“圣水宫”及“东来紫气，西望瑶池”镌刻于圣水宫后侧崖壁上。摩崖石刻为孤山“四大古风”之一。之后，陆续有“灵山卧虎”“福”“禄”“寿”“禧”“财”等石刻现于大孤山山石之上，为一方清秀山水增色。

---

① 见 1922 年版《庄河县志》卷一《地理志·古迹》，奉天作新印刷局。

圣磬斋　一层楼　圣磬斋原为上庙东院的一座附属建筑，1982 年重建。一层楼是大孤山第五代道人张浮槎主持修建的钟楼，始建于清道光十二年（1832）。

一层楼（2006 年）　刘芳春　摄

三官殿　原为真武庙，位于上庙中院东侧，始建于清道光十二年（1832），供奉真武。“真武”即“玄武”，因宋朝忌讳“玄”字，而将“玄”字改为“真”字。玄武是传说中与青龙、白虎、朱雀合称的四方神之一，是北方之神。“三官”即天官、地官、水官，又称“三元”，分治天、地、水三界，考校天人功过，司众生福祸之神，为道教较早供祀的神灵。天官紫薇大帝、地官青灵大帝、水官畅谷大帝分别主管赐福、赦罪、解厄，古人将他们的生日正月十五、七月十五、十月十五分别定为上元节、中元节、下元节，这三个节日合称“三元节”。三官殿是古建筑群中最小的庙宇，最能体现孤山镇人“庙小神通大”的理念。

玉皇阁　紧挨真武庙，仅为 1 楹，供奉玉皇大帝。玉皇殿始建于清道光十二年（1832），重修于清咸丰三年（1853）。玉皇殿的台阶为九级，象征着九重天。玉皇殿镶嵌有刀工精致、形神兼备的“宝相莲花”和“天兵天将”等砖雕。

三官殿（真武庙）（2006 年）　刘芳春　摄
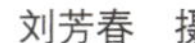

玉皇阁（2015 年）　刘芳春　摄

药王殿（2006 年） 刘芳春 摄

药王殿 面阔 3 楹，始建于清道光十二年（1832）。为道人张浮槎主持修建，是上庙中院规模最大的庙宇，原供奉药王孙思邈，现供奉邳彤。药王殿中间曾有石墩，上有刻字，记载药王孙思邈“虎口取簪”的故事。药王殿中还有古代十大名医木制塑像，东边是皇甫益、华佗、孙思邈、葛洪、扁鹊，西边是许文伯、刘河间、孙林、张仲景、张子和。藻井上绘有牡丹，颇具装饰性。

观海亭 位于上庙墙外一处凸起的山岩上。建于清光绪八年（1882），由孤山街士绅周长盛与友人倡议修建。亭外立有“观海亭碑记”碑。为六角攒尖顶飞檐，藻井上绘有“百鸟朝凤”图案。观海亭六面洞开，凭窗南望，近处林木葱茏，远处海天一色，獐、鹿二岛及海鸟、飞舟历历在目。

佛塔 又称镇妖塔，位于观海亭下西南方，建于民国初年。青砖砌就，实心结构，塔高7.3米，六角七层，每层留有数个小洞，一个大洞，共46洞，用于安放佛像的佛龛。曾有佛像安放其上，现仅存第一层一尊大石佛，已面目全非。

观海亭（2006 年） 刘芳春 摄

佛塔（2006 年） 刘芳春 摄

下庙冬景（2013 年）　　毛振成 摄

下庙

下庙占地面积 1.09 万平方米，分东西两部分。东部占地面积 8044.8 平方米，分为 6 个阶梯式院落，自下而上由地藏寺、文昌宫、财神殿、关帝殿等正殿、配殿、砖雕牌楼组成，系佛、道、儒三种传统文化共存同处的院落。西部是天后宫。

东西各院落内自成一体，有正殿和配殿，各自对称，与悬山式门楼、三滴水牌楼、月亮门、垂花门和圆门等共同组成既独立有别又联通一体的多进院落。各院有牡丹、芍药、鸡冠花和竹林、圆柏等庭院花卉、树木，整体建筑典雅美观，具有江南建筑的精巧细腻和北方建筑的庄重朴厚。

天后宫（2006 年）　　　　刘芳春　摄

天后宫

即天后圣母殿，又称海神娘娘殿，位于下庙西部，始建于清乾隆二十八年（1763），清光绪六年（1880）被大火烧毁后重修，两年后竣工。天后宫占地面积 2877.6 平方米，建筑面积 842 平方米，分为前、中、后 3 进阶层式四合院，自下而上，依次是影壁、山门、钟楼、鼓楼、客厅、滴水门楼、禅堂、砖雕门楼、配殿、玄廊、卷棚、天后圣母殿等组成。

影壁　位于天后宫山门前，为一字型。始建于清乾隆二十八年（1763），高 5.5 米，宽 8.2 米，底座厚 0.84 米。体量硕大，青砖抱垛，中间白灰盘。

山门　位于天后宫前端高台之上，为过堂式门楼，为天后宫的前殿，面阔 3 楹，长 3.6 米，进深一间，是古建筑群中门面最大的单体门楼，门洞两边各有一圆形隔扇窗，与后墙窗户两两对应。山门正面开两扇板门，门楣上有四个门簪，门簪上分别刻有“功、德、广、大”4 字。构架式五梁架，前后各有一步架，带前后外廊，廊心墙的象眼内雕有“鱼、兰、花、鸟”。前殿内立有两尊守门神，东侧的叫“千里眼”，西侧的叫“顺风耳”。

钟楼　鼓楼　位于天后宫东南、西南角，东为钟楼，西为鼓楼，均为二层，与门楼

天后宫门楼里的“千里眼”（2015 年）
辽宁省大孤山风景区管理局 提供

天后宫门楼里的“顺风耳”（2015 年）
辽宁省大孤山风景区管理局 提供

中线左右对称。钟楼、鼓楼均为歇山顶、两重檐、翘檐角，是整个建筑群中规格最高的建筑。旧时大孤山天后宫每到除夕夜，在“一夜连双岁，五更分两年”之时，都要撞钟108响，表示一年的终结，辞旧迎新。天后宫的钟声悠扬，声传20千米。

客厅 位于天后宫一进院，用于接待香客。东西各有硬山顶配房3楹，进深一间。廊心墙青砖雕有“博古”花瓶，花瓶各插有“兰花、牡丹、荷花、梅花”。正脊上分别刻有“风调雨顺”“国泰民安”等字。院内有竹林，颇具南国园林的意趣，客厅内建筑

天后宫鼓楼（2006 年） 刘芳春 摄

上的雕花木门、垂花门楼两侧护门板上，是古建筑群中木雕作品保存最多最完好的，有梅、兰、竹、菊、麻姑献寿、寿星佬等。廊檐下廊心墙有彩绘壁画，虽然受潮剥蚀，漫漶不清，但仍能辨识人物面目、衣纹、彩饰；砖雕的花卉作品赏心悦目。院内有碑刻两通。

禅堂　位于天后宫第二进院，是一个清雅宁静的院落。原为庙内道士起居之所，东西各有3楹古民居式建筑，为硬山单檐瓦合顶，显得静穆古朴，与主体建筑有一座砖砌门楼相隔。门额上刻有“天后宫”3字，门楼背面门额刻着“恩波浩荡”4字，两侧砖雕刻有荷花、牡丹。

天后宫钟楼（2005年）　刘芳春　摄

天后宫砖雕门楼前的牡丹花盛开（2014年）　刘芳春　摄

天后圣母殿 也称海神娘娘大殿，位于天后宫最后的第三进院，始建于道光四年（1824），光绪六年（1880）毁于火灾。两年后复建竣工。正殿前，建有同样的面阔 5 楹的卷棚抱厦，东西各有硬山瓦合顶配殿 3 楹。

天后宫圣母殿的木雕、砖雕、绘画作品琳琅满目。圣母殿抱厦檐信上置平板枋，平板枋和额枋上嵌木雕文房四宝、八宝、暗八仙及兰花、梅花、翠竹等花卉，额枋下雀替是透雕木刻行龙、单凤朝阳、八仙人物、花鸟。后殿檐下包头梁雕象头。槅扇门的裙板刻、博古图、文房四宝、灵芝花卉。廊心墙画仕女图，额枋下雀替雕双凤朝阳、鲤跃龙门、龙凤呈祥、凤戏牡丹。卷棚瓦作的博缝头刻桃子、佛手，东山墙悬鱼嵌蓝桥相会，西山墙悬鱼嵌柳毅传书。前戗檐砖雕游龙、飞凤，后戗檐砖雕花卉盆景。灯笼格分别雕麒麟送子、鸾凤观子、麻姑献寿。山面排山勾滴下嵌石榴砖雕，博缝头雕有双蝠、双蝶。前戗檐雕宝相花，后戗檐雕长寿图。殿内东西墙壁分别绘有海神娘娘“海上降妖图”。

“无殿不雕”是古建筑群的装饰特点。砖雕之外，木雕是其最显著的特色，常见于柱头、梁枋、门板、雀替，它们或小不盈掌，或长不过丈，或单件，或成组，散见于

天后圣母殿卷棚（2015 年） 辽宁省大孤山风景名胜区管理局 提供

天后宫垂花门楼护门板上的木刻作品“寿星佬”和“麻姑献寿”（2006 年） 刘芳春 摄

天后宫垂花门搏风板和悬鱼上的木刻作品（2014 年） 刘芳春 摄

古建筑群中，可谓琳琅满目。这些木雕作品或浮雕，或透雕，技法娴熟，无论夸张写意，工笔写实，其线条流畅，昂扬飞动，造型生动逼真，给人以美的享受。木雕中的花卉纹饰有梅、兰、竹、菊、荷花、牡丹、玉兰及卷草纹等，鸟兽图案主要是龙、凤、鸳鸯等，人物以八仙、寿星、麻姑、刘海等神话传说中的人物为主。还有汉字、祥云、海牙、“暗八仙”等传统图案。天后宫是古建筑群中的木雕作品最为集中，且保存较为完好。

正殿中间的坐像，是天后圣母的木雕像，有侍女站立左右，其前方是东港市妈祖文化交流协会于 2008 年 5 月从福建省莆田县湄洲岛妈祖祖庙恭请的妈祖分灵金身。大殿两侧是两只古代帆船造型的木船。天后宫作为“妈祖祭奠”的主要祭祀场所，每年农历三月二十三，东港市妈祖交流协会和渔民及海产品生意人等前来祭拜，祈求福运亨通。

大孤山古建筑群砖雕作品（2006 年） 刘芳春 摄

地藏寺全景照（20 世纪 40 年代）　　东港市档案局　提供

地藏寺

地藏寺由天王殿、十王殿、地藏殿、大雄宝殿等殿宇组成。

天王殿　天王殿即四大天王殿，供奉的主神是弥勒佛。位于下庙东部前端，地藏寺前殿，始建于清嘉庆二十年（1815）。殿内的弥勒佛像为 1984 年重塑，两旁四大天王是 1989 年重塑。韦驮于庙后面北而立，头戴金盔，身穿金甲，手持金刚杵。

天王殿内外部皆有壁画，现存 28 幅，保护状况较好。前墙内壁东侧是禅宗六祖图，西侧是禅宗第七祖神会和创立南五宗的义玄、良价、灵佑、文偃、文益的画像；两侧山墙是四大天王手持法器降妖除魔的画面；后墙东侧画的是五岳朝真图，西侧画的是儒、释、道三教归一图，后墙东侧画的是白居易拜见乌巢大师，西侧画的是何大叟拜见弘恩大师。

地藏寺门楼（2014 年）　　刘芳春　摄

地藏寺天王殿（2006 年）　　刘芳春　摄

地藏寺天王殿后墙东侧壁画
“白居易拜见乌巢大师”（2006年）
刘芳春　摄

地藏寺天王殿后墙西侧壁画
“何大叟拜见弘恩大师”（2006年）
刘芳春　摄

地藏寺天王殿壁画　　郑农家　摄
辽宁省大孤山风景名胜区管理局　提供

庙殿内外以宗教故事、历史故事为主要内容的壁画最值得关注。除天王殿壁画外，地藏殿、大雄宝殿、关帝殿等庙殿内的“八十八菩萨图”等作品，或工笔彩绘，或白描淡墨，都是构图严谨，层次分明，造型美观，设色精当，格调雅致，气韵生动。尤其是人物造型栩栩如生，勾勒的线条酣畅淋漓，既有宗教绘画特点，又有文人画的淡雅，是宗教文化的重要内容和传统文化的重要组成部分，也是精美的艺术品。

十王殿　又称阎王殿，作为地藏殿的配殿，位于地藏殿前东西两侧，各为3楹。东殿排有一王、三王、五王、七王、九王塑像；西殿排有二王、四王、六王、八王、十王塑像。十王殿里的泥塑，是阎王惩治各种恶人的刑罚展示。

地藏殿　位于地藏寺中部，供奉的是地藏王菩萨，也叫幽冥王，掌管阴间十王。始

地藏寺地藏殿和十王殿（2006年）　刘芳春　摄

地藏殿屋顶垂脊上的“屋脊六兽”（2017年）
刘洪　摄

建于元至正五年（1345），重修于清嘉庆二十五年（1820），是下庙六个阶梯式院落中的第二座院落。面阔 3 楹，为硬山单檐的一正四垂脊大坡顶，上覆青瓦。正脊上两端似龙非龙的兽叫鸱吻兽，是龙王的第二个儿子。因为它能喷浪成雨，故修饰于正脊上，取意喷水灭火，消除火灾。垂脊上各有六个飞禽走兽：依次为“走投无路”“跟腚帮咬”“犀牛望月”“海马朝云”“添油拔灯”“赶尽杀绝”。传说它们好吃懒做、浑水摸鱼、搬弄是非、充当帮凶、祸害百姓、无恶不作，大禹治水时把它们从海里赶出，因为无处可放，只好安置在屋脊上。孤山镇人常称行为不端者为“屋脊六兽”，即由此而来。殿内墙壁两侧画的是八十八菩萨图，画中菩萨造型各异，多姿多彩，栩栩如生，是古建筑群中的壁画精品。

大雄宝殿 位于地藏殿后，是地藏寺最重要的建筑。始建于清嘉庆七年（1802），嘉庆二十一年（1816）、咸丰元年（1851）两次重修。面阔 3 楹，硬山单檐，因位置靠后，地势较地藏殿高一层阶。供奉的释迦牟尼佛，又称如来佛。大殿里两侧的木雕是十八罗汉佛像，为 1989 年重塑。

大殿北墙的壁画，描述的是释迦牟尼离家出走后，到雪山修行，历经各种艰难困苦、最终悟道成佛的故事。两侧山墙上的壁画，描绘的是释迦牟尼广拜名师和释迦牟尼的师傅预言释迦牟尼成佛的故事。

配殿为古民居式样，前墙写有一个“福”字，“福”字的左部偏旁写成鸡头形，称“鸡头福”，提醒人们闻鸡起舞，不荒废光阴。此为大孤山一

地藏寺中的“鸡头福” 辽宁省大孤山风景名胜区管理局 提供

大古风。

文昌宫　也称梓潼宫，为原充办山海钞关税务周梁（字芝甸号奕山）等倡修同募而创建，当时供奉文昌帝君。位于下庙东院第三进院落东侧，只1楹，始建于清道光十年（1830）。现文昌宫大殿里供奉的雕像是孔子，为20世纪80年代请入。

文昌宫门楼（2006年）　刘芳春　摄

文昌宫东侧所立石碑是建庙捐资人名录，获得过功名的秀才、贡生、举人等均列名于碑阳，没有功名的商民均列名于碑阴。文昌宫壁碑“文昌宫记”载，该碑为“泾邑桃花潭五峰翟山甫书丹，上海道前宝贤堂书坊刻”。

文昌宫的门楼采用磨砖对缝的建筑工艺，圆拱券门洞上方的砖雕，龙纹和云水纹雕工之细腻，图案之雅致，风格之温婉，尽显南方园林雕饰风貌。门洞后的垂花门小巧玲珑，轻盈雅洁，颇有江南水乡风范。

文昌宫门楼曾供奉宋代大儒朱熹，1966年被毁。20世纪80年代初，文昌宫请入大成至圣先师孔子塑像。此后，孤山镇内居民多在学子升学考试之时前往拜祭，临近高考时尤盛。

财神殿　位于文昌宫北侧，清嘉庆二十五年（1820）易地重建。殿里供奉的是文财神比干，侍立两旁的是招财童子、进宝童子。财神殿的檐廊下，有两幅雕工精美的砖雕壁画，都与钱财有关，东侧是“和合二仙”，西侧是“刘海戏金蟾”。砖雕壁画展现的“和合二仙”的故事，取意和气生财。财神殿的“和合二仙”“刘海戏金蟾”都有吉祥寓意和艺术观赏性。

财神殿廊心砖雕作品“刘海戏金蟾”（2014年）　刘芳春　摄

财神殿廊心砖雕作品“和合二仙”（2014年）　刘芳春　摄

财神殿后，还有两幅砖雕。东侧一只古瓶插着牡丹，取意“富贵平安”；西侧一只古瓶插着水仙。水仙是凌波仙子，凌波是超尘脱俗的，提示人们不必患得患失，为喜为忧，取意“超脱平安”。财神殿西山墙下，有一座影壁，意在防止冲撞财神爷。

关帝殿　位于下庙东院最后的第六进院，是由陕西商贾于清嘉庆二十五年（1820）秋发起，至道光四年（1824）易地修建的庙宇。正殿面阔 3 楹，硬山单檐四垂脊瓦合顶，屋脊上饰有鸱吻和蹲兽。东西配殿对称，各为 3 楹，也为单檐硬山四垂脊瓦合顶，正脊无装饰。

关帝殿的门楼是三重檐的砖雕门楼，也叫三滴水，是古建筑群中建筑级别较高、最具风采的建筑之一。门楼运用浮雕手法，雕件有 104 件，砖雕壁画 36 幅，雕刻面积 160 平方米。其中最大的雕幅是门楼正面两侧的两幅，东侧是“游龙戏云”，西侧是“猛虎下山”，单幅面积 2.4 平方米。两幅砖雕壁画画面大、雕工精。两幅砖雕壁画的四周又雕有蝙蝠，富有装饰意味。门楼背后是苍松梅鹿、翠竹仙鹤图，雕工精湛。门楼最上端，雕的是“古城会”，即关羽“过五关斩六将，古城下斩蔡阳”之后，倒提着青龙偃月刀，奔向张飞的情景。门楼中部的两条龙，是关羽身份的象征，它的独特之处是无角。无角龙是关帝殿一大奇观，与大孤山戏楼的屋顶、观音庵的倒坐观音并称为三大奇观。关帝

关帝殿砖雕门楼（2006 年）　　刘芳春　摄

关帝殿门楼砖雕作品“翠竹白鹤”（2014 年） 刘芳春 摄

关帝殿门楼砖雕作品“苍松梅鹿”（2014 年） 刘芳春 摄

殿门楼上端，刻着“仁勇”两个字和门楼背后“刚健中正”一样，是关帝殿砖雕作品的点睛之笔。关帝殿的砖雕，集历史、传说、掌故为一体，融人物、花鸟、书法为一炉，既具写实性，又富装饰韵味，造型生动，雕工精致，具有很高的研究价值。

关帝殿正殿正中是关公端坐夜读《春秋》坐像，东侧有手持宝剑的义子关平，西侧有手攥青龙偃月刀的周仓。

关帝殿的东墙壁画是“桃园三结义”“陶恭祖三让徐州”“汉献帝许田射鹿”等；西墙壁画是“三英战吕布”“挂印封金”“过五关斩六将”等。壁画为工笔彩绘，整体气韵生动，大气磅礴。无论人物、盔甲、兵器，还是津梁、车骑、草木，都纤毫毕现，鲜活灵动，是古建筑群中难得的佳作。

吕祖亭 位于天后宫的西侧墙外，是六角攒尖亭式建筑的庙宇，始建于清光绪十一年（1885），供奉“八仙”之一的吕洞宾。亭内壁画“八仙过海”是大孤山古建筑群中的壁画精品。八位仙人的神态、姿势各不相同，但率真活泼，讨人喜爱。历经百余年时光，壁画保存比较完好，色彩艳丽。

吕祖亭（2006 年） 刘芳春 摄

吕祖亭壁画“八仙过海”(2014 年)　　刘芳春　摄

戏楼

戏楼位于大孤山前台地上，始建于清道光六年（1826），为东北地区保存最完好的古戏楼。戏楼坐南面北，是建造者有意为之，因庙在戏楼北面，戏楼上悬有“神听和平”匾额。前台广场1万多平方米，可容纳观众万余人。

戏楼造型　戏楼由半边屋宇和半边亭台组成，舞台在探出的半边亭台上。半边屋宇是古代“轩”的造型，以“轩”和亭台相并，用列架连接，是种巧构。戏楼的屋顶，从侧面看，形是两座山，南硬山、北歇山，硬山低、歇山高，硬山的南坡与歇山的北坡巧妙连接，巧夺天工。从正面看是三座山，中间峰高，两边峰低，似象形的古文字里的“山”字。台基高2.65米，宽7.8米，深6米，台口高4.36米，台空间高16.9米。其两角斗拱飞檐，华丽堂皇，一派古朴典雅，庄重巍峨。一座建筑有两种屋顶样式并具，构成古建筑群的第一大奇观。

戏楼装饰　三山之上，有四只鸱尾驻守，垂脊上各蹲着3只小兽，最引人瞩目的歇山面的正脊上是“二龙戏珠”。脊端龙尾高卷。重檐四脊，前两脊各塑有10只哮天犬，全部斗拱皆为雕花彩绘。戏楼台基用花岗岩砌成，台沿的长条花岗岩用铁打的构件连接。前台角上的护角石，各是两块竖立的雕花花岗岩大石块，雕的是松、竹、梅、兰。两侧山墙的上、下身，雕的是“八仙”。虽是砖雕小品，却刻得线条遒劲，一丝不苟。

戏楼内的立柱、门棂、窗棂、廊栏，一色朱红。梁枋、斗拱、雀替，有雕有画，彩饰灿烂，夺人眼目。出场门在左，上书“出将”；下场门在右，上书“入相”。

戏楼内南墙西墙角和西墙南侧留有毛笔题壁。其中西墙南侧题壁共 10 条，南墙西墙角共 5 条，列演出剧目百余。根据其所演剧目考证，戏班多为直隶（河北）梆子班社，并兼演昆曲折子戏。其中长顺班所演剧目大多为山陕梆子，未列明年代。

2017 年 6 月，大孤山风景管理局斥资 100 余万元，对戏楼进行修复。戏楼是孤山镇庙会等活动中举行文艺演出的重要场所之一。

戏楼（2015 年）　　刘芳春　摄

大孤山古建筑群——歒庐亭（2006年） 刘芳春 摄

古镇保护

因年代久远、战乱和“文化大革命”等因素，孤山镇古建筑或湮灭，或被占用。在上级的关心支持下，大孤山风景名胜区管理局、辽宁省大孤山国家森林公园管理处、辽宁省大孤山文物管理处成立，这些部门与孤山镇共同做好古镇保护工作，以规划为龙头，保护和开发并举，措施有力，工作卓有成效，重建、修缮、扩建、新建众多文物和纪念物。至2017年，孤山镇的古迹、古物、古树、古战场、古民居、古建筑群等，恢复了往日的异彩，成为孤山镇的一张亮丽名片。

编制规划

孤山镇规划 1978年，中共十一届三中全会后，孤山镇政府将古镇保护列入工作日程，编制古建筑、古民居保护规划，制定《孤山镇文物古迹古民居保护管理办法》，划定历史建筑文化街区和文物保护单位，分类进行重点保护，并将保护措施纳入城镇建设总体规划。

2007年，孤山镇政府制定《孤山镇历史文化名镇保护管理办法》，共六章三十九条，内容有“总则、名镇保护管理、文物古迹与名人故居保护管理、旅游景区与古建筑民居保护管理、罚则、附则”等。

2009年，孤山镇政府委托辽宁省城乡建设规划设计院制订《孤山镇历史文化名镇保护规划（2008—2030年）》。

大孤山风景名胜区管理局规划 1993年，大孤山风景名胜区管理局编制《大孤山风景区总体规划（1995—2015）》，规划中对风景区内文物古迹明确了保护措施。2018年，大孤山风景名胜区管理局编制《大孤山古建筑群文物保护规划》，对古建筑群进一步加强保护措施。

修复与新建

重建

重建娘娘殿 山东崂山道人倪理休托钵募化，清乾隆十四年（1749）在望海寺旧址

重建后的观音庵观音殿（倒座庙）（2006 年） 刘芳春 摄

上建娘娘草殿 3 楹，并成为重修庙宇后的第一代住持。

重建三霄娘娘殿 清乾隆二十四年（1759），重建娘娘殿，将三间草殿翻新为三间砖瓦殿堂。

重建财神殿、关帝殿 清嘉庆二十五年（1820），易地重建财神殿、关帝殿。

重建玉皇殿 清咸丰三年（1853），重建玉皇殿。

重建天后宫 天后宫始建于清乾隆二十八年（1763），被大火烧毁后，于光绪六年（1880）重建。是年，又失火，正殿及两厢全部烧毁，随之重建，光绪八年（1882）完工。

重建天后圣母殿 天后圣母殿始建于清道光四年（1824），光绪六年（1880）毁于火灾。两年后重建。

重建吕祖庙 清光绪十一年（1885）重修。

重建圣磬斋 1982 年，在圣磬斋原址重建。

重建佛爷殿 1982 年，在罗汉殿原址重建佛爷殿（因供奉如来佛，故称佛爷殿）。

重建龙王殿 龙王殿在“文化大革命”中被毁，1982 年重建。

扩建与新建

扩建观音庵 观音庵于清咸丰九年（1859）重修，历时一年修完，时称观音阁。1995 年，丹东佛教协会理事释亲光法师与弟子释传真法师扩建观音阁，修大雄宝殿、南北配房、地藏殿等，总面积1400余平方米。并重塑观音菩萨、弥勒菩萨、韦驮菩萨、道明尊者、明公尊者等金身，至1998年完工。2007年，又翻建大雄宝殿，2008年竣工，占地面积1300平方米，建筑面积630平方米。是年，扩建观音阁。2014年，建南配房，面积300平方米。法师释亲光2014年圆寂后，法师释传真于2015年建造北配房，面积300平方米。是年11月，地藏殿重建工程完工，建筑面积170平方米。释传真2015年往生后，法师释无尚于2016年4月18日，将请进大雄宝殿的三如来、文殊菩萨、普贤菩萨、十八罗汉、24尊佛像及全堂佛像全部开光。是年10月19日，五观堂竣工，建筑面积830平方米。2017年4月，观音庵内原膳堂拆除，修建围墙。至此，经释亲光、释传真、释无尚三代法师维修扩建，观音庵整体建筑面积达2230平方米。

新建邓世昌塑像 2000年，大鹿岛村委会在大鹿岛东山后坡，为甲午中日海战中壮烈殉国的“致远”舰管带邓世昌建造花岗岩塑像。

新建古韵街 2004—2010年，建仿古一条街，占地面积28.9万平方米，建筑面积16.7万平方米，总投资2.25亿元。

修缮

修缮大雄宝殿 大雄宝殿于清嘉庆二十一年（1816）、咸丰元年（1851），两次重修。

修复西太平路 建于清朝晚期的西太平路（当地称西马道），1941年重修。

修缮毛文龙碑亭 1979年，辽宁省文化厅拨款5万元，修缮毛文龙碑亭。

1982年维修大孤山古建筑情景　　东港市档案局　提供

整修后的大泉眼井亭（2009年）东港市档案局 提供

修缮天王殿 20世纪80年代初修复天王殿时，孤山镇画家谭爱传修复后墙东侧的白居易拜见鸟巢大师画、西侧的何大叟拜见弘恩大师画。1984年，恢复重塑天王殿内弥勒佛像。1989年，恢复重塑四大天王。

修缮甲午海战无名将士墓 1986—1992年，大鹿岛村委会先后3次，共出资200万元，对甲午海战无名将士墓（当地居民称邓世昌墓）进行修缮，将原土丘墓用磨制花岗岩块石砌筑，加封水泥圆顶，于墓地西侧建筑一道壁墙，墓地四周修建白色护栏和一条百余级登山石条台阶。

修缮大泉眼 1988年10月，孤山镇政府对大泉眼进行整修，在井上修建仿古飞檐六角亭，并请中国书法家协会主席邵宇题写“大泉眼”匾额，悬挂于亭上。

修缮大雄宝殿 1989年，重塑大雄宝殿大殿两侧的木雕十八罗汉佛像。

修缮吕祖亭 2016年，大孤山风景名胜区管理局决定修缮吕祖亭，经网上征集到吕祖亭的历史资料后，得到企业家王开臻的资金赞助，按照原貌进行修复。

修缮戏楼 2017年，大连市古建筑园林工程有限公司对古戏楼进行修缮，6月1日开工，8月末完工。主要对屋顶、地面、墙面及周边防火设施进行维修。工程所需的100万元资金来源于辽宁省文物局下拨的专项经费。

保护机构及措施

保护机构 1947 年 6 月孤山镇收复后，镇政府责成专人对大孤山古建筑群保护管理。1961 年，县文教局派 2 名专职人员进驻大孤山古建筑群。1979 年 9 月，成立大孤山古建筑群文物管理所，设在大孤山古建筑群院内，所长 1 人、文物馆员 2 人。1997 年，大孤山古建筑群文物管理所更名为辽宁省大孤山文物管理处，为正科级事业单位，编制 15 人。

2006 年，孤山镇成立古建筑、古民居及非物质文化遗产保护管理领导小组，组长由镇长担任，副组长由分管副镇长担任，成员由财政、村建、文化、市政、公安、综合治理部门组成；社区、村也成立相应组织，组长由党支部书记担任。

保护措施 在 1 ~ 3 次全国文物普查期间，孤山镇有 12 处不可移动文物先后被列为省、市、县级文物保护单位，镇政府和市文物管理部门均对其设置保护标志，实行挂牌保护，并划定保护范围和建设控制地带，对省、市级文物保护单位设专人看护，对县级文物保护单位所在地的行政组织明确保护责任，落实到人；对所有古建筑、古民居及非物质文化遗产登记造册，建档立案，实行档案化管理。

2017 年孤山镇文物保护单位统计表

表 5

序号	名称	地址	文物级别	公布时间	历史年代	现状
1	大孤山古建筑群	大孤山南坡	省级	1979.5	清代	整体较好
2	大鹿岛毛文龙碑	大鹿岛村	省级	2008.6	明代	保存较好
3	孤山杨家大院	西后街	省级	2014.10	清代	主体保持原貌
4	西土城遗址	西土城村东北 300 米	省级	2014.10	辽金	河流改道对遗址有影响
5	大鹿岛灯塔	大鹿岛蟒山	市级	1983.8	民国	残旧破损，在用

续表 5

序号	名称	地址	文物级别	公布时间	历史年代	现状
6	阎坨子遗址	谷屯村	市级	1983.8	新石器时代	现为耕地
7	甲午海战无名将士墓	大鹿岛北坡	市级	2005.10	清代	完好
8	周桓故居	东街	县级	1983.4	民国	翻新重建草房改瓦房
9	孤山观音庵	东街	县级	1983.4	清代	重建
10	大孤山烈士墓	大孤山南麓	县级	1983.4	解放战争时期	完好
11	大孤山山城址	大孤山东侧半山坡	县级	1983.4	明代	城墙坍塌
12	孤山基督教东教堂	东街	县级	1983.4	清末至民国	基本保持原貌

1980—1985 年，大孤山古建筑群文物管理所利用省市有关部门拨款 30 余万元，对古建筑群进行修缮，恢复原貌并辟为旅游区。1986—1998 年，辽宁省有关部门拨款 67 万元，对古建筑群中财神殿、地藏殿、大雄宝殿、天后宫、药王殿、玉皇殿、戏楼、观海亭进行维修，并增加避雷设施、建造 40 吨蓄水池和 12 吨消防蓄水池。1999—2005 年，辽宁省文化厅拨款 12 万元，大孤山文物管理处自筹 14 万元，对吕祖亭、天后宫、天王殿、药王殿部分建筑进行维修加固。

孤山镇政府将文物保护资金列入财政预算，拨出专项资金用于古建筑、古民居的修缮、保护和管理；对群众居住的古民居、古建筑修缮，给予一定资金支持。2010—2016 年，孤山镇财政投入修缮、保护和管理经费 300 余万元。

旅游开发

“天涯在海南，海角在东港。”香港《大公报》如是报道。而海角东港的美景大多在大孤山、大鹿岛。孤山镇开发以大孤山和大鹿岛风景区为核心、鸭绿江口湿地为纽带的“北方海洋文化”旅游产业群，拥有国家级旅游景区 2 处，国家湿地保护区 1 处，国家森林公园 1 处。2003 年 1 月，大孤山和大鹿岛风景区同时获国家 AAA 级旅游景区认证。2004 年 7 月，海角旅游线路正式开通，并形成精品旅游线。2005 年起，鸭绿江口湿地成为独有旅游景观，每年吸引国内外游客前来观鸟赏景。2017 年，大鹿岛风景区获国家 AAAA 级旅游景区认证。

大鹿岛风景区绿化景观工程规划图（2010 年）　　辽宁省大孤山风景名胜区管理局　提供

规划方案

大鹿岛旅游景区规划　2006 年，孤山镇大鹿岛村委会聘请辽宁省城乡规划设计院编制《大鹿岛整体建设规划方案》，规划建设平房区、脊房区、楼房区，高档宾馆、日式木屋、渔家旅馆，并结合山林街区进行绿化美化，打造生态环境优美的新渔村。

大孤山风景名胜区规划　1992 年 2 月，大孤山风景名胜区管理局编制《辽宁大孤山国家森林公园总体规划》。2015 年 10 月，大孤山风景名胜区管理局制定《大孤山景区南部综合环境整治工程实施方案》。

旅游资源

大孤山风景名胜区

大孤山整座山体由火成岩构成，山形东高西低，有33座山峰，主峰海拔337.3米，素有“北国盆景、辽东仙境”之誉。1991年，被林业部批建为国家森林公园，是中国最早的国家级森林公园之一。1992年，被辽宁省政府批准成立大孤山风景名胜区。2003年，大孤山国家森林公园被辽宁省林业厅和旅游局评为十佳森林公园。公园内有始建于唐代、辽宁省现存最完整的古建筑群，以及山城、朝阳寺、背阴寺三处遗址。

置身于大孤山国家森林公园，如同在氧吧中欣赏山海美景、浏览宗教文化。孤山之奇，在于平阔大野陡起一峰，搏云傲海顶天立地；孤山之峻，在于奇峰连连险壑道道，峭岩凌云巨石摩天；孤山之幽，在于古木森森泉涌溪流，鸟鸣翠谷兽跃山涧；孤山之盛，在于道、佛、儒等教并存，恩施八方、信众无数。

观天卧佛 大孤山主峰北侧，山体轮廓酷似仰卧大佛。从大洋河桥的东侧（黄土坎镇）望去，便会看到一尊大佛，头枕主峰，目视苍天。

大孤山观天卧佛（2006年） 刘芳春 摄

大孤山国家森林公园中的鹅耳枥（2006 年）
刘芳春 摄

大孤山国家森林公园中的萌芽松（2006 年） 刘芳春 摄

古建筑群 大孤山古建筑群似一幅秀美的长卷铺展于大孤山南麓，古建筑群由上庙、下庙、戏楼 3 部分组成。上庙有药王殿、玉皇殿、三官殿（真武庙）、圣水宫、龙王殿、佛爷殿、三霄娘娘殿、一层楼、观海亭、佛塔；下庙有吕祖亭、天后宫、关帝庙、财神殿、文昌宫、地藏寺、十王殿、天王殿；古戏楼位于山下广场。大孤山古建筑群为东北地区现存最完整的古建筑群之一，极得园林建筑之章法，既有中原明式宫廷建筑风格，又具北方满族民居结构特点，是中原汉文化与东北满族文化的完美结合。这种园林布局结构，为东北地区仅有，国内罕见。

植被 大孤山景区中有鹅耳枥、萌芽松、银杏、法桐、皂角以及柏、槐、杨、柞、枫、榆、楠等 274 种树木，株株茁壮，棵棵茂盛，生机盎然。其中国家一级保护珍稀树种鹅耳枥 400 余亩，为东北地区面积最大的鹅耳枥林地；在树干上直接生芽的萌芽松，繁衍成林几百亩，全国罕见。古柞翠松夹道成荫，野卉山花点缀成锦。丁香、玫瑰、杜鹃、樱花、连翘、杏花、合欢、木槿、海棠等数十种灌木花草，姹紫嫣红，争芳斗艳，景色迷人。星罗棋布的参天古木，林林总总的各类科属，伴以漫山遍野的山花野草、奇岩怪石，构成层次分明、相互交错、千姿百态的森林景观，堪称“天然植物园”，漫步其间，心旷神怡。登上大孤山的最高峰玉皇顶放眼望去，便见秀峰连连，层峦叠翠。

古树 大孤山有银杏、元柏、圆柞、水杉、国槐等古树近百株。

下庙文昌宫院内的“相思元柏”（2006 年）
辽宁省大孤山风景名胜区管理局 提供

大孤山国家森林公园中的圆柞林（2006 年）
刘芳春 摄

下庙天后宫院内的“活化石”树种——水杉（2006 年）
刘芳春 摄

银杏，位于上庙的2株“公孙银杏树”，为唐先天元年至天宝十五年（712—756）僧人所栽，树龄1200余年，树高26米，胸径1.5米，冠幅23.15米。银杏树被列为森林公园六大名木之首，为树中之王、镇山之宝。

元柏，位于下庙文昌宫院内的古柏，种植于元代，距今600余年，树高19米，胸径88.5厘米，冠幅8米。为文昌宫镇宫之宝，有碑铭曰“相思元柏”。

圆柞，位于下庙西侧，种植于明代，树龄400年的有72株，个体抽测有树高18米，胸径81.3厘米，冠幅14米；另有百年生的圆柞200株。其树形状奇异，非扭即曲，被称为逍遥自在的罗汉树。

水杉，位于下庙天后宫院内，属中国特有树种，是从白垩纪时就留下的树木中的活化石，因而弥足珍贵。

国槐，位于大孤山庙台前，2株，树龄300年，树高24米，胸径79.4厘米，冠幅18米。

皂角树，位于大孤山庙台下，树龄300年，树高18米，胸径88厘米，冠幅8米。为空心树，但长势尚旺，每年开花。

山城遗址 位于大孤山东南端，根据出土文物分析，该山城建于明代。

湖光水色 昆龙湖，位于戏楼广场北面，雨季湖水深而清澈，湖上建有通天桥、好汉桥、同心桥连接两岸。相传很久以前，昆仑山飞龙为解孤山大旱，飞来兴云降雨，雨水流到此处，形成龙形湖泊。

滴水瀑布，又称飞龙瀑布，位于滴水湖上面，夏季水量充足形成瀑布。

滴水湖，位于滴水瀑布下面，传说早年是僧人沐浴之地，用此水沐浴，壮体魄、不生病、延年益寿，僧人个个都寿至90岁左右。因此，每年夏季到此浴身之人络绎不绝。

水底洞天，位于上庙圣水宫处，悬崖陡壁中出三眼酿泉，潺潺下泻，池一泓，满而不溢，旱而不涸，清冽无比。天气晴朗时，俯视可见楼台倒影。石壁有人题诗："石煅娲皇不计年，洞开遗迹有灵泉。辟空倒影三千丈，疑是瑶池落九天。瑶池倒影锁重峦，不许人间俗眼观。水底洞天别有致，一层化作两层看。"

天然洞穴 大孤山上有3处洞穴。三仙洞，位于上庙圣水宫处，因洞内供奉狐仙、蛇仙、黄仙而得名；布鸽洞，位于上庙东面半壁悬崖处，因洞内常有山鸽栖息而得名；石人洞，位于大孤山西麓，因洞旁边有一石人而得名。此三处洞穴既有地理价值又有人文价值。

石林峡谷 奇石大峡谷，位于孤山东侧，置身峡谷举目四望，峭壁摩天奇石嶙峋，古有"石笋凌云插壁峭"诗句。

一线天，位于大孤山上庙，在镌刻"道山不老"峭壁的旁边有条石缝，自上而下有气孔，据说是上仙的"七窍"，观后便七窍通畅。

七星天，位于大孤山上庙，两石间有一条缝隙，仰望可观到七颗星，称如意星。民间有"看到三星小如意，看到五星大如意，看到七星万事如意"之说。

八步紧，位于莲花峰北部，有一段形如牛背的山脊，宽约2米，长5米，两侧悬崖陡壁，只可一人爬行而过。

摩西石崖，又名百丈崖，位于八步紧东侧，深达几十米，壁陡似刃，峭壑阴森。

奇岩怪石 大孤山之奇，以石为

一线天

先，可谓怪石嶙峋、栩栩如生，堪称天然石雕公园。

避风岩，位于南山坡朝阳寺遗址处，东西北三面由形态各异的高大岩石围住，如同石墙。

五福石，散落在上下庙之间的山坡上，五个奇石分别刻有“福”“禄”“寿”“禧”“祥”。

观音石，位于百丈崖对面，形似观音菩萨。

卧虎石，位于大孤山上庙，酷似猛虎。

孔明石，位于奇石峡谷左侧，高约3.5米，酷似诸葛亮静坐读书。

石人，位于西南山峰山腰盘道上，高达5

石人（2006年）　　刘芳春　摄

莲花落照　　刘芳春　摄

双鸡斗坡边　　刘芳春　摄

玉犬（2006年）　　刘芳春　摄

虎啸　　刘芳春　摄

米，酷似人形，人们据此称其山峰为“石人山”。

十二属相石，由石人往西 50 米处，就是形态各异如同钟乳石状的怪石，从不同角度看，分别称为“熊虎观斗”“天狗吠日”“玉兔卧石”“群羊觅草”“老鼠过桥”“黄牛耕犁”“骏马奔驰”“蛟龙腾空”“金猴指路”“天鸡起舞”“青蛇攀崖”“八戒挑担”，这十二块属相石，大的高达几米，小的高几十厘米。

喜鹊迎客，距石人 1 米左右，有一形如喜鹊的大石块，褐、黄、白、黑色兼有，称之喜鹊迎客。

非洲雄狮，位于大孤山西部大梨沟，其石酷似卧于草丛之中的雄狮。

山海美景 《庄河县志》（1934 年版）记载，孤山有三处山海美景。其一为“鹿门海市”：春夏之交，天气半晴半阴，鹿岛以氤氲变幻，蜃楼忽隐忽现，为奇观。其二为“獐岛渔舟”：獐鹿两岛之间有渔船往来，帆樯上下时令人生羡。（现在虽无帆船，但站在孤山上南观海上渔舟，景观仍十分壮观。）其三为“西岭松雪”：孤山西岭有万松岭，春雪未融，苍苔叠翠，望去，居然身入画图中。后来有人发现，位于朝阳寺遗址西北部的奇特山峰，山势陡峭，姿态各异，远望似朵朵莲花，故称“莲花落照”。如若登上位于大孤山最高处的玉皇顶，远眺海天一色，碧波万顷，渔舟点点；近望大洋河口，波光粼粼，芦苇荡中飞鸟成群；俯视众峰林木青翠，悬崖峭壁，剑石嶙峋，更有山城旧居古巷，开发区崭新景观。可谓山景海景河景街景，天下美景尽收眼底。

珍禽异兽 大孤山中有布谷鸟、黄雀、喜鹊、麻雀、蜡嘴、野鸡、画眉、鸽子、乌鸦、鹌鹑、白鹤、鸳鸯、山鹰、杜鹃，以及啄木鸟、棒槌鸟、百灵鸟、金翅鸟、大山雀、猫头鹰、蝙蝠、鸨等多种鸟类。有野兔、野猪等食草类动物，松鼠、家鼠等啮齿类动物，狐狸、黄鼬、獾、紫貂、野猫等食肉类动物，以及两栖和爬行类动物。这些动物大都活动于远离景区的背阴坡和林草茂密处，游人很少见到。

大鹿岛国家 AAAA 级旅游景区

大鹿岛地处黄海北部，位于北纬 39°45'、东经 123°43'，与大孤山隔海相望，与孤山镇陆地最近相距 19 海里；是中国海岸线最北端的第一大岛屿。地势东高西低，南坡较缓，北坡陡峭，最高峰海拔 189.1 米；周围有独立坨子、板礁、小礁、大礁等岛礁。

岛上植被丰富，除松、柞、腊、柳、杨、水杉、鹅耳枥等树种外，还有苹果、梨树、桃树、板栗等果树，以及映山红、迎春花、京桃、月季等几十种灌木花卉。

大鹿岛景区旅游项目与景点颇多。

大鹿岛村游客海上游览垂钓服务公司的垂钓船（2007 年）　　栾春彦　摄

滩涂拾贝　大海退潮时，踏着渐退渐远的海浪，在滩涂上玩耍嬉闹，捉蟹拾贝，非常惬意。归来后，将收获的贝类交给客栈老板煮熟，边品尝着美味，边谈论着踏浪闹海的趣事，其乐融融。

渔场垂钓　大鹿岛上有专业的游客海上游览垂钓服务公司，跟船出海到特供垂钓的渔场海钓，享受一番做渔民的快感和海上挥竿垂钓的乐趣。

月亮湾浴场　大鹿岛前的月亮湾，海岸线长 3 千米，纵深 1 千米，坡降只有 1 米，面积 360 万平方米，水清沙净，滩平浪缓，海底无礁石，是北黄海最好的海滨浴场之一，也是国内沿海少有的优质浴场。每年的 7、8、9 月，为海浴的最佳时光。

游人嬉戏月亮湾浴场（2006 年）　　刘芳春　摄

甲午海战古战场 清光绪二十年（1894）八月十八日（9月17日），中国北洋舰队与日本舰队在大鹿岛西南海域发生海战，北洋水师奋力击退敌舰队（参见本志“驻军战事·战事·甲午黄海海战”）。凭吊甲午海战古战场，是进行爱国主义教育的一项红色旅游活动。

海岛篝火 入夜，岸上霓虹灯倒映海中，五彩斑斓，岸上灯与水中灯交相辉映，令人目眩。月亮湾的沙滩上，燃起熊熊篝火，人们从四面八方聚拢过来，围着篝火伴随音乐跳起欢乐的篝火舞，置身于欢乐的海洋中。

海上明月 夏季晚风徐徐，一轮明月将海面照耀得波光粼粼，近处的海浪抚摸着柔软的海沙，漫步在沙滩上，享受着恬静的海岛夜景，很是惬意。

观日台 天刚蒙蒙亮，站在位于海岛后港口的观日台上，远眺东方，先是水天极处出现一条半圆形的抛物线，由灰变白一黄一橙红一橘红，继而那条橘红色的抛物线逐渐扩展，放射出无数道金光，像是盛开的半坡桃花，又像是燃起了一片大火。就在这片粉红中，慢慢烘托出半圆形的轮光，轮光下冒出半边鲜红的日轮，越冒越高，终于脱出水面，辐射出万道明亮的光柱，圆圆的朝阳仿佛刚被海水洗过，晶光耀眼。

蟒山佛光 如果在雨后初霁登临蟒山，还可能看到佛光。蟒山佛光和山东蓬莱的海市蜃楼是同一个原理，雨后，由于空气的密度不一样，光线发生散射和折射而形成虚幻景象。

观日台上观日出（2016年） 徐云霄 摄（孤山镇大鹿岛村村民委员会提供）

夜色中的海滨广场和音乐喷泉（2009 年） 孤山镇大鹿岛村村民委员会 提供

鹿岛五景 蟒山灯塔，又称灯塔山，位于大鹿岛东面的蟒山上。1925 年，英国人在山上建起一座灯塔，指引夜航船只。灯塔采用当时先进的光学原理，光照距离甚远，船只距灯塔 100 海里处可见灯光。这座具有异国风格的建筑现仍在使用，归大连海事局管理。

音乐喷泉，位于大鹿岛前广场，占地面积 20000 平方米。夜幕降临，音乐响起，喷泉便随着音乐的节奏喷出水柱，五颜六色的灯光将水柱照成道道彩虹，不断变换图形，时而天女散花、时而孔雀开屏。

滴水壶，位于大鹿岛西口陡峻的山崖上，有一壶状缝隙，终年滴水不断，饮之清凛甘甜，犹如圣水，人称“滴水壶”。

金龟园，位于大鹿岛前的坨子上，是岛上极其精美的园林。远看似一只大海龟卧在海滩上。园内有 40 余米的彩绘廊亭，还建有一阁二亭，观海阁建在园子的最高处，分上下两层，站在观海阁上，北望起伏的山岚拥抱着美丽的民居，美轮美奂；南眺浪花飞卷海天一色，苍苍茫茫。在临海而建的望海亭观潮听涛，别有情致。

金龟园远景（2006 年）　　刘芳春　摄

嘎巴枣树，位于月亮湾北侧的小山下。该枣树具有 400 年树龄，主干 3 米，高 11 米，冠 20 余米，树根不是扎在泥土里，而是抓在一块大礁石上。一说此树是明末守边将军毛文龙于明天启元年（1621）亲手所栽；另一说是由一名高僧所栽。大鹿岛村人将其奉为圣树。因秋后树上结满紫红色的小枣，嚼之甘甜如饴，且发出“嘎巴嘎巴”的声响，人们便称此树为“嘎巴枣树”。

嘎巴枣树（2006 年）　　刘芳春　摄

纪念地　毛文龙碑，位于大鹿岛南山坡。

甲午海战无名将士墓，位于大鹿岛东山坡。1938 年，日本人在大鹿岛西南海域拆毁中日甲午海战中沉没的中国北洋水师战舰时，一名参与拆舰的、被称作“王把头”的中国人，从舰上带回一具尸骨，与岛上居民一起，按照民俗礼仪将这位无名将士掩埋。

邓世昌塑像，位于大鹿岛东山后坡。

鸭绿江口湿地国家级自然保护区孤山核心区

孤山镇的东南部湿地，为鸭绿江口湿地国家级自然保护区孤山核心区。核心区内陆地、滩涂、海洋三大生态系统交汇过渡，形成包括芦苇湿地、沼泽、湖沼、潮沼及河口湾等复杂多样的生态系统类型。有高等植物 64 科、289 种。有鸟类约 250 种，其中有国家一级保护鸟类丹顶鹤、白鹤、东方白鹳等 9 种；国家二级保护鸟类大天鹅、白额雁等 31 种，以及世界濒危鸟类黑嘴鸥和斑背大苇莺。有鱼类 88 种，两栖类动物 3 种、底栖动物 74 种、浮游动物 54 种。1999 年，鸭绿江口湿地国家级自然保护区被湿地国际——亚太理事管理委员会正式列入“东亚—澳大利亚涉禽保护网络”，中澳候鸟保护协定 81 种鸟类在保护区内发现 43 种，澳大利亚、新西兰等外国专家盛赞鸭绿江口湿地是世界上最好的观鸟地之一。

鸥鸟的天堂——鸭绿江口湿地孤山核心区（2013 年） 刘芳春 摄

湿地观鸟 每年4月初至5月中旬，在此迁徙、栖息的鸟类数量达上百万只。据估算，全世界有40%的斑尾塍鹬在此停歇1～2个月后北上，到大兴安岭、俄罗斯西伯利亚和美国的阿拉斯加繁殖地繁殖后代。每年的鸟类迁徙季节，各地摄影爱好者便光顾湿地，拍下各种鸟的不同形态。近年来，湿地观鸟作为旅游项目，吸引了大量游客。

鸭绿江口湿地国家级自然保护区孤山核心区最佳观鸟时间表（农历）

表6

日期	初一	初二	初三	初四	初五
	十六	十七	十八	十九	二十
观鸟时间	6：00—7：00	6：00—7：30	6：30—8：30	7：30—9：30	8：00—10：00
日期	初六	初七	初八	初九	初十
	二十一	二十二	二十三	二十四	二十五
观鸟时间	9：00—10：30	10：00—11：30	11：00—13：00	13：00—14：30	14：30—16：00
日期	十一	十二	十三	十四	十五
	二十六	二十七	二十八	二十九	三十
观鸟时间	16：00—17：30	4：30—6：00	5：00—6：30	5：30—7：00	6：00—7：00

说明：观鸟最佳时间为每年4月中旬至5月中旬

洋河垂钓 大洋河下游入海口处，既有浅海鱼类又有淡水鱼类。每年的春、夏、秋三个季节，到此垂钓者络绎不绝。

孤山古镇区

古镇区有老胡同20余条，古民居大院12处，还有大泉眼、将军故居、古韵街、“倒座庙”等名胜古迹。

老胡同 在孤山古镇逛胡同，如入迷宫。古镇区内或黄土或石砌或砖砌的胡同横横斜斜、长长短短，时折时弯、宽窄不一。胡同中有青灰屋顶青灰石板的老屋，有杏梅、葫芦葡萄和各种花草烂漫芬芳的小院，有方方整整的石基擎青灰的水磨砖墙青灰鱼鳞瓦的门楼。

旧宅院 孤山古镇区的古民居大院，被列入历史文化表册的有12处，最早的建于清嘉庆年间。迄今保存完好的杨家大院，位于西后街44—46号，有正房10间，东西厢房各5间，门楼两座，墙为青砖，以灰小瓦护坡、青灰叠瓦脊，斗拱屋檐，门棂窗棂皆有雕刻。

花海民居（2016 年） 吕国强 摄

古韵街 古韵街建于 2005 年，位于大孤山景区南部，占地面积 36 万平方米，建筑面积 15 万平方米，集旅游度假、餐饮休闲、书画展览、文化娱乐于一体。古韵街牌坊高大宏伟。古韵街两侧是阶层式仿古建筑，展览馆、书画院、武术馆、艺术馆等馆舍饱藏珍品、技艺超群。浮雕作品分四层：一层东为“大汉修庙”，西为“二郎赶山”；二层西为“薛礼攻城”，东为“贵妃东渡”；三层东为“人参娃娃”，西为“卧佛醉酒”；四层东为“白龙开河”，西为“雪芹写书”。

古韵街中央立有“府上有龙”石雕，此石雕件用整块汉白玉制作，重 5.8 吨，原料产自北京市房山地区，造型为巨斧上一条龙（蟠龙），一只凤凰（朱雀），“斧”，谐音“府”，“府上有龙”是传统雕刻题材，寓意贵府有人才。

古韵街中间有人造小溪，两侧来往的通道采用“万年青”花岗岩石制作，顶面规格 60×60 厘米，石块表面喷金色漆，每个石块上篆刻一个红色“财”字。整体寓意为东奔西走，步步“踩金砖”，处处“走财运”。

古韵街中间还摆放七枚中国主要朝代钱币模型。“半两”是战国时秦国钱币，秦统

大孤山娘娘庙会期间的古韵街北街口（2015 年） 吕国强 摄

一六国后成为全国钱币；“五铢”是汉代钱币；“开元通宝”是唐代钱币；“崇宁通宝”是宋徽宗亲自题写并督造的宋代钱币；“至正通宝”是元代钱币；“洪武通宝”是明代钱币；“乾隆通宝”是清代钱币。钱币全部采用北京房山产的青白石雕刻。水从钱币孔中流出，寓意财源滚滚。其中，“崇宁通宝”重 3 吨，其余各重 1 吨。

古韵街最上面的荷花池周围的十二兽首，是按照北京圆明园的十二兽首放大四倍制作的。池中间为荷花，荷花上塑有螃蟹和鱼。十二兽首口中的水向荷花池中间喷射。

大泉眼 位于中大街南侧的大泉眼，传说是有玉皇大帝女儿帮助龙王降下的甘泉，冬暖夏凉，雨季不溢，旱季不涸。20 世纪 80 年代修建仿古六角亭，并请画家邵宇题写匾额。

“倒座庙” 位于古韵广场东侧，由大雄宝殿、观音阁等组成。菩萨塑像一反常规坐南面北，俗称“倒座观音”，观音庵也被称作“倒座庙”。

旅游节庆

娘娘庙会 每年农历四月十八，是孤山镇传统的娘娘庙会。庙会从四月十七上午开始至四月十九下午结束。中华人民共和国成立前，大孤山庙会在辽东半岛已具盛名，逛庙会者日达十几万众。

20世纪50年代初，庙上道士、僧人陆续还俗，庙会渐显冷清。“文化大革命”时期庙会中断。1978年后，庙会得以恢复，但没有祭拜活动，只做物资交易。1980年，来自辽宁省7个地级市20多个县区和河北、山东、江苏、黑龙江、吉林等省市的300多家商贸单位派人参加大孤山古庙物资交易，有13万人参加古庙物资交易大会，成交额达100多万元。1985年的庙会期间，游览观光和物资交易突破25万人，商品成交额500余万元。自1987年始，尤其是1998年辽宁省宗教管理部门批准下庙地藏寺恢复宗教活动后，每年的庙会除进行物资交易外，到三霄娘娘殿和海神娘娘殿及地藏寺、大雄宝殿焚香还愿、参拜祭祀的信众逐年增多。2008年的庙会期间，东港市妈祖文化交流协会首次恢复中断半个多世纪的妈祖祭典和巡游活动，参加祭典巡游信众达20余万人。2017年，共有42万人参加庙会活动，其中到三霄娘娘殿和海神娘娘殿以及地藏寺等参拜祭祀信众近10万人。庙会期间，孤山镇政府临时开设用于物资交易和餐饮服务的摊位1200多个，实现交易总额1020万元。

海灯节 农历正月十三，是孤山镇大鹿岛村民一年一度的海灯节。村民在这一天举行放海灯、“耍灯碗”、祈福纳祥活动。此活动在岛上已延续300多年。2016年，村里统一组织放海灯、“耍灯碗”祭海活动。参加活动的两支队伍共1200多人，一支放海灯，另一支“耍灯碗”，扭大秧歌。此次放海灯、“耍灯碗”祭海酬神活动，村里共准备16条海灯船，这些木质海灯船做工十分精细，小的长1米，大的长2米，船上灯光闪烁，其形惟妙惟肖，与捕捞船一模一样。19时20分左右，放海灯活动开始。伴随着欢快的鼓乐声，穿着皮衩裤的渔民们在齐腰深冰冷的海水中，将一艘艘海灯船、鱼灯、荷花灯放入大海，盏盏海灯随着风浪向远方飘去。此刻，在欢快的锣鼓声中，岸上“耍灯碗”，扭秧歌的队伍舞动起来。停泊在大海深处的 8 条钢壳船同时燃放五彩缤纷礼花。大鹿岛村的祭海活动达到高潮。21 时许，随着最后一波绕街“耍灯碗”的队伍归来，大鹿岛村放海灯、“耍灯碗”祭海活动圆满结束。

杏梅花节　4 月，是孤山杏梅开花的季节。2018 年 4 月 20—29 日，孤山镇举办首届杏梅花旅游节。20 日上午，在大孤山古戏楼广场举行杏梅花旅游节启动仪式。21—22 日，在古韵街举办“杏花有约　为您绽放”大孤山首届杏梅花旅游节书画大赛和“美丽孤山　精彩瞬间”摄影大赛，同时在古韵街等景区举办铜人表演、观赏 3D 绘画、汉服表演、吉祥物表演等活动。25 日晚，在东港市第一中学举办“遇见孤山　绽放未来”文艺演唱会。29 日上午，在海洋红广场举办“放飞梦想　爱我孤山”放风筝活动。杏梅花节期间，接待游人 30 万人次。

2018 年 4 月，首届“杏梅花旅游节”启幕　　吕国强　摄

配套服务

资金筹措 镇内景区建设资金来源于辽宁省和丹东市政府、社会捐赠、大孤山风景名胜区管理局、孤山镇政府和大鹿岛村六个方面。2011—2017 年，辽宁省和丹东市政府拨款 1370 万元。2012—2017 年，社会捐赠资金 248.9 万元，捐物折合资金 25 万元。大孤山风景名胜区管理局、孤山镇政府和大鹿岛村每年都出资投入景区建设。

项目建设 20 世纪 90 年代后，镇内景区建设大项目主要有古韵街开发，大鹿岛环岛公路及垂钓场、观日台建设，大孤山景区路建设，观音庵扩建。

民宿客栈 民宿客栈多集中于大鹿岛村，挂招牌的有几十家，村民多在旅游旺季利用自家住宅开设季节性的客栈。

宾馆酒店 全镇有涉外宾馆、饭店、酒店 20 余家，星级饭店（酒店）2 家。

古镇特产 镇内有大型市场一处，综合性市场一处，商业网点百余个，主要集中在中大街和古韵街。到孤山镇可购买特色干鲜海产品，有泥螺罐头、大虾米、虾酱等；特色产品有草莓、草莓酒、大杏梅、杏梅酒、杏梅罐头等；工艺品有剪纸、版画、根雕等。

大鹿岛村酒厂——丹东港岛酿酒有限公司生产的鹿岛丰源牌草莓酒（2015 年）

孤山镇大鹿岛村村民委员会 提供

交通及旅游路线

交通路线　孤山镇交通十分方便，丹（东）大（连）高速公路在孤山镇设有出口，丹（东）大（连）快铁在孤山设有站点，201国道（鹤大线）横贯镇内。到孤山镇旅游可乘丹东—大连的快铁，也可乘丹东—大连的快客，还可乘飞机到丹东机场，转乘汽车到孤山镇。自驾游可走丹大高速、鹤大公路。

孤山客运站开通孤山—东港、孤山—丹东、孤山—庄河、孤山—大连、孤山—鞍山、孤山—海城、孤山—岫岩等线路。

旅游路线　游客可根据各自日程安排，可以先进大鹿岛游览，然后回到镇内住下，陆续游览古镇、大孤山、古庙建筑群、湿地，以及孤山镇周边的景区；也可以先进行陆地游，然后再进大鹿岛。

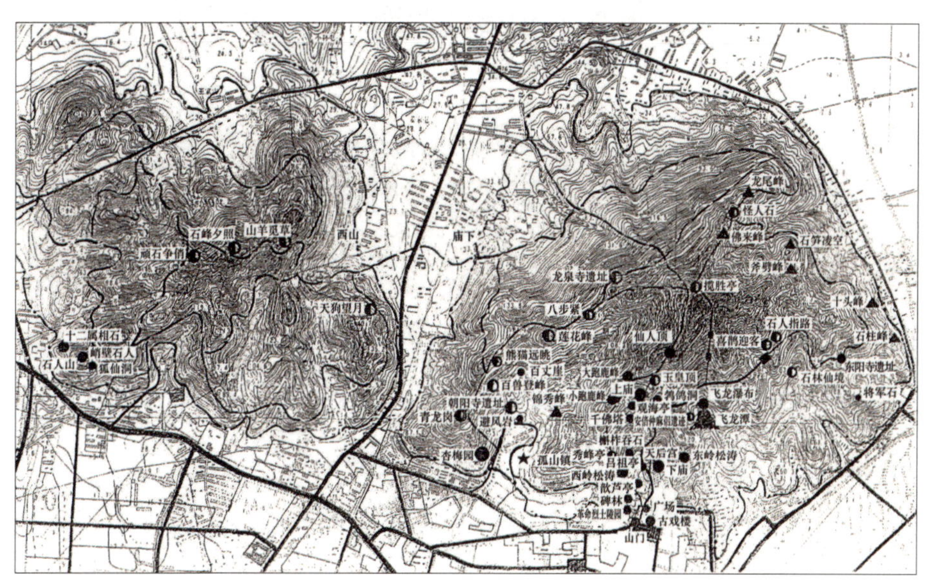

大孤山旅游景点分布图（2017年）　　辽宁省大孤山风景名胜区管理局　提供

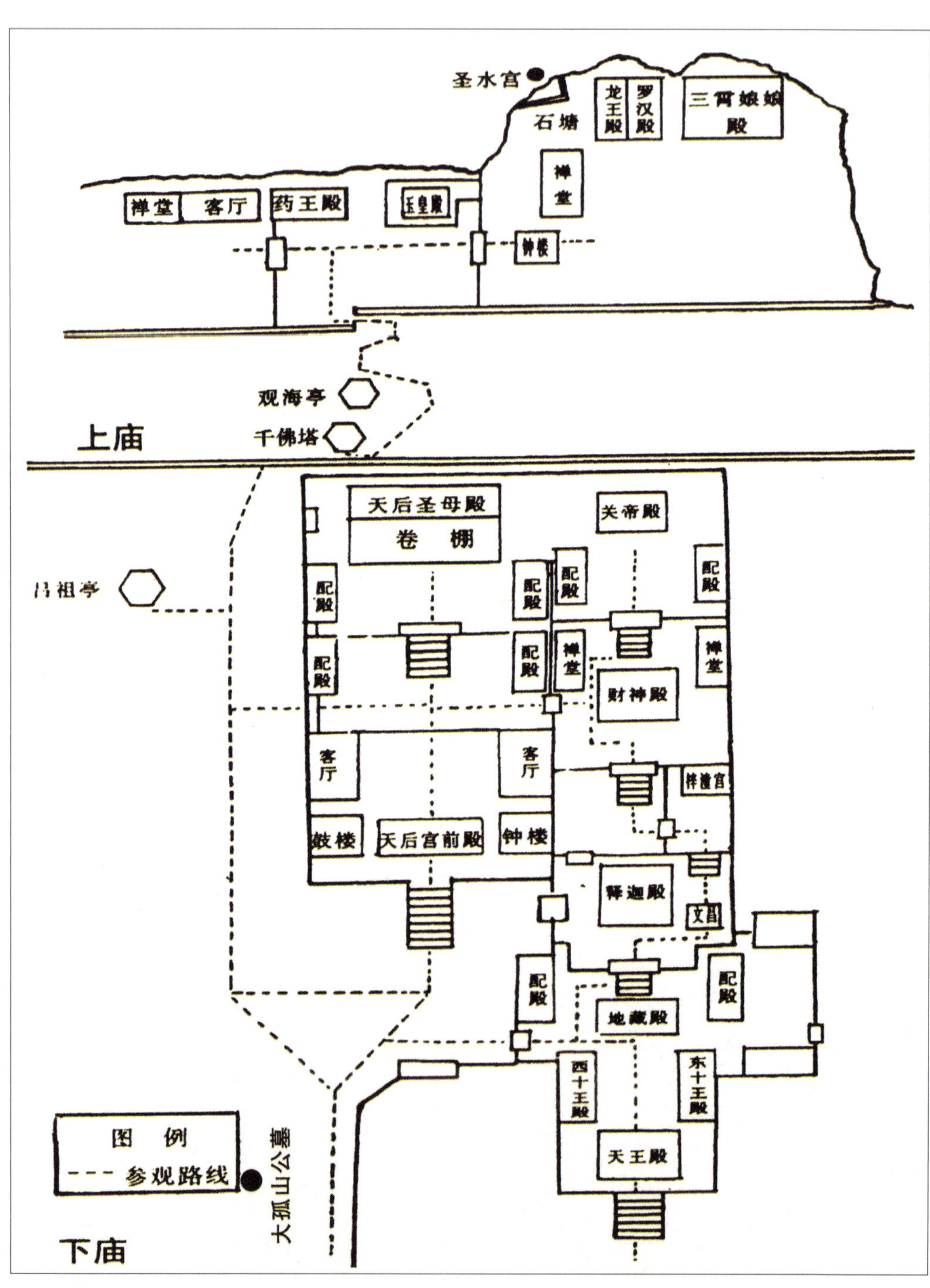

大孤山古建筑群游览路线图（2017 年） 辽宁省大孤山风景名胜区管理局 提供

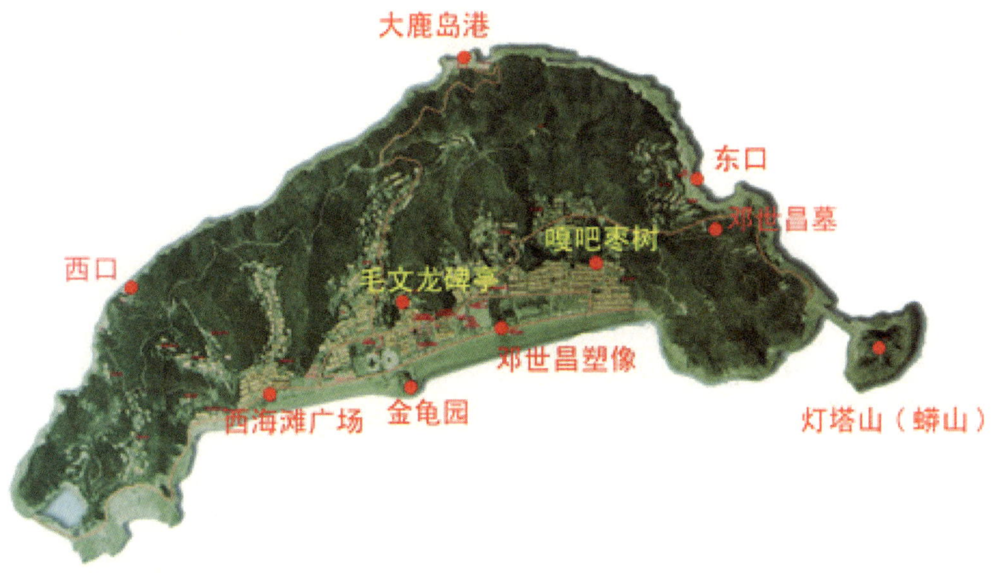

大鹿岛旅游路线图（2008 年） 孤山镇大鹿岛村村民委员会 提供

管理机构

1991 年，林业部批准建立大孤山国家森林公园。1992 年，辽宁省政府批准成立大孤山风景名胜区。大孤山景区由大孤山风景名胜区管理局联合大孤山国家森林公园管理处和大孤山文物管理处共同经营管理（地藏寺由僧人自行管理）。

大孤山风景名胜区管理局 1992 年组建。2007 年 12 月，升格为正县级单位，设正县级领导职数 1 人、副县级领导职数 2 人，事业编制 5 人，为东港市政府直属事业单位。负责景区内的旅游资源综合开发、建设、利用、维护和经营管理；协助林业部门对景区内的山林进行管理；协助文物管理部门对古建筑群进行保护。负责组织景区的对外促销和具体经营活动。负责景区内人事、财务的统一管理。在 2011 年 7 月至 2017 年 3 月，设立丹东大孤山经济区期间，大孤山风景名胜区管理局还承担大孤山经济区旅游行业管理职能。

辽宁大孤山国家森林公园管理处 2003 年成立，正科级事业单位，编制 15 人。负责大孤山国家森林公园的规划、开发建设及绿化、美化和景区门票的收取工作。

辽宁省大孤山文物管理处 1979 年，成立大孤山文物管理所。1997 年，更名为辽宁省大孤山文物管理处，为正科级事业单位，编制 15 人。负责大孤山古建筑群的保护管理、文物利用与研究、开展业务及学术交流与合作。

孤山镇旅游办公室 2015 年 5 月，孤山镇政府设旅游办公室，负责协调各项旅游事务。

驻军战事

孤山镇地处大连、鞍山、丹东三个地级市交会处，一钥锁三关，战略位置十分重要，从古至今均是兵家必争之要冲。域内有始建于辽代、沿用至明代的孤山山城和西土城子城堡遗址。明末总兵毛文龙曾率军在岛上戍守抗击后金。清光绪二十年（1894），震惊中外的中日甲午黄海大海战就发生在大鹿岛附近海域。

位于镇东南的大孤山野战机场，在朝鲜战争期间曾大显神威。在血与火的斗争中，不屈不挠的孤山人前仆后继、流血牺牲，涌现出一大批英杰俊彦，他们是孤山的好儿女，是孤山人民的骄傲。

军事设施

城堡 孤山域内的古城堡主要有西土城子和孤山山城城堡。

西土城子位于孤山镇西北 14 千米的西土城村张家沟村民组。建于辽代，沿用至明代。在西土城子旧址的东北角，曾有一处被当地人称作“戏台”的高台，20 世纪 90 年代仍可见到高台的台基和砖瓦石块。距西土城子 5 千米的东土城子，有建于辽代的烽火台遗址。西土城子为辽代的一座军事守城，其高台应是守城官兵平时用于习武操练，战时用于调兵遣将的“点将台”。军事上，它扼守于黄海岸边，守护岫岩、东港两地，地理位置十分重要；经济上，是海陆交汇点和山区丘陵与平原的接合处，辽金时期这里的经济文化比较繁盛，也是该地区的中心。

孤山山城位于大孤山的东山之巅，建于明朝，城墙由山上的火成岩堆砌而成，历经数百年风雨沧桑，山城墙体多已坍塌，但山上烽火台遗址尚存，也是一处具有御敌功能的军事设施。

城壕 大孤山城壕修筑于 1931 年 11 月至 1932 年的上半年。当时，盘踞在孤山镇的伪安凤地区警备司令李寿山，为了防备活跃于安（东）、凤（城）、岫（岩）、庄（河）“三角地带”的各路抗日自卫军进袭，强制孤山商会和各村农民募款在孤山街周边修筑周长约 10 千米的围壕，并设置铁丝网。城壕东起孤山山城，经二道沟、张家湾、西河沟，往北延伸至山垭口东山巅。城壕西长约 3.5 千米，南北宽约 3 千米，大、小洋河绕城壕以东，大孤山作为天然屏障屹立于城壕之北。1932 年 10 月，邓铁梅、刘景文等 4 路抗日自卫军联合围攻大孤山时，该城壕多处被攻破坍塌，部分城壕遗址仍存。

野战机场 大孤山野战机场，又称“钢板跑道机场”“大孤山简易机场”，位于孤山镇东南约 8 千米的开阔地带。1951 年 3 月中旬，为配合朝鲜战争和保卫人民生命财产安全需要，由辽宁省修建委员会动员组织的大孤山野战机场修建工程开工。工程动用庄河、安东、岫岩、凤城、宽甸5县民工近万人，马车500余辆，在没有施工机械的困难条件下，仅用一个半月便把全长1500米、宽40米的飞机跑道用砂石全部铺完轧平。4月29日，开始铺设专用钢板跑道，至5月9日深夜圆满完成铺设任务。次日，野战机场滑行跑道、飞机掩体、机场围堰和排水渠道等附属工程也全部竣工。5月20日通过验收，正式交付志愿军空军使用。大孤山野战机场先后有志愿军空军第2、14、15、12、18、16、4师的战斗机由此升空参加轮战。野战机场是仓促修建的，设施条件相对简陋，但却在朝鲜战争中大显神威，由此机场起飞的志愿军空军战机总共击落击伤美机数十架。1954年，大孤山野战机场停用。1961年，退耕还田。

军营 孤山镇域内军营旧址较多，有辽金时期建的西土城子、明代建的孤山山城等。

1951年1月下旬，担负保卫大孤山野战机场修建施工和设施安全的东北军区防空部队高炮507团军营设在孤山镇及其周边村庄。是年5月，孤山野战机场交付使用后，在位于机场周边的大姜村等地设立供飞行员和后勤人员入住的军营。1954年2月，东北军区要塞守备团，在孤山镇大鹿岛村设立守备营营部，营房设在东口，营下属的各连队也在东口、西口建有连队军营。1963年4月，旅大警备区第3师炮兵团在孤山镇西后街设立团部营房。1985年9月，守备4团建制撤销后，该营房由海防部队入住。

驻军

孤山镇地处大连、鞍山、丹东三市交会处，与朝鲜半岛隔海相望，镇域内的大鹿岛战略位置十分重要。从辽代在孤山镇西土城子村建古城堡算起，至中华人民共和国成立，孤山镇边海防一线的驻军从未间断。

明军 明天启元年（1621）五月，抗击后金名将、钦差平辽将军总镇左军都督府左都督毛文龙率军攻克大鹿岛、小鹿岛（獐岛）后，曾在岛上驻军，并以大鹿岛为支点，扩充兵力，频繁进击后金。

清军 清光绪二年（1876），由奉天练军翼长陈本植统领的3个营驻防东边道时，其右营驻防大孤山。清光绪二十年（1894）八月，中日甲午战争期间，由聂桂林、丰升阿率领的奉军和盛字练军步兵11营、马队5营、炮队1营约4500人驻防安东—大东沟—大孤山一线。10月26日，鸭绿江防线被日军突破后，清军撤退至岫岩。清光绪二十六年（1900）九月，清军奉字前军林长春部共1900人驻防大孤山。光绪二十八年（1902）二月，该部移防凤城县。

奉军 1918年4月，奉天陆军第11旅11团在团长张从云率领下，奉命驻防安东（丹东），该团第3营驻防大孤山、黄土坎等沿海地带。

日伪军 1932年6月，伪安奉地区警备司令李寿山率领伪军暂编陆军步兵第1旅共4个营2000余人经凤城进占安东县，同年10月盘踞孤山镇，配合日军围剿邓铁梅、刘同先、刘景文等领导的抗日自卫军，镇压屠杀三角地带抗日爱国民众。1933年6月，日伪军在三角地带实施第一次大讨伐后，李寿山部被调往吉林省临江地区，并被改编为伪军混成第7旅。

1937年5月，由日本侵略军守备第5大队在大孤山组建大孤山守备队，时有兵力38人。主要负责守备大孤山、黄土坎等沿海地区，控制山东抗日根据地与东北抗日军的联系，镇压大孤山及其周边地区抗日武装。1945年8月日本战败投降后，该部溃散。

国民党政府军 1946年10月25日，国民党政府军新6军第14师42团3个步兵营、1个机炮营、1个特务连共3000余人从岫岩进占孤山镇。团部驻孤山公合泰油坊。是年11月，该团移防新金县（今大连普兰店市）。

1946年12月，由原伪满洲国军改编而成的国民党军独立第9师第25团3个步兵营、1个机炮连，总计2000余人，由岫岩到孤山接替国民党政府军新6军第14师42团防务，团部设在孤山镇红卍字会道院堂。1947年6月，东北民主联军实施大反攻，该团撤出大孤山。次年2月25日，该团随同国民党军第9师在营口起义。

人民武装 1945年9—10月，由山东军区第5、6师改编的八路军第3纵队主力从庄河、大孤山登陆。为防止国民党军队从海上进入东北，并为山东八路军后续部队登陆创造条件，纵队4个步兵团及其直属1、3支队的5个步兵团配合第3纵队分兵驻防庄河、大孤山、大东沟，统归辽东军区指挥。1946年2月，该部队调往海城，与第2纵队合编为东北民主联军第 4 纵队。

1949 年 4 月，辽东军区为加强边海防守备，调动安东军区警卫团进驻大孤山、大东沟一线。是年 5 月，该团编入辽东军区独立第 169 师，改番号为步兵 507 团，团部驻孤山镇。

1950 年 11 月，辽东军区独立 163 师由抚顺进驻安东至皮口一线。其中，该师 489 团团部和第 2 营营部驻孤山镇。1951 年 4 月，489 团开赴朝鲜前线。

1951 年 1 月，担负保卫大孤山野战机场修建和飞机安全起降任务的高炮 507 团在大孤山组建，该团归安东防空司令部指挥。1953 年 1 月，高炮 514 团接替 507 团防务。同年 7 月，高炮 501 团接替 514 团防务。次年 1 月，该团调至吉林三源浦机场。1959 年 11 月，隶属空军高射炮兵 107 师的高炮 501 团第 2、3 营及探照灯 402 团 7、9 连相继进驻大孤山地区，执行设伏反侦察任务。团前进指挥所和第 2 营营部驻孤山镇，团属 2、3 营以排为火力单位分兵驻防大孤山、祝家沟等地，1968 年 5 月入越轮战。1960 年 12 月，高炮 107 师进入大孤山，师部及 501 团团部驻孤山镇。509 团团部驻孤山镇辛家店村，各高炮连分别驻孤山镇郊及宫家屯、谷家屯等地。1963 年 4 月，509 团调出，505 团由吉林丰满进驻孤山接替 509 团防务。同月，第 64 军高炮 89 团由庄河调入大孤山，各连分别驻孤山镇的董坨子、刘屯等地。1969 年 10 月，该团撤回本溪。

1953 年 2 月，中国人民解放军第 54 军 134 师师部驻龙王庙，其辖属第 400 团团部驻孤山镇，团属 1、2 营分别驻守大孤山和青堆子，第 3 营驻守大鹿岛、小鹿岛（獐岛）。同年 5 月，该师开赴朝鲜。1953 年 11 月，步兵 192 师 576 团第 3 营第 8 连驻守大鹿岛。1955 年 4 月，该连随 192 师调往旅顺。

为加强边海防一线守备力量，解放军要塞第 7 团于 1954 年 2 月在安东组建。团属大鹿岛守备营担负大鹿岛、小鹿岛（獐岛）及其周边海防守备任务。1958 年 3 月，该团改番号为守备第 9 团，大鹿岛守备营继续担负大鹿岛、小鹿岛（獐岛）一线海防守备任务。

1963 年 3 月，旅大警备区在庄河重新组建守备第 3 师，守备第 3 师炮兵团团部驻孤山镇，大鹿岛守备营亦划归该师建制。守备 3 师与 2 师换防后，2 师炮兵团团部仍驻孤山镇。至 2017 年年末，孤山镇区及其辖属的大鹿岛等地仍由中国人民解放军边防武警部队驻防。

其他武装 1946 年 7 月，孤山县成立后即建立了县保安团和县大队。县保安团直属安东保安司令部，后改称安东保安旅第3团。县大队隶属安东保安司令部，并受中共孤山县委领导。主要任务是保卫新生政权、清剿土匪、维护社会治安秩序。保安团和县大队团部设在孤山镇。团长陈文章，团政委由中共孤山县委书记温建平兼任，副团长李汝琴、芦英，副政委王永昌，政治处副主任彭乃义；县大队大队长芦英、副政委王瑶。1946年10月，孤山县保安团、县大队扩编为6个步兵连、1个重机枪连，约1000余人。是月，国民党政府军进占孤山县，县保安团和县大队跟随县委、县政府机关撤往黄岭子一带开展游击斗争。其间，除部分干部战士编入民主联军辽南独立师外，其余于1946年11月9日在从家大沟（今归凤城县辖）被国民党新6军打散。余部随县委、县政府机关撤至大连，经朝鲜转道去吉林临江，后被编入东北民主联军第4纵队。1947年6月，民主联军收复孤山县后重新组建了保安团和县大队，驻地仍在孤山镇，并多次升级为主力部队，先后被编入东北野战军第5纵队、第3纵队、独立3师和独立14师。1948年3月，孤山县保安团和县大队建制撤销。

战事

甲午黄海海战 中日甲午黄海海战（又称大东沟海战）发生在孤山镇大鹿岛西南海域。清光绪二十年（1894）八月十八日（9月17日）上午，北洋水师提督丁汝昌率北洋舰队完成护送陆军增援朝鲜的任务后，由安东县（今东港市）大东沟沟口准备向旅顺基地返航时，忽然发现日本联合舰队由西南方向杀气腾腾地向泊于大东沟沟口外12海里的北洋水师舰队扑来，丁汝昌当即下令起锚迎战。12时50分，震惊中外的中日甲午黄海海战在黄海大鹿岛西南海域打响。开战不久，日舰“吉野”“松岛”被击中。日舰随之改变战术，由主力舰直扑北洋舰队右翼。激战中，北洋水师的“超勇”“扬威”两舰中弹起火，日旗舰“松岛”趁势驶入“定远”舰右方，北洋战舰则把日舰队拦腰截为两段。混战中，“定远”舰的号旗桅杆被击中，提督丁汝昌负重伤。“定远”“镇远”及右翼各舰集中火力猛轰

“镇远”“定远”两舰全速扑向日舰　　东港市档案局　提供

激战中的“致远”舰　　东港市档案局　提供

“致远”舰部分官兵合影（中间站立者为邓世昌，其右为英籍顾问余锡尔）
东港市档案局　提供

“松岛”舰，先后打断了“松岛”舰号旗桅杆，击中其炮塔。日舰“比睿号”被打得慌不择路，竟然闯入北洋舰队阵中，被打得体无完肤。“赤城号”舰也被北洋舰队“来远号”击中，舰长坂元八太郎少佐当场毙命。此时，舰伤弹尽的“致远”舰，在管带邓世昌指挥下，冒着浓烟烈火冲向日舰“吉野”，不幸被敌舰击中沉没。

“扬威”舰中弹起火后，船舱大量进水，官兵们坚持将炮弹打完后，才向大鹿岛方向撤退，途中被逃出阵外的“济远”舰撞沉。

海战中，“经远”舰被日舰炮火击中起火，管带林永升在指挥全舰官兵同“吉野”等4艘日舰搏杀时，中弹牺牲，大副、二副先后阵亡，全舰官兵除16人获救外，其余全部殉国。激战中，“定远”舰炮火击中了日旗舰“松岛”号右舷下甲板，击毁其第四号速射炮和左舷炮全部炮架。“镇远”舰也两次击中“松岛”号炮塔，引起敌舰弹药爆炸起火，死伤日军近百人，使其丧失了作战指挥能力。交战中，日舰“松岛”“吉野”“比睿”“赤城”“西京丸”相继遭重创，已不能再战；北洋舰队也损失“超勇”“致远”“扬威”“经远”“广甲”5舰。战至傍晚，北洋舰队乘势尾追日舰 10 余海里，因日舰逃遁速度过快，无法追上，于是收队返回旅顺基地。

自卫军围攻大孤山 1932 年 1 月，大汉奸李寿山率伪军 3 个营盘踞孤山镇。是年 7 月，李寿山被委任负责镇压安东、宽甸、本溪、凤城、岫岩、庄河等地抗日力量的伪安奉地区警备司令。为防备义勇军袭扰，李寿山在孤山街的周边地区，即东起大孤山山城，经二道沟、西河沟，西至山垭口、东山巅，修筑了一条长约 10 千米的城壕和坝墙，并在孤山街一些重要防御地点架设铁丝网，修筑碉堡，并将孤山六景之一的魁星楼拆掉，修成炮台。与此同时，在孤山街大肆屠杀抗日民众。为打击李寿山伪军嚣张气焰，是年 10 月下旬，邓铁梅领导的东北民众自卫军第 28 路军，与岫岩县刘景文领导的 56 路军、庄河县刘同先领导的 40 路军以及凤城县李春光（李子荣）领导的 35 路军共 3000 余人集结于大孤山外围，联合向孤山镇发起攻击。当时这 4 路自卫军的任务分工是：40 路军负责攻打孤山西门，56 路军负责攻打南门，28 路军和 35 路军负责攻打东门和后门。前线总指挥部设在孤山镇郊刘家屯的十二神庄，邓铁梅指派他的副手赵同担任前线总指挥，刘景文、刘同先、李春光为副总指挥。为防止敌人从海上增援，指挥部还在南山嘴、礁石庙、沙碛子、孤山港等地部署部分兵力。

完成包围后，自卫军便频频发起攻击，但因缺少重火力武器配合，几次进攻均没有取得大的进展。后来，自卫军改变战术，采用长围久困办法，用小股兵力不断袭扰敌人，借以消耗伪军实力。

11 月 24 日晨，各路自卫军借助大雾，向孤山街发起总攻。刘景文部从西面向孤山街冲击，邓铁梅部由东北部的姜家屯、刘家屯向伪军发起攻击。刘景文辖属的任福祥团则从南门二道沟摸到伪军前沿阵地，他们用大刀砍开铁丝网，由山垭口冲入孤山街里，并占领了孤山西部的一些地方。惊慌失措的李寿山以重赏招募了 40 名“敢死队员”，由伪军二营营长赵书怡带队，在炮火的掩护下向南门实施反冲击，双方展开白刃战。激战中，伪营长赵书怡等 16 名“敢死队员”被击毙，其余人逃跑。与此同时，刘同先部也从西关突入，各路自卫军不断扩大战果。战至 10 时许，大雾逐渐散去，伪军趁势调集驻扎在魁星楼的炮兵掩护步、骑兵实施反攻，致使攻入街里的自卫军伤亡很大，被迫撤出街里，继续对孤山实施围困。

自卫军围困至 11 月末，日军天野旅团从大连方向赶来增援。12 月 13 日，日本关东军开始对辽东三角地带实施第一次大讨伐。为保存实力，自卫军撤离了大孤山。4 路自卫军围攻大孤山 28 天，打死打伤伪军 200 余人。

丛家大沟遭遇战 1946年10月中下旬，国民党军调集8个师10余万兵力，分3路进攻辽东解放区。为保存力量，辽东军区主力奉命实施战略撤退。10月24日，中共孤山县委、县政府遵照中共安东省委战略转移前做出的市县党政机关“县不离县、区不离区”，在敌占区开展游击斗争的要求，分兵两路，一路由县委副书记王乃峰、县保安团副团长李汝琴、政治处主任彭乃义带队，坚持在洋河以西黄岭子（今归庄河市辖）一带开展游击斗争，后来他们随辽南独立师开展活动。另一路由县委书记温建平、县长王玉波、县保安团团长陈文章带队，共2000余人，以红旗地区的丛家大沟山区为根据地，坚持开展游击斗争。

11月9日，中共孤山县委在丛家大沟（今归凤城市辖）尹家堡子召开军事会议后的第三天，尾追而来的国民党新6军第14师42团从三面将县保安团包围，并抢先占领了丛家大沟所有制高点。敌人先是袭击了刚刚整编的县保安团第五连阵地。由于敌强我弱，加之刚组建的五连多为新兵，没有实战经验，因而战斗打响后，便乱了阵脚，伤亡很大。副政委王永昌和数十名保安团战士在激战中牺牲，其他战士零散突围。丛家大沟遭遇战，一直打到第二天日落，战至最后，被冲散的县保安团队伍不得不化整为零突围。突围中，由县保安团团长陈文章带领的几十名战士，在一名枪法打得很准的抗战老战士机枪掩护下，突出了重围。在岫岩一面山，陈文章带领部分战士与副政委王瑶带领的县大队另一部分突围出来的人员汇合。

孤山野战机场轮战 1951—1953年，中国人民志愿军空军飞行员从大孤山野战机场起飞参加轮战数十次。轮战中，共击落击伤美机数十架，涌现出“打F-86能手”鲁珉等战斗英雄，彰显了中国人民志愿军空军敢打硬仗的英雄本色。

1951年12月13日上午，空14师42团22架战机从孤山野战机场起飞，在朝鲜清川江上空击落美机1架。是日下午，该师40团18架战机从野战机场起飞，在空3师18架战机掩护下，击落击伤美飞机3架。次日上午，志愿军空军第2师第6团24架战机从该机场起飞，于平壤上空击落美机2架，击伤1架。12月15日上午，42团18架战机在空3师16架战机掩护下，从野战机场起飞，与4批次共52架美机展开激战，击落击伤美机11架，42团仅损失1架战机。另外，空15师在轮战期间，还积累了与美军大机群搏击的实战经验。在11次空战中，不仅创造了击落击伤美机14架，自己毫无损伤的战绩，还开创了长机和僚机同时击落美机的先例。

1952年3月中旬，志愿军空军第12师49架战机从上海飞抵大孤山野战机场。是年

12 月 2 日上午，该师 34 团 16 架战机，在团长、战斗英雄郑长华率领下，与美机展开激战，击落美机 2 架。激战中，飞行员张道谦单机追击美机，迫使一架美机慌不择路坠入大海。是月 5 日中午，美机 6 批次 36 架侵入朝鲜铁山、龟城地区。该师 36、34 团和第 4 师 12 团连续从大孤山野战机场起飞 34 架战机，与美机展开空战。激战中，第 12 师技术检查主任鲁珉于 1.2 万米高空发现美机 2 架，遂以高超的技术和敏捷的动作，将其全部击落。36 团王华清团长也击落美机 1 架。紧接着在 12 月 6 日、16 日、23 日的空战中，鲁珉又击落美机 3 架，创造了 5 次空战 9 次攻击，击落美机 5 架的骄人战绩。鲁珉被空军政治部授予“打 F-86 能手”称号，并荣获一级战斗英雄、特等功臣称号。随后，有关部门在孤山镇隆重召开了庆功大会。

1953 年 3 月 26 日，志愿军空军第 16 师从大孤山野战机场出动战机，击落美机 2 架，取得该师在大孤山野战机场轮战的首次胜利。随后，该师在空 4 师协助下，多次从大孤山野战机场升空作战，均取得不菲战绩。

大孤山空战 1954 年后，驻防孤山和盖家坝机场的中国人民解放军空军部队相继调离县境。美国空军为探测中国边境安东（丹东）沿海地区的空防能力，于 1955 年 5 月 10 日 10 时许，派 F-86 战斗机 8 架侵入安东上空。安东防空指挥所当即命令驻防浪头机场的中国人民解放军空军第 16 师 46 团 2 大队 8 架米格 -15 战斗机升空拦截。在雷达引导下，解放军空军编队于盖家坝上空发现美机，大队长吴广纯随即下达战斗命令。在大孤山空战中，倪锡冲的战机虽然被美机打了 24 个洞，但他依然沉着冷静地驾机返航。此次空战，飞行员倪锡冲和于升红分别击落击伤美机各 1 架。

遗址 纪念设施

毛文龙碑 位于距孤山镇 19 海里的大鹿岛南山坡上。明朝末年，钦差、平辽将军、总镇左军都督府左都督毛文龙率军镇守大鹿岛时，正值明朝衰落、东北女真崛起之际。

明崇祯元年（1628）七月，以毛文龙为首的明军将士为表达“指日恢复全辽，吾侪赤心报国”决心，在大鹿岛上修建庙宇，并勒石立《新建望海寺碑记》碑。该碑材质为青石，高158厘米，宽66厘米，厚16厘米。碑阳刻楷书9行，满行32个字，计284个字，记载毛文龙等众将士恢复失地的决心和建造寺庙的相关事宜。碑阴立碑人题记中，刻574个字，记载人名397人，其中记载了毛文龙麾下镇守辽东各岛屿将领的姓名和官衔118名，寺庙僧人及其他参与修庙立碑者279人。因此碑为毛文龙借“新建望海寺”，立碑而铭志，故俗称此碑为毛文龙碑。“文化大革命”期间被推倒，1975年重立。1979年，辽宁省文化厅拨款修建一座仿古碑亭，将毛文龙碑矗立其中。1983年8月，毛文龙碑被公布为丹东市文物保护单位。2008年，被公布为辽宁省文物保护单位。

甲午海战古战场 清光绪二十年（1894）发生的中日甲午黄海大海战古战场位于孤山镇大鹿岛村西南2～20海里的海面上。海战中，北洋水师“致远”“扬威”“经远”“超勇”4舰沉没于这一海域。其中“致远”舰在舰身中弹倾斜、弹药将尽时，开足马力撞向日舰“吉野”。以邓世昌为代表的北洋水师爱国官兵的英雄壮举，彰显了中华民族不屈不挠、敢于抵御外侮的民族精神。战后，大鹿岛渔民将漂浮至东口、西口及流网圈、老拘所附近的上百具北洋水师官兵遗体掩埋在大鹿岛东口、西口，岛上渔民称这些坟茔为“中日甲午海战无名将士墓”。

1996年9月，大鹿岛中日甲午黄海大海战古战场连同岛上的甲午英烈陵园、邓世昌雕塑广场，被确定为国家级“青少年爱国主义教育基地”。2005年5月，被命名为“辽宁省爱国主义教育示范基地”。2007年4月，被辽宁省人民政府命名为“辽宁省国防教育基地”。

2014年，由中国国家文物局和辽宁省文物考古研究所组织的“丹东1号”科考船曾于大鹿岛甲午海战古战场的附近海域，打捞出多件“致远”沉舰文物。2017年7月，由中共辽宁省委宣传部编辑出版的《全省爱国主义教育示范基地巡礼》一书，也将大鹿岛甲午海战古战场及其悲壮的海战史实收入其中。

甲午英烈陵园 甲午海战无名将士墓墓址原在大鹿岛东口的哑巴茔（沟），1985年丹东市文物普查时发现，并被认定为是中日甲午黄海海战北洋水师阵亡将士的墓葬。1985年春，大鹿岛村将该墓葬迁至东山北坡。1988年，甲午海战无名将士墓被公布为县级文物保护单位。1990年6月，东沟县文物管理部门用水泥对无名将士墓翻修，并树立文物保护标志。1995年5月，连同在无名将士墓右侧新建的邓世昌墓，被开辟为

大鹿岛甲午英烈陵园（2009 年）　　孤山镇大鹿岛村村民委员会　提供

甲午英烈陵园，并举行了由省、市、县相关部门领导和各界人士近千人参加的陵园揭幕仪式。时任中共辽宁省人大常委会副主任、散文家王充闾为甲午英烈陵园题写“甲午英烈永垂不朽”八个苍劲大字。2002 年，大鹿岛村再次对甲午英烈陵园进行扩建，四周栽植苍松翠柏，铺设了象征长眠于陵园中 104 位甲午英烈的 104 级花岗岩石阶，增设了大型陵园墓碑记。2005 年 10 月，大鹿岛甲午海战无名将士墓被丹东市人民政府公布为第五批市级文物保护单位。

邓世昌雕像　1990 年，大鹿岛村在独立坨子上（今金龟园址）塑造了一尊邓世昌塑像，材质为玻璃钢树脂。2001 年，村里聘请湖北省楚天园林设计处设计承建，由山东嘉祥县石雕厂重新雕塑一尊邓世昌全身石质雕像，耸立于海滨广场靠近大鹿岛小学校门东侧的邓世昌广场上。塑像高 4.8 米，宽 1.849 米，厚 1.45 米，象征邓世昌生于清道光二十九年（1849），终年 45 岁；雕像基础 1.894 米，象征邓世昌牺牲于清光绪二十年（1894）中日甲午黄海大海战之役。2005 年 5 月，全国政协副主席杨汝岱到大鹿岛考察，亲笔为邓世昌雕塑题写“爱国名将邓世昌”碑名，镌刻在雕像基座前部大理石上。竣工后，大鹿岛村举行邓世昌雕像揭幕仪式。2014 年，大鹿岛村投资 500 余万元，完成甲午英烈陵园和邓世昌雕像广场的整修扩建工程。两处人文景观占地面积共 4000 余平方米。

孤山各界人士在大孤山革命烈士陵园举行公祭活动（2017 年）

孤山镇人民政府 提供

大孤山革命烈士陵园 建于 1951 年 4 月，最初坐落于孤山古戏楼广场西北侧。1962 年，被列为县级文物保护单位。1980 年 5 月，迁至大孤山山门西北侧约 200 米山坡处。1994 年，被东港市政府列为中小学德育教育基地。

陵园占地面积 4000 平方米，按横向分 4 排排列，时有烈士墓茔 40 个，安葬在解放战争、朝鲜战争和社会主义革命与建设中牺牲的革命烈士，其中无名烈士 9 人。陵园入口处，矗立花岗岩质革命烈士纪念碑 1 通，石碑正面镌刻："为人民而死千古不朽"大字，背面用楷书镌刻碑文（参见本志"艺文杂记·碑文选录"）。

2007 年 10 月，中共东港市委、市政府鉴于大孤山革命烈士陵园历经 50 余年风雨沧桑，建筑物多老化破损，决定对陵园修缮改造。2008 年 1 月，成立修缮改造募捐委员会，并向社会各界发出募捐倡议，3 个月募集 20 万元，加上地方财政划拨和上级补助，共筹集修缮改造资金 342 万元。2009 年 3 月，修缮改造工程动工，同年 7 月 24 日竣工，并举行揭碑仪式。

修缮改造后的革命烈士纪念碑采用浇砼基础，碑座长 3 米，宽 2 米，高 4 米，台座挂贴中国黑理石。平台使用整体毛石铺面，四周设置花岗岩护栏，栏杆高 1 米，长 22 米。纪念碑碑体为白色整块花岗岩石，碑高 3.65 米，宽 1 米，厚 0.5 米，碑正面方形凹槽内镌刻"革命烈士永垂不朽"8 个金色大字，顶部镌刻红色添彩五角星。纪念碑两侧设总长 18 米、高 1.6 米钢筋砼结构墓墙，墓墙挂黑色花岗岩。修缮改造后的烈士陵园，与毗邻的大孤山古建筑群交相辉映，烈士陵园不仅被开辟为爱国主义教育基地，而且也成为东港西部地区一处红色旅游景点。

2012 年 10 月，丹东大孤山经济区管委会再次对陵园维护改造，并将零散分布于孤山其他地方的烈士坟茔统一迁至陵园内。至 2017 年年末，陵园内共安息 98 位革命烈士。

石人山革命烈士纪念碑 位于孤山镇石人山南麓，占地面积 200 余平方米，为 1984 年 7 月由中共孤山乡（镇）委员会、孤山乡（镇）人民政府修建。纪念碑采用浇砼基础，碑座部分呈阶梯形，钢筋混凝土结构，最底层长 6.2 米，宽 5.2 米；顶面长 5.8 米，宽 4.8 米，高 2 米；中座长 3 米，宽 2.15 米，高 0.8 米；中座之上的碑座长 1.48 米，宽 0.62 米，高 0.1 米。碑体与碑帽系花岗岩材质，水刷石罩面，碑体总高 3.9 米（含 3 层碑首 0.8 米），宽 1.1 米，厚 0.28 米。碑心采用整体芝麻白理石，高 3.1 米，宽 0.54 米，厚 0.22 米。

石人山革命烈士纪念碑（2006 年） 刘芳春 摄

碑阳面镌刻“革命烈士永垂不朽”8 个大字，碑阴面用楷书镌刻孤山乡在抗日战争、解放战争和朝鲜战争中为国捐躯的 50 位革命烈士姓名。这些烈士中包括 1944 年在河北省曲阳县灵山镇凤凰山与侵华日军激战中牺牲的原八路军晋察冀军区第三军分区 42 团政委、孤山镇辛家店村人赵乃禾。

该纪念碑在当年东沟县（东港市）共青团组织在团员青年中开展“寻找烈士足迹，继承光荣传统”主题教育活动中，由孤山乡团员青年和社会各界人士募捐和出义务工，由中共孤山乡党委、乡人民政府 1984 年 7 月立。现为孤山镇青少年爱国主义教育基地。

石人山革命烈士纪念碑碑文：“在我国早期革命斗争中有无数革命先烈为着中国人民解放事业献出了宝贵的生命。孤山乡就有五十名革命烈士在国内革命战争、抗日战争、解放战争和朝鲜战争中壮烈牺牲。革命先烈的爱国主义、国际主义精神和不朽业绩同山河永存，与日月同辉，激励着人们世世代代永远高举先烈的旗帜，踏着先烈的血迹前进。”

烈士英名录如下：

曲元花　赵乃禾　邹本田　张云阁　王兆瑞　刘玉新　孙家发　于克功　孙承仁
王兆连　冯悦彩　苑玉学　杨殿和　郑锡生　倪金生　谷云起　王献乙　潘学礼
李永春　李述荣　赵金全　毕成叶　李树山　陈丰富　姜殿文　马德贵　董春才
董福厚　马乐山　孙长玉　刘玉庆　戚学生　王洪乙　赵洪兴　岳德生　李秉仁
宋惠章　姜殿忠　胡传福　马绍驹　刘宽秀　刘庆文　梁福林　国金枝　镡文元
李仁传　李德欣　张克家　郤长安　唐振贵

地域文化

孤山镇历史久远，文化源远流长。文化设施与场所众多，群众文化经久不衰。孤山镇有“版画创作基地”“现代农民画创作基地”“民族器乐基地”之称，古镇文化传承不息。

镇内人文荟萃，群星闪烁。邵宇、梁栋、王绪阳、李德甲等艺术作品在国家级美术殿堂上熠熠生辉；岳长贵、李犁、宋长江、冯忠臣等人的文学作品闻名全国。红学研究颇有建树，形成独特的地域文化特色。佛教、道教、伊斯兰教、基督教与儒教并存，妈祖文化在中华妈祖文化交流中享有一席之地。

文艺组织

戏班　清光绪二年（1876），孤山成立梆子戏班，班主王文炳，称王家班，常在庄河、凤城、岫岩等地演出。清光绪二十四年（1898），刘凤祥发起成立孤山同乐处（又名乐班处），主办人汤海山。镇民称梆子票房，设于刘家醋房（今孤山镇北街2组）。票友多为商人和手工业者，演唱剧目有《诸葛亮吊孝》《玉堂春》《走雪山》等，先为坐唱，后登台表演，也到各商户唱“堂会”。1912年，孤山同乐处改为“孤山庆共和班”，演出场所为庆共和茶园席棚。1934年春，京剧程派青衣演员吕惠君加入，演员阵容可观。后吕惠君任教，教授《孔雀东南飞》《玉堂春》《花田八错》等剧目，为孤山培育一批京剧艺术爱好者。1936年，茶园改建为二层板楼，仍称庆共和茶园。戏班巡回演出于辽东、辽南等地，曾与岫岩王文炳的永顺合班、张庆光的庆寿班“一千红”等名角合作演出，在大连、城子坦、海城、庄河等地颇有影响。1944年，该班到外地演出，途经庄河塔儿山时遭抢劫，衣箱、道具均丢失，活动停止。

剧团

20世纪20年代末，徐成章为筹款建庄河县立第二初级中学（孤山中学前身），组织小学师生编写剧本，组建业余剧团排练《金丝笼》《三姐妹》等文明戏，连续上演十多天，为境内剧团发端。

孤山协和剧团　1939年，伪庄河县县长王恒泰（在奉天开设戏衣庄）发起，将票友活动机构孤山俱乐部改组为孤山协和剧团，演出京剧。团长由孤山协和会会长于化龙兼任，业务团长为马永山。剧团常演出于孤山、大东沟等地，也与庄河、青堆子票友举行联合演出，主要剧目为《打渔杀家》《大探二》《连环套》《铁公鸡》《法门寺》等。至20世纪40年代中期，孤山协和剧团是与安东协和剧团、岫岩协和剧团并列，为辽东地区规模最大、影响最广的三家剧团。1945年8月，抗日战争胜利后，剧团解散。

大孤山女子国民高等学校剧团 1941年成立，在校内演出巴金原著、曹禺改编的著名话剧《家》。1946年5月该校再度更名为孤山县联合中学后，学生创编新剧《光复前后》《汉奸的下场》，义演募捐8924元，支援前线。

孤山业余京剧团 1945年孤山解放后，孤山县文化馆成立的群众性京剧演出机构，团长刘成山。1963年，改由孤山镇总工会领导，更名为孤山镇职工俱乐部，主任李季。“文化大革命”期间，俱乐部停止活动。1978年恢复活动。1981—1982年经常演出，所演剧目有《清风寨》等。1987年，孤山镇业余京剧团演出的京剧《渔家恨》在东沟县举办的乡镇文艺会演中获得优秀表演奖。

孤山镇沙屯农民业余剧团 “土改”时期，孤山镇沙屯村李仁政在孤山区委支持下，组织成立业余剧团，并担任编剧、导演，执导排演配合宣传“土改”的小戏。《九件衣》《血肉横飞》等剧目在孤山城乡巡回演出几百场，群众反响热烈，小演员李晓兰被安东市少儿剧团吸收为专业演员。

孤山剧团 1950年，孤山镇西街居民姚鸿奎、于正中、傅振清等人在孤山镇人民政府支持下组建业余剧团。演出多种形式的小型剧目，如《服兵役》《讲卫生》《姐妹俩捡棉花》《卖余粮》等。随着剧团演员素质的提高，又排演京剧、评剧、黄梅戏等剧种，如《全家福》《七错》《十五贯》《玉堂春》《夫妻观灯》等。1951年1月，在安东县举行全县农村首次业余文艺会演中，孤山剧团演出的《解放桥》为最受欢迎的节目之一。

孤山镇职工工会业余剧团 1956年，由孤山镇职工工会组建，先后排演《刘海砍樵》《杏花村》《法门寺》等大型剧目。该团与孤山镇职工工会业余剧团成员多“跨团”排练和演出。是年12月14日，孤山镇职工工会业余剧团参加辽宁省第一届业余文艺会演，表演唱《姐妹俩捡棉花》被评为二等奖。1958年，参加辽宁省军区举办的民兵文艺会演，砀山琴书《探家途中》获一等奖。后受省军区派遣，到辽阳、安东（今丹东市）、金县等驻军慰问演出，长达3个月。“文化大革命”期间，业余剧团改称毛泽东思想文艺宣传队，演出形式为唱“语录歌”、跳“忠字舞”、说“战鼓词”和唱“样板戏”的选场选段，仅排演几场“样板戏”后即解散。

孤山公社业余文艺演出队 1972年，由孤山人民公社从下乡知识青年和留城青年中招收一批擅长文艺人员成立。为“半工半艺”，归属于孤山电动工具厂。演出以小型多样文艺节目为主，如歌舞、表演唱、快板、山东快书等，尤以小戏较有影响。演出队除在镇内演出外，还到各生产大队演出，并参加东沟县文艺会演，曾演过评剧《三月三》。

孤山业余文艺表演队在田间演出（20 世纪 70 年代初） 东港市档案局 提供

2017 年，孤山镇西街社区文艺队参加丹东文化节（东港专场）演出 杨秀珍 提供

1976 年，演出队解散。

孤山镇业余剧团 1978 年，孤山镇人民政府重新组建业余剧团。1979 年，孤山乡、镇分家，剧团归孤山乡饮料厂，采取“以厂养团，以团办厂”的形式。厂长孙承礼兼团长，文艺节目以歌舞为主。1985 年，孤山剧团演出活动停止。

孤山业余民乐团 1988 年成立。主要演员多为原孤山镇业余剧团演员，由县文化馆孤山分馆指导排练。演员最多时达 25 人，其中二胡演员肖春成、王喜杰、陈湘东、马学民，扬琴演员沈德成，竹笛演员孙承礼为佼佼者。2000 年后，民乐团吸纳周边地区音乐骨干，人数逐渐增加，民乐团分成三个艺术团体：古韵军鼓歌舞团，该团在民族乐器之外，增加军鼓及铜管乐器；古韵歌舞团，2005 年后改为缘艺歌舞团和孤山民乐团。2015 年，孤山民乐团乐队冠名古韵艺术团。2016 年 7 月，孤山民乐团加入西街社区老干部党支部组建文艺队。孤山镇三家乐团多为单独活动，每年进行一两场联合演出，节目多以器乐和声乐为主，民族器乐之外，还加入西洋乐器。

民间艺术活动

孤山镇域内自清朝中叶庙会演戏之风日趋兴旺，至清末，乡镇庙会极为活跃。孤山镇每年从农历正月初六开始，至五月十三，陆续演戏百日。[①] 至民国年间，秧歌、高跷、太平鼓（又称单鼓，俗称“烧香”）、大鼓（东北大鼓）、鼓乐等民间文艺表演活动十分活跃。

戏曲 清同治三年（1864），大孤山有商会演戏。光绪二年至光绪三十二年

① 见《辽宁戏曲志丛书：丹东市戏曲志》，春风文艺出版社，1993 年版，第 4 页。

1999 年，大孤山庙会期间在戏楼举行文艺演出活动
东港市档案局　提供

1975 年高跷表演　东港市档案局　提供

（1876—1906），大孤山戏楼有山东王家班、掖县仁合班、永平府业记班、京都顺天府三庆班等外地戏班演出山、陕梆子和昆曲片段百余出。1934 年，安东评剧演员菊桂笙与其夫唐鹤年，到孤山镇演出 7 个月，观众踊跃，营业兴旺。

曲艺　清道光二十年（1840），黑沟乡大鼓艺人赵普在孤山镇说唱大鼓书目《大烟谈》，因内容揭露鸦片危害而轰动一时。清光绪九年（1883），太平鼓艺人裴景章在孤山、新立等地从事演出活动。1942 年，大鼓艺人赵普后裔盲人赵文田，在孤山说唱大鼓书目。

1952 年 2 月，安东县在孤山老戏院举行民间艺术会演，孤山老艺人表演的西河大鼓被评为优秀节目，并代表安东县参加辽东省 1953 年 1 月举行的民间艺术会演。于正中与王桂芳表演的西河大鼓《老两口赶会》是其代表曲目。许庆奎（魁）、许振远（是年 10 岁）父子曾参加安东县（东港市）首届农村文艺会演，并受到好评，被选为优秀节目参加安东市（丹东市）文艺会演。除表演传统书目外，许庆奎（魁）还自编反映包办婚姻、抗美援朝、抗日英雄的新节目，配合政府的社会教育活动。1983 年，县文化馆孤山分馆在其楼下设立说书厅，为 77 岁高龄的西河大鼓艺人许庆奎（魁）提供固定演出场所。至 1987 年，许庆奎仍受邀在孤山镇及附近城乡演出西河大鼓。后因录像厅兴起，鼓书艺术渐受冷落，表演淡出人们视野。

20 世纪 90 年代，镇内企业文艺活动活跃，丹东丝绸五厂职工王立宪的曲艺节目广受追捧，多次代表厂、镇出席县、市会演，并获得各种奖励。

秧歌　孤山地区的秧歌表演出现在清康熙年间，在老艺人的传、帮、带下，新生文艺人才代代相传。龙灯舞技艺高超者有李兆顺、于同泉等人。大鹿岛村的地秧歌“耍灯

2017 年，在古韵街第二届艺术节晚会上华恒艺术培训中心演出文艺节目

吕国强 摄

碗”，是渔民经久不衰的节庆娱乐活动。1984 年元宵节，孤山粮库高跷队、孤山苇场高跷队在东沟县举办的高跷比赛中分别获得特别奖和一等奖，在丹东市高跷会演中获得特别奖和一等奖。

民族器乐演奏 1988 年，孤山文化分馆协助镇政府培训指导少儿弹拨乐、弓弦乐等器乐演奏演练，使孤山镇较有群众基础的民族器乐演奏得到较高的专业训练，在丹东市沿海地区崭露头角。1991 年，孤山镇政府与丹东市群众艺术馆联合举办的“丹东市首届民族器乐大赛”在县文化馆孤山分馆举行，来自丹东市各县、区的参赛选手分为少儿组、成年组（分为弓弦组、吹奏组、弹拨组）参赛，孤山民乐团参赛选手肖春成、王喜杰、马学民、陈湘东获得成人弓弦组二等奖；孙承礼、李成林分别获得成人吹奏组一、二等奖；孙鹏获得成人弹拨组一等奖；孙鸽获得少儿组二等奖。是年 12 月，孤山镇被丹东市文化局命名为“民族器乐基地”。1996 年，在辽宁省第三届农村小戏调演中，孤山镇演出的节目获得伴奏一等奖，民族器乐演奏在孤山的影响更为深远。随着较有实力的培训机构参与主办不同规模的艺术展示活动的增加，孤山镇的业余文化生活日益丰富。

经过孙承礼、李成林等专业人士的长期培训，孤山民族器乐新人辈出，演奏水平明显提升，在省、市、县民族器乐比赛中多次获奖。其中，许媛媛曾在省少儿组民乐演奏大赛中获得竹笛演奏一等奖；黄义国在全国民乐竹笛演奏大赛中获得金奖。仅孤山成林乐器行艺术培训中心一家培训机构就向中央音乐学院、天津音乐学院、沈阳音乐学院等艺术院校输送音乐人才近 30 人。孤山知音艺术会馆于 2017 年组织 20 人参加辽宁省第三届民族器乐（大连）比赛，获得竹笛演奏 8 个一等奖、11 个二等奖、1 个三等奖。至

2017 年，仅在古韵街开办的音乐、器乐、舞蹈等常设艺术培训机构多达 80 多家。孤山镇有民乐演奏人才 150 余人，其中少年儿童百余人。

民间故事搜集整理 1964 年，岳长贵搜集整理的民间故事《红棒槌绿棒槌》，为孤山人搜集整理本地民间故事的发端。

1979 年，民间文学等民族民间文化搜集整理纳入文化馆工作任务，孤山文化分馆（站）建立一支民间文学搜集整理工作队伍，张所文、高长远、董宝君、崔波、李成林等人成为骨干，他们搜集整理的民间故事，被收入《中国民间文学集成辽宁卷·东沟资料本》。高长远被吸收为中国民间文艺研究会辽宁分会会员。1998 年，岳长贵搜集整理的民间故事被收入《黄海明珠大鹿岛》《中华名镇大孤山》中。孤山文化分馆馆长张所文印行整理的民间故事集《民间俗闻稗考（上、中、下）》和《张所文民间故事集（上、下）》，因其在民间文学搜集整理中有突出贡献，被授予“辽宁省优秀民间艺人”称号。2007 年，高长远将其整理的 16 篇民间故事和传说收入《协奏方阵——高长远文学作品选》。2009 年出版的《海角妈祖》将有关妈祖的民间故事融入其中。2015 年，岳长贵著《话说大鹿岛》，将有关大鹿岛的民间故事纳入其中。2016 年，丹东大孤山经济区编印《大孤山民间故事集》，收入民间故事 255 篇。

群众文化研究 孤山镇群众文化研究发端于 20 世纪 50 年代末，研究成果突出者是孙泉友、高长远、张所文。

孙泉友 1958 年开始搜集记录民间歌谣，记录整理《问候毛主席》《慰问志愿军》等各类歌谣 120 余首。1965 年，孙泉友被辽宁省音乐家协会吸收为会员。在长期深入海岛渔村从事本地区民歌、民谣搜集整理的同时，孙泉友还对本地民间音乐进行研究，“文化大革命”期间，写出《东沟地区民间歌谣的三个特征》等论文三篇。

高长远撰写的《当今农民审美趣味特点浅论》《校园文化对少儿个性改造和发展的意义》《对外来文化的容忍与改造是边疆文化长廊的基本任务》《对农村小康文化建设的几点思考》等论文，收入丹东市《群众文化论文集》《辽宁群众文化》等书刊，并获得省市及东北三省群众文化学术奖。2007 年，高长远整理编辑的《燧石集》印行，收入其撰写的群众文化论文 18 篇。

1994 年 3 月，《丹东群众文化论文集——张所文专辑》编辑出版，收入张所文群众文化专项论文 21 篇，计 23 万字，为全国首部农村文化站长群众文化论文集，同年被东港市文化局授予“群文理论研究成果奖”。其后，张所文搜集整理并编印《辽东民俗礼仪祭典资料本（上、中、下）》。张所文被评为“丹东市十大民间艺术家（民俗）”，被中国群众文化学会吸收为会员。

文学创作　清末至民国时期，孤山地区文学作品多为传统碑记、人物传、诗歌，散见于碑碣、旧志、诗集及书画题跋中。中华人民共和国成立后，孤山镇文学创作勃兴。20世纪70年代后繁盛。岳长贵、李犁（李伦继）、宋长江、冯忠臣（笔名风萧萧）被中国作家协会吸收为会员；盛安世、高长远、李文、王雪茜、曲天盛等人被辽宁省作家协会吸收为会员；另有诸多文学爱好者成为丹东市作协会员，有10余人加入当地诗词楹联协会。

孤山镇文学创作以小说、诗歌引人瞩目。享有国务院特殊津贴的作家岳长贵的短篇小说《扁担的故事》，曾入选1973—1977年辽宁省高中教材；岳长贵与李述宽合著出版的中篇小说《大橹的故事》曾被改编为歌剧、京剧、木偶剧公演，并被十余家美术出版社改编为连环画出版，还被上海儿童电影制片厂改编为同名木偶片公映，在全国产生影响；与李述宽合著的第二部长篇小说《贼船》出版后，被长春电影制片厂改编为电影《一号行动》公映。李犁以孤山为背景的中篇小说《长歌行》、长篇小说《拥抱自由女神》《女记者手记》《在美利坚的土地上》《倩女梦》等都引起较大反响。宋长江的短篇小说《说家有小孩呀赶快出来玩吧》《让你灿烂》和中篇小说《绝当》《祖坟青烟》《温泉欲》等发表后，曾被《小说选刊》《小说月报》等转载；《绝当》曾入选人民文学出版社《21世纪年度小说选·2011中篇小说》，获得省市人民政府文学创作一等奖。冯忠臣（风萧萧）的中篇小说《心魔》曾在《鸭绿江》文学月刊发表小说头题。

诗歌创作方面，盛安世（戈笑）曾在全国十余家报刊发表诗歌300余首，其儿童诗集《童年的摇篮》曾获得辽宁省第五届儿童作品三等奖。冯忠臣曾在《诗刊》《十月》《上海文学》《青年文学》等全国数十家期刊发表诗歌数百首，成为省内外较有影响的诗人。高长远、李文、姚星翰、王雪茜等均有个人专著问世（参见本志“艺文杂记·孤山籍作者主要著述一览表”）。

书画艺术

清道光年间，孤山镇内就有民间画作流传。

书法　清末至民国时期，孤山书法家有马渭夫、姚润滋、孙守愚（名义俭，字守愚，以号行世）、刘云山、孙德奎、宋景耀等。20世纪20年代，孙守愚及其侄孙德奎以隶书见长，大孤山《望海亭碑记》即为孙守愚书丹；姚润滋以行书闻名。至20世纪30年代后期，孤山书画名冠安东，争胜辽东南。

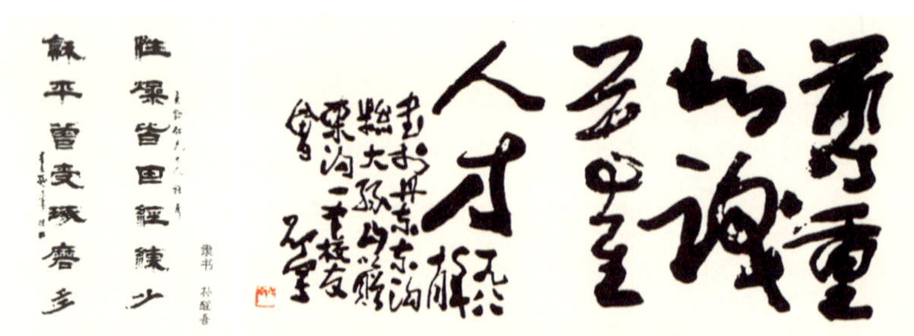

孙德奎（醒吾）隶书作品 宋文杰 提供

邵宇为母校东沟县（东港市）第一中学（孤山中学）题字：“尊重知识，尊重人才” 丹东大孤山经济开发区管理委员会 提供

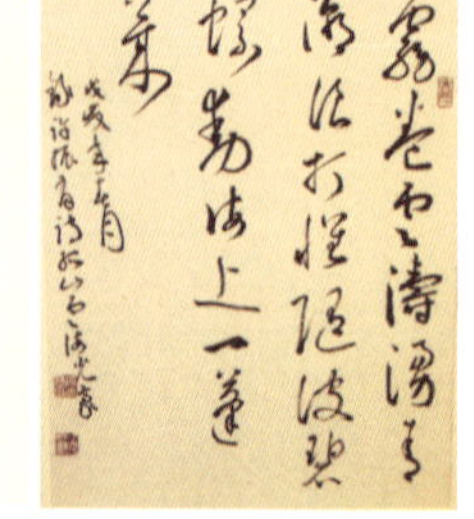

肖光豪书法作品 丹东大孤山经济开发区管理委员会 提供

中华人民共和国成立后，孤山镇有多位名家享誉书法界，邵宇曾担任中国书法家协会主席。杜新元、刘亚秀、孙志敏等人的书法作品多次在省和国家书法展中获奖。肖光豪的书法作品先后入选全国各类书法展 14 次。其中，2012 年入选全国第三届行草书法展；同年，获第四届全国兰亭奖。2015 年，肖光豪成为中国书协会员。2009 年，孤山镇被辽宁省书法家协会确定为“辽宁省书法创作基地”，书法创作再度进入繁荣期。

国画 20 世纪 30—40 年代，孤山镇绘画艺术如云出岫，多姿多彩，先后有多位名家佳作涌现，其中孙友三、刘先溪的鲤鱼，孙俊三的牡丹，张鸣山的山水，胡然方的人物，孙德奎的墨竹，葛骏久的梅花、麻雀、喜鹊、八哥，许子安的芦雁等，都是远近闻名的佳作。

中华人民共和国成立后，孤山籍书画家邵宇、梁栋、王绪阳蜚声全国画坛。20 世纪 70 年代，谭爱传的山水、人物、花鸟画作突出，作品《毛主席去安源》为人称道。

20 世纪 80 年代，杜新元、李德甲、禹宏敏、刘亚秀等声名鹊起。进入 21 世纪，李文今、鲁世峰、孙云霖、刘席君、曹临春等人成为省美术家协会会员。至 2016 年，孤山镇有国家级美术家协会会员 5 人，省级美术家协会会员 10 人；国家一级工艺美术师 2 人。

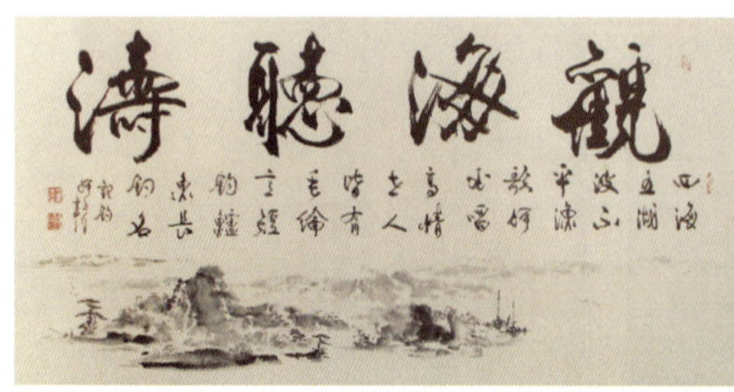

杜新元国画作品《观海听涛》 杜新元 提供

孙友三国画作品 宋文杰 提供

版画 邵宇、梁栋是全国版画界杰出的代表人物，他们对孤山的版画创作影响极大。1974年，李德甲与崔波、鲁世刚等人组成沙屯农民版画创作小组，并先后有20余幅版画参加全国展览、60余幅参加省级展览。1991年，孤山镇成为“丹东市农民版画艺术基地”。李德甲、崔波、鲁世刚等中青年画家享誉全国，共创作版画2000余幅。

农民画 20世纪80年代，孤山农民画创作进入高峰期。1983—1985年，100余名农民画爱好者创作作品1000余幅，有116幅作品参加国展、省展，40幅作品获得各种奖项；45幅作品被国家美术馆、博物馆收藏；128幅作品在瑞士、挪威、美国、加拿大、澳大利亚、日本、朝鲜等国展出，4幅获国际大奖。1985年，日中友好协会会长给孤山农民画作者写信，并赠送“日中两国人民世代友好，永不再战”的条幅。《中国农民报》、《人民日报》、中央电视台等新闻媒体介绍了东港农民画创作情况。

1983年，张坤创作的《丫蛋好》获全国首届农民画展二等奖、1984年省政府优秀文艺作品奖，被选入人民美术出版社出版的《中国农民画》集；1985年，《母与子》获联合国儿童基金会《儿童生长发育监测卡》封面征集一等奖，《妈妈》获得二等奖。隋明美创作的《荷花》在1985年12月参加日本富士山第18届中国画展时，被省文化厅作为礼物赠送日本富山县县长收藏；1987年创作的《荷花与童子》，被选为国家级年展巨幅广告牌。1996年，孤山镇被辽宁省政府授予“文化工作先进乡镇”称号。

速写 邵宇素以速写见长，其速写作品具有很高艺术造诣，被国际友人称为“速写大师”。李文今的千余幅速写作品刊发于国内400余家报刊，其中新闻速写作品《建设中的大东港》，获《经济日报》举办的“盾石杯”报纸美术作品大赛二等奖，多幅新闻速写作品在《辽宁日报》获得若干奖项。

沙屯农民版画美术小组（1976年）
东港市档案局 提供

李德甲美术馆展厅（2017年） 刘洪 摄

连环画　1946 年冬，邵宇到黑龙江省东安地区参加土地改革运动，创作一套由 200 多幅连环画组成的《土地》，得到画家徐悲鸿高度评价。1954 年，王绪阳创作的连环画《我要读书》，获全国一等奖。2011 年，禹宏敏创作的连环画《毛岸英的故事》，由人民美术出版社出版。2014 年，李文今创作的《中日甲午黄海大海战》《万里追踪》《社会主义核心价值观》《东港市抗日战争时期史实》连环画，结集印行。

牌匾碑碣

牌匾　孤山镇域内店铺、楼宇、寺庙旧时多悬挂牌匾。解放初期，孤山镇尚存古牌匾数以百计。“文化大革命”期间，古建筑群中古牌匾被毁坏 80 余块，仅幸存 11 块。其中“浩然正气”匾悬挂于关帝庙东配房檐下，为道光四年（1824）山西商贾敬立；“神听和平”匾悬挂于大孤山古戏楼飞檐斗拱下横梁上，为道光六年（1826）立；“恩波浩荡”匾悬挂于天后宫卷棚内，为光绪九年（1883）由天津籍 12 家木商“叩献”；“永庆安澜”匾悬挂于天后宫正殿，为光绪十一年（1885）由信士允兴栈敬立；“我佛慈航”匾悬于下庙地藏寺大雄宝殿门额上方，为光绪二十五年（1899）由信商兴盛栈捐立；“必恭敬止”匾悬挂于天后宫卷棚下，为光绪三十年（1904）由信商茂升恒敬立。

“浩然正气”匾（2015 年）
丹东大孤山经济开发管理委员会　提供

左宗棠题写的“永庆安澜”牌匾（2015 年）
丹东大孤山经济开发管理委员会　提供

“神听和平”匾（2014 年）　　刘芳春　摄

“我佛慈航”匾（2015 年）

丹东大孤山经济开发管理委员会　提供

“必恭敬止”匾（2015 年）

丹东大孤山经济开发管理委员会　提供

碑碣　镇域内古碑多立于明清时期，因风雨剥蚀，或人为毁损，现存古碑多文字脱落、漫漶而难以辨读。

重修关帝庙碑　位于大孤山古建筑群下庙关帝庙前，道光四年（1824）立。材质为汉白玉，高 220 厘米，宽 94 厘米，厚 22 厘米。碑阳阴刻楷书碑记 10 行，满行 44 字，记录重修关帝庙始末。

大孤山文昌宫壁碑　此碑横卧于大孤山文昌宫内东壁上，刻于清道光十八年（1838）。材质汉白玉，高 66.7 厘米，宽 130 厘米。碑文首题阴刻楷书“大孤山文昌宫记”，其左为碑记，共 22 行，满行 24 字。碑文记述清原充办山海钞关税务周梁（号奕山），创建文昌宫，行“敬惜字纸”、开士林之风的始末。

大孤山文昌庙碑　位于大孤山古建筑群文昌宫前，清同治元年（1862）立。材质汉白玉，高 150 厘米，宽 61 厘米，厚 17 厘米。碑阳阴刻楷书 14 行，满行 43 字。记载大孤山兴学办校，修建文昌庙的缘由。

大孤山文昌宫壁碑拓片（2018 年）　　王维刚　提供

大孤山观海亭碑　位于大孤山古建筑群望海亭前，清光绪八年（1882）立。材质花岗岩，碑体高 175 厘米，宽 70 厘米，厚 16.5 厘米；碑座高 38 厘米，宽 95.5 厘米，厚 51.5 厘米。碑阳阴刻隶书碑文 14 行，满行 41 字。碑文记载周长盛等官员聚资建造望海亭及亭成立碑事。“文化大革命”期间被推倒，碑身断裂，碑文有部分毁损。20 世纪 80 年代在原位修复。

薛公德政碑　位于大孤山古建筑群关帝庙内，清光绪十一年（1885）立。材质汉白玉，高 170 厘米，宽 60 厘米，厚 15 厘米。碑阳阴刻楷书 16 行，满行 38 字，记载薛公印福德政10事。

大孤山重修天后宫碑 位于大孤山古建筑群天后宫前，清光绪十四年（1888）立。材质汉白玉，高221厘米，宽65厘米，厚17厘米。碑阳首题“重修天后宫碑记”，其左阴刻楷书碑文15行，满行41字。记载清光绪六年（1880）天后宫遭受火灾、光绪八年（1882）重修始末。

大孤山“脚行八扣章程批谕”碑（2017年）
刘晓阳 摄

大孤山“脚行八扣章程批谕”碑 位于大孤山古建筑群天后宫内，清光绪二十四年（1898）立。材质汉白玉，高165厘米，宽73厘米，厚18厘米。碑阳阴刻楷书16行，满行45字，刊刻皇帝谕批旨准“大孤山店栈海石装运脚力收钱，改按八扣章程办理，以舒商情”事。

大孤山圣水宫记碑 位于大孤山古建筑群圣水宫前，1945年立。材质汉白玉，碑身高142厘米，宽57厘米，厚13厘米，四周刻有几何回纹；碑座龟趺，花岗岩质，高35厘米，宽78厘米，长137厘米。碑阳首题“圣水宫记”4字，其左阴刻楷书10行，满行41字。记述清乾隆十一年（1746）圣水宫开山始祖倪理休大真人至1925年第九代嗣徒胡然方屡次重修圣水宫之事。

上庙“圣水宫记”碑（2006年）
刘芳春 摄

大孤山革命历史纪念碑 1950年4月1日立于大孤山戏楼西道边。1962年3月，被公布为县级保护文物。1980年5月13日，迁至戏楼西侧山坡下革命烈士陵园中。纪念碑材质花岗岩，碑阳阴刻“为人民而死千古不朽”两行9字，碑阴阴刻楷书碑文和部分烈士姓名，共364字。

孤山碑林 位于大孤山古建筑群下庙东侧，所立石碑是从东港市境内收集而来，共16通，其中清代12通、民国时期3通、当代1通。碑刻内容为彰显当地人物功德和记载寺庙庵堂志等。

红学研究

著述成果 1993 年，出生于东大于村的曹祖义开始撰写《红楼梦》研究文章。1998 年 1 月，在《辽宁日报》发表《也谈〈红楼梦〉》要点。1999 年，曹祖义的论文《薛宝琴十首怀古诗“解味”》，收入二月河主编的《采红集——〈红楼梦〉研究文集》。2000 年 3 月，“红学”研究专刊《红楼》第 1 期全文刊发曹祖义《也谈〈红楼梦〉》。2006 年 9 月，由中国红学会副会长胡文彬拟定书名的曹祖义红学研究专著《〈红楼梦〉与大孤山》出版。2007 年，《〈红楼梦〉与大孤山的渊源》在《中华文化画报》第 10 期发表。2008 年，曹祖义被中国红楼梦学会吸收为会员。

曹祖义根据孤山曹氏家族及当地传说，对《红楼梦》一书中的故事背景、情节和人物及作者曹雪芹的家族和身世进行考证、探究，首次提出《红楼梦》是以小说为载体的历史问题论述著作，是一部曹雪芹的百年家族史。曹祖义根据孤山曹家堡当年曾有遗存“石

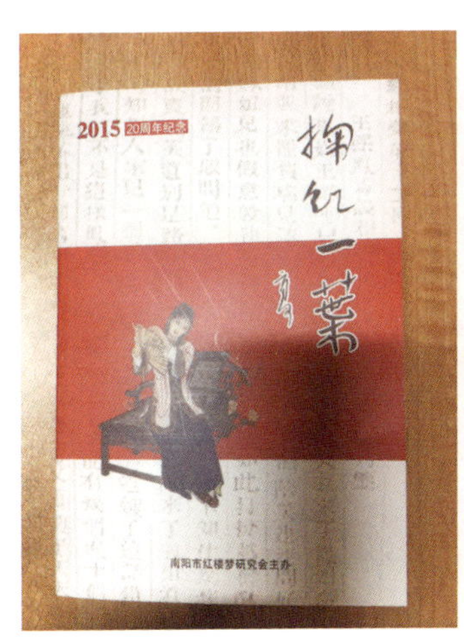

刊发曹祖义红学研究文章书影　曹祖义　提供

刊发曹祖义红学研究文章的《中华文化画报》　许延光　摄

头记”石刻和曹雪芹写作用过的石桌、石凳及曹雪芹妻子芳卿撰写的《一拳石》诗等考证，认为清乾隆六年（1741）至乾隆十五年（1750）正是曹雪芹“逃禅著书”“寄居亲友撰《石头记》”的时间，而《红楼梦》中的“大荒山”即大孤山，“无稽崖”即大孤山东山头上的像屋脊的山崖，“栊翠庵”即大孤山上庙，“芦雪厂”即孤山镇的曹家堡子，因而大孤山是《石头记》(《红楼梦》) 最初的诞生地。曹祖义论证曹雪芹曾祖父曹玺是后金军队将领曹振彦收留的养子。根据山东省乳山市下初镇河南村曹氏现存家谱载有曹雪芹曾祖父曹玺的名字的事实，曹祖义提出曹雪芹的祖籍“乳山说”，即山东宁海州（今山东乳山）。曹祖义在解谜薛宝琴十首怀古诗，指出这是曹雪芹按孤山曹大汉家谱在书中亲撰的“家谱”，孤山曹家堡的曹家与曹雪芹是同宗同谱的族人，曹雪芹是曹操的六十四代孙。

学术交流 1998 年 11 月，在全国红学研讨会上，曹祖义的论文《薛宝琴十首怀古诗“解味”》，首次解谜《红楼梦》中的薛宝琴“怀古诗”，震动红学界。2015 年 9 月 24 日，为纪念《红楼梦》的作者曹雪芹三百周年诞辰，曹祖义参加美国马萨诸塞州首府波士顿公立图书馆中文读书讨论会举行的《红楼梦》座谈会，美国宾州州立大学教授杨庆伟，波士顿杨庆仪、张玉书等 20 余名文学爱好者参加。美国三大华文报纸《世界日报》《侨报》《星岛日报》等媒体给予报道。2016 年 3 月，曹祖义与杨庆伟（美国宾州州立 Clarion University 退休教授）、康栋东（上海红学家）合著的论文《纪念曹雪芹诞辰三百周年暨生日解秘》在台湾铭传大学 2016“中国文学之学理与应用”国际学术研讨会中发表，并被收入《台湾铭传大学 2016“中国文学之学理与应用”国际学术研讨会论文集》中。

文化设施及场所

大孤山娘娘殿戏台 旧时，每逢海神娘娘祭日，船业组织聘请戏班到此演戏一日。届时，宴请官绅名流。演出期间，庙门及庙墙内外均有人把守，当地人称为

“堂戏”。

大孤山戏楼 位于大孤山古建筑群广场南侧，坐南面北，为亭阁伸出式舞台（参见本志“古建筑群·戏楼”）。

县（市）文化馆孤山分馆 前身为孤山县文化馆，建于1948年12月。1949年6月，因孤山县撤销，改为孤山镇文化馆。馆址在北关街孙家馆子小楼。编制3人，首任馆长马维勋。附设图书阅览室。1950年3月，改称孤山镇人民文化馆。1951—1953年，编制

天后宫搭建戏台所用的石柱础（2017年）
刘洪 摄

大孤山戏楼（2006年） 刘芳春 摄

5 人。曾购置幻灯机、油印机等设备，藏书 5000 册。设展览室，举办“三反”（反贪污、反浪费、反官僚主义）和抗美援朝内容的图片展览。1954 年，馆名改为安东县第二人民文化馆。次年秋，改称安东县文化馆孤山分馆。1956 年 11 月撤销，馆内设施移交孤山镇中心俱乐部。1964 年，建立孤山文化站，负责孤山地区 6 个公社的农村文化工作。“文化大革命”期间，站舍被挪作他用，站内设备散失殆尽。1973 年，文化站恢复活动，主要开展图书借阅、橱窗宣传等工作。1978 年，孤山文化站改为东沟县文化馆孤山分馆，定编 5 人，设文艺辅导、创作、美术 3 个组。1986 年后，孤山分馆新建馆舍 812 平方米。至 2005 年，孤山分馆定编 5 人，设文艺辅导、创编、美术 3 个组。2007 年，孤山分馆撤销。

镇（区、乡、公社）文化站 1952 年，孤山区（第二区）设立文化站。1954 年，撤销。1964 年，重建镇文化站。1966 年，撤销。1973 年 10 月 1 日，恢复孤山镇文化站。1974 年 1 月 1 日，正式成立。1978 年 11 月，孤山乡、镇分开建制，文化站随之分别建立乡、镇两个文化站，各设站长 1 人。1980 年，孤山公社各生产大队均建立中心文化室，96 个生产队全部建立文化室。东大于大队太平生产队文化室设 96 个座席和广播室，配备电视机和电影放映机。1984 年，农村经济体制改革后，仍保留大队文化室，但生产队文化室解体，向文化户（家庭文化户）过渡。1988 年 12 月，孤山乡、镇再次合并，两站随之合一，设站长 1 人、干事 1 人。1991 年，孤山镇中心文化户、各类专业文化户普遍建立。1996 年，在辽宁省第三届农村小戏调演中，镇文化站获组织奖。1998 年，被丹东市政府授予“文化工作先进单位”、被辽宁省文化厅授予“省标准文化站”。2002 年 1 月，新立镇并入孤山镇，新立文化站随之并入孤山文化站。

乡（镇）村（大队）图书馆（室） 乡（镇）图书馆原为孤山区文化站图书室，建于 1952 年。1954 年，文化站撤销，图书室随之停办。孤山区文化站撤销后，将图书室移交沙屯村，为县内第一个村级图书室，藏书 300 册。1973 年，孤山公社重新建立文化站，并设置图书室。1975 年 10 月，新立镇成立文化站，同时建立图书室，购置图书 3000 余册。1984 年 12 月，文化站配备专职工作人员。2000 年后，镇图书馆专门购书经费取消，图书馆保留专人管理。

古韵街文化广场 2006 年，古韵街建成后，投资改造古韵街街口广场，整修路面，增设照明灯、射灯等设施，使之成为城镇居民休闲娱乐场所。

大泉眼文化广场 鸿运小区建成后，开发商结合大泉眼景点规划，改建为广场，铺设花岗岩地面，2016 年年末启用。

风土民情

孤山镇有民谣:“东街扛载的，南街使船的，西街种菜的，北街买卖的。”千百年来，孤山人在做工、捕鱼、务农、经商中润养着人生礼仪、饮食习惯、行业规制，乡风民俗便像大洋河水绵延流长，似孤山庙中的晨钟暮鼓荡气回肠。孤山镇人尊师敬老，好客尚礼；善于交际，广结贤士。

孤山人讲究卫生，善饰住室，爱花惜木，民居多建有门楼、围墙，庭院则栽植杏梅、牡丹、芍药等花果树木。孤山镇的方音词汇富有“海蛎子味”；美食小吃，风味独特。同时，一些生产、生活的老旧物件虽已淡出人们的视线，但仍是收藏者的爱物。

习俗

岁时习俗

正月 初八：为众星下界之日，日、月、金、木、水、火、土、罗睺、计都九位流年照命星宿会对应每人的年龄、性别执掌是年命运，因而要“躲星”，即不使这九星与其中的某个与之对应的人在某日的某个时辰被星君照耀。须燃灯祭星祈福，保佑一年顺利。孤山人称是日为顺星节，又称接星日。旧时多自制灯具，灯碗形似小高脚杯，有的用豆面捏制，或泥土捏制，也有铜质、锡质灯具，内放豆油、煤油，灯捻用灯花纸、棉花等捻成。夜幕降临时，点燃灯火以祭星，谓顺星、祭星、接星。现多以莲花型蜡烛灯、电子灯取代自制灯具，并在下庙的地藏寺、天后宫和观音庵集中举行祭星活动。祭星活动一般要有“写单”（填写“祭星疏表”）“燃灯”“跪拜”“诵经”“传灯”“焚化疏表”等程式。写单可在白天进行，燃灯等活动多在晚上举行（也有白天燃灯的）。届时，大孤山上人头攒动，祭星者多达数万人。

大鹿岛村农历正月十三海灯节（2016 年） 王家平 摄

十三：为海神娘娘生日，孤山镇大鹿岛村居民称为“海灯节”。是日傍晚，人们到海边放灯祈福。程序为：燃香、烧纸；将各种灯（有莲花型、船型、宫灯型等不同样式的蜡烛灯、电子灯）放到海水中，然后面向大海跪拜，请海神娘娘保佑行船安全、渔业丰产；燃放鞭炮、烟花。是日晚，岛上居民要吃海鲜馅饺子，以示海神娘娘赐福。晚饭后，居民们聚在一起，随着锣鼓的节奏，手擎各种灯笼，扭起秧歌，称“耍灯碗”。2017 年正月十三，大鹿岛村首次以村委会名义举办“海灯节”，放大的船型海灯，在渔船上燃放焰火，村民在文化广场“耍灯碗”，岛内外两千余人参加，场面壮观，中央电视台等多家新闻媒体给予报道。

十五：上元节，又称元宵节、灯节。以元宵等物品供神，黄昏至祖坟送灯；家中点属相灯；并将灯置屋内黑暗处，意为照除不祥，绕宅照意为免遭盗贼。新婚女子要到大姑姐家“躲灯”。是日，居民吃元宵、燃鞭炮、办灯会、猜谜语，踩高跷、扭秧歌、耍狮子、跑旱船、舞龙灯，热闹异常。

二十五：称龙凤日，此日不准动针线，以免穿破龙凤眼。当日习俗是将高粱米煮熟后，去水盛于盆中，用高粱秸秆做成犁锄等各种农具插于饭中，置放在粮仓上，三日后取下。此俗于 20 世纪 70 年代后渐除，仅个别老人仍不忘旧习。

二十九：火神会，此日在庙宇戏台演戏酬神，鞭炮铺于夜间燃放各种花炮，祈求火神免除火灾。中华人民共和国成立后，此俗不兴。

二月 初二：古称中和节，俗称龙抬头日。晨起，用草木灰撒于院中，布做仓囤形状，称“领龙蒙人”；再将炕桌摆放院中，上摆香烛供品，向空中致祭，称“浇雁过酒”。男性剃头、理发，称“剃龙头”。儿童肩后佩戴用五色布和剪成短节秫秸秆制成的称作龙尾的长串。各家吃猪头肉、煎饼。理发、戴五色布和戴龙尾及吃猪头肉、煎饼的习俗至今犹存。

三月 二十三：海神娘娘生日，即妈祖诞辰。大鹿岛和沿海渔民专程至大孤山天后宫祭拜海神娘娘，祈愿保佑出海作业平安顺遂，海上捕捞及养殖丰收。

清明节：是日，扫墓祭祖。在坟前焚香烧纸，行三叩头礼。非闰年闰月时，坟头须压纸、添土，或修坟、立碑、迁坟。解放后，各学校师生到革命烈士陵园和中日甲午海战无名将士墓地扫墓、宣誓，缅怀先烈。早晨，吃炒鸡蛋，通常是蛋炒肉、蛋炒蚬子，中午吃饺子。

四月 十八：娘娘庙会，祭奠赵公元帅三个女儿——云霄、碧霄、琼霄。是日，大孤山三霄娘娘殿善男信女上香还愿者众。20 世纪 70 年代后期，这一天冠以“大孤山古庙物资交流大会”之名。20 世纪 80 年代后，每年农历四月十七至十九被定为庙会日，上香还愿与物资交流并存。

二十八：药王庙会（传说是唐代医药学家孙思邈的生日）。从医者及病愈者在这天到药王庙进香还愿。解放前，大孤山药王庙会日，道士们将药王塑像和神龛一起从庙中抬出，请药王起驾下山巡游。巡游队伍依次为："肃静""回避"的牌子高擎在前，紧跟着的是金瓜、斧钺、朝天登的仪仗，之后是高罩黄罗伞的药王，其后是高举彩旗或手持药方、药物的道士们，再后是乐队，乐队之后是三眼枪、抬杆炮，以及大小喇叭、锣鼓钹，然后是商家伙计抬着上书"手到病除""妙手回春"之类的巨匾。三声炮响后，各种乐器齐奏，药王銮驾缓缓下山，走上大孤山街头，道士们边走边向百姓散发药方、药物，沿途商家、住户点响鞭炮，霎时彩纸飘然，鞭炮不绝。药王所到之处，各大商店掌柜纷纷焚香路祭，行叩拜礼，给付赏钱，道士上前诵经祝福。20 世纪 50 年代后，此习俗不复流行。

五月 初五：端阳节，又称端午节。宅舍门窗屋檐插菖蒲、艾蒿、桃枝，或以其泡水洗脸、润身，意为"避瘟解毒""祛除虫豸"。儿童颈、腕、踝处系五色五股彩线，称"长命丝"或"五股线"；身上佩戴各种各样香囊、麻制小扫帚，意为消灾解难。吃苇叶粽子、鸡蛋、咸鸭蛋，祭祀屈原。此习俗相习至今。

十三：关帝会，俗传为关羽单刀赴会日。是日，关帝庙悬灯挂彩，居民备猪、酒前往祭祀。此日又称雨节，俗传为"关老爷磨刀日"。民间有"大旱不过五月十三"之说。解放后，此俗不复流行。

六月 初六：称草节，吃芸豆馅包子。旧时居民到虫王庙前祭祀，以祈免除虫灾，称虫王会。

夏至：吃肉汤面，称为"苦夏"者进补。

七月 初七：七夕节，又称"乞巧节"。传说是日喜鹊上天，在银河上搭成鹊桥，供牛郎织女每年一度的夜间相会。妇女于夜间向织女祈求智慧，授以巧手，以果品面食供于庭院中，谓之"乞巧"。此俗今不存。

十五：鬼节，在这天上坟焚香烧纸，祭奠先人。

八月 十五：中秋节，又称"团圆节"。当晚，以各种时令干鲜果品、月饼、熟黄豆角祭月；阖家团聚，吃月饼、赏月。

九月 初九：重阳节，又称"敬老节""老人节"。旧有登高之俗，今各个单位以不同形式对离退休老人进行慰问、走访，或组织各种娱乐活动，家庭多以家宴方式对老人表示关爱。

十月 初一：祭扫祖坟，称上坟，“文化大革命”期间被禁止，20 世纪 70 年代末又兴起。

十一月 冬至：俗称“交九”，旧时富商人家于是日制“九九消寒图”，以志风雪阴晴。中华人民共和国成立后，此俗不兴。21 世纪后，是日吃饺子之风兴起，称“冬至饺子”，为冬季进补、御寒。

十二月 初八：旧称“腊八节”，传说是释迦牟尼成佛日，又称“成道节”。旧时，镇内居民用八种以上杂粮混合熬成“腊八粥”食之，20 世纪 60 年代习俗逐渐消失，20 世纪 90 年代逐渐兴起，熬粥时，食材除五谷杂粮之外，还有核桃、松子、杏仁、莲子等各种干果。

二十三：小年，俗称“辞灶日”。旧时多举行祭灶活动，供灶糖，放鞭炮，焚灶神（灶王爷）像，俗称“送灶王爷上天”，家人要吃灶糖，以“粘住牙口”、少说话，说好话，以免灶王爷挑理。“文化大革命”中祭灶活动停止。但“过小年”仍为镇内习俗，照例放鞭炮、吃美食。

三十（月小为二十九）：除夕，也称“年三十”。旧俗是家人到齐，贴年画、春联、福字、彩、天地灶神门神等，称“封门”；布置供桌，摆放供品；傍晚，至祖坟地或十字路口，献酒、上香、烧纸祭祀，请先人回家过年，童子或年幼者执灯烛指引路径，引领先人回家，称“请年”。至“送年”前，家中不得打扫室内外卫生、洗衣物、倒垃圾及废水，家人不得发脾气、教训人、说坏话，忌说“碎”“散”“完了”（包括谐音）等语；不得上门讨债。是日晚，阖家吃团圆饭，子时前不得睡觉，称“守岁”。“文化大革命”期间供奉灶神和祖先之俗废除。20 世纪 80 年代后，供奉祖先者又现。20 世纪 90 年代后，居住楼房人家贴年画、门神与不倒废水的习俗渐除，少数居住平房人家仍存旧俗。

20 世纪末开始，随着改革开放和中西方文化交流融合，情人节、母亲节、父亲节、圣诞节等西方节日也被镇内部分中青年接受，有逐年兴盛之势。

衣食住行

衣 中华人民共和国成立前，孤山镇男性农民春秋穿粗布夹袄，圆口粗布鞋，戴毡帽；夏穿粗布单衣；冬穿青棉袄，抿裆棉裤，脚穿靰鞡，戴狗皮帽，腰系青布带子，扎短裹腿。女性多穿大襟褂子。商人穿大褂，头戴瓜皮帽或礼帽；富户男性平时穿马褂，冬穿裘皮大衣（氅）。中华人民共和国成立后，孤山镇人衣着逐渐趋向一致。20 世纪 50 年代，以黑、蓝为流行色。20 世纪 60—70 年代，人民装、中山装盛行，以黄、绿为流行色。20 世纪 80 年代，西装流行。20 世纪 90 年代，居民穿着花色繁多，款式新颖，质地多为棉、麻、毛织品，已选择成衣为主，名牌服装成为时尚，穿着自制、裁缝铺制作衣服者不多见。

镇内妇女重金银首饰。解放前，富者插金簪、戴金镯、挂耳坠，普通人家多佩银、铜首饰。1980年后，女性吊耳环、佩项链，戴戒指、手镯等金饰品再度风行，继而男性佩项链、戴戒指也大有人在。21世纪后，男女佩戴首饰的质地从金、银、珍珠、玉到铂金、钯金、彩金、钻石、名贵宝石、名贵木料等；品种从耳环、耳钉到手链、脚链、手串等趋向多样，质地多种、花样繁多。

食 中华人民共和国成立前，玉米为城乡居民的主食。孤山镇人将玉米用磨、碾子加工粉碎，用罗分出细面做饼子、面条等，小馇子做玉米粥，大馇子做干饭、水饭；有时也吃高粱米饭、稗米饭；大米饭为上餐，偶尔有用白面或荞麦面包饺子。副食品除少量肉类、禽蛋外，以海鲜为主，且以生吃、腌食为多。

中华人民共和国成立后，玉米仍为主食，佐以杂粮，但大米、白面渐多。20世纪80年代后，粮食逐渐取消统购统销，大米、白面成为主食，副食品增多。20世纪90年代中后期，居民健康饮食观念改变，主食由大米、白面改为细粮粗粮（杂粮）兼有，各种肉类、禽蛋、海（淡）水产品、瓜果、绿色蔬菜等副食品自我调剂，饮食结构趋向健康科学。

住 中华人民共和国成立前，居民居住分散，房屋多为泥打或坯垛，上苫芦苇或茅草，以三间或五间居多。富裕人家用石头砌到窗台，用青砖砌垛，上苫大苇或青瓦，谓之“海青房”，以四合院居多。门窗朝南的住房称为正房，东住长辈，西住晚辈，室内盘火炕。农村居民习惯将猪圈、厕所置于院子西侧，草垛、水井置于东侧；同一排房屋，不准超前（抢前）[①]，中间房屋不能高于或低于两边房屋，山墙不准对着院子。20世纪70年代，多数住房开始建造砖瓦结构房屋，并配以套院、铁大门，厢房逐渐消失。20世纪80年代，城镇始建商品住宅房，农村出现楼房。乔迁新居时，房主人设家宴款待前来祝贺的亲戚朋友，称之为“温锅”。20世纪90年代中期后，大中户型商品楼房在城镇受青睐，小区物业管理，车位、车库等服务、配套设施受重视。

行 中华人民共和国成立前，孤山镇人出门靠步行，唯有老人和带孩子的妇女坐畜力车。20世纪60年代，少数人拥有自行车。20世纪70年代，多数人以自行车为代步工具。出远门多乘公共汽车，步行便遭人耻笑。20世纪80年代，有人以摩托车代步，个别人

① 超前：也称“抢前”，新建房屋前墙皮超过同排房屋前墙皮位置。

丹大高速公路孤山段进出口（2014 年） 刘芳春 摄

家购置小轿车。21 世纪后，摩托车为普遍代步工具，家庭拥有小轿车已不鲜见。出远门乘坐公共汽车、出租汽车（打的）。2015 年 12 月 17 日，丹大快铁开通运营，并在孤山镇设置站点，镇内居民到大连、丹东、沈阳及沿线各地多乘丹大快铁。

丹大快铁孤山站（2015 年） 吕国强 摄

社交习俗

尊长辈、敬师长　在家族内部，不论年龄大小，均以辈分为序，晚辈尊重长辈，见面不得直呼其名，以辈号相称。对邻居、同乡年长者以叔、大爷（大伯）、爷或姑、姨、奶相称。解放前，称教师为先生，见面多行鞠躬礼。解放后，称教师为老师，学生多在春节时给老师寄信、贺年卡，或以其他形式拜年问候。设立教师节后，学生在教师节当天向老师献花、寄送贺卡或赠送小礼品等。学子考中高校后，有的家长设谢师宴。外地求学的学生回乡，会到老师家拜访，已在外地工作的还会赠送老师礼品或设宴谢师。

相见礼　民国前期，男女有别，长幼有序。见长辈施跪拜礼，同辈相见行作揖礼。妇女相见用跪福或跪拜礼。解放后，多行握手礼，个别见长辈脱帽行鞠躬礼。见长辈多以辈分称呼，同辈多称大哥、大姐或同志、师傅等；交往时，惯说"请""谢谢""对不起""麻烦您"等。

迎来送往　镇内居民重人情、好交往，长辈多教育晚辈养成礼貌好客的习惯。家有来客，长辈陪客唠嗑（聊天），晚辈要给客人倒水、点烟；家宴时，长辈陪客就餐，晚辈要伺候客人，须等客人用餐后自己再就餐，或另桌就餐。客人走时，要送出大门外，说些"有时间再来"或"常来玩"之类的客套话。对远方来客，常送到车站，待客人走后，主人方可离开。

礼尚往来　老亲故邻及同学、战友、同事、朋友之间，逢生日、结婚、寿诞、丧葬以及房屋上梁、搬家、孩子外出求学或应征入伍等，要互相"走礼"。有的家庭备有礼单，记载互相"走礼"的往来账目。

节日祝贺　春节期间，亲朋互拜，馈赠礼品，相互问好。被拜者以烟、糖、茶水、水果招待，或设家宴款待。20 世纪 90 年代后，利用电话、手机短信祝贺、问候、致意者增多。进入 21 世纪，以手机短信、微信、QQ 等网络表达心意者逐渐增加，也有节日期间在酒店设宴款待亲友者。

同学、战友、同事情深　同窗学友毕业后，互相牵挂，会经常联系，互致思念之情；20 世纪 80 年代后，同学聚会增多，以联谊之名聚餐、唱卡拉 OK 或结伴旅游观光等。年轻人同期入伍并在同一部队的，视为战友，退伍后愈显亲切，往往一人有难，皆出手相助。同事患病，前去探视，给予安慰，祝福早日康复；遇到急难事，同事会尽力帮忙或解囊相助。

行业习俗

渔业 中华人民共和国成立前，孤山地区渔船上设备简陋，渔民海上作业危险性高，每逢出海，亲属们提心吊胆，便敲锣打鼓，焚香烧纸，祈求神灵保佑亲人海上平安。渔民每年正月十三要祭奠海神娘娘，往海里送猪头、馒头，焚香烧纸、燃放鞭炮。农历六月十三，是海龙王生日，也要祭祀。渔民溺亡，要扎纸船、放火灯（在纸船上点油灯或蜡烛，放到海里）。在船上不准背着手，不准打口哨；做鱼只能吃一顿，不准吃下顿；吃完饭，碗不准扣着，筷子不准横放在碗上；不准坐尾大柱上（大柱意为船长的头），太平凳上不准同时坐两个人。

船上渔民忌用“翻”“扣”“漏”等语及谐音字。如船帆的“帆”与“翻”谐音，升帆时要说“掌篷”；修船时如需扣过来，要说“划”过来；发现船漏了或渗水，要说“好修了”。不许盘问别的船户下几个捞子（下捞子即下锚，船遇到风浪危险时才能下锚）。超过2500千克以上的大船，船的结构用12个时辰的顺序代称，即子鼠（桅杆顶端的小绳，形似鼠尾）、丑牛（大柱）、寅虎（虎牙）、卯兔（兔唇）、辰龙（船底有块长形木头称为龙骨）、巳蛇（上下滑、桅杆与大绳相连处曰蛇）、午马（船上有块长方形木头，形似马）、未羊（船面有块木头称为羊角木）、申猴（猴绳）、酉鸡（船上滑柄子中间的杠杆）、戌狗（虎牙下的横木称为狗头）、亥猪（船上缆桩）。

20世纪60年代后，渔船安全设施改善，加之准确的天气预报和有文化的年轻渔民增多，船上禁忌语言和行为渐少，但渔船上梁、下水、出海时，仍焚香烧纸、鸣放鞭炮；正月十三、六月十三祭海和伏天“歇伏”休渔的习俗仍存。

农业 孤山镇内有“惊蛰乌鸦叫，春分地皮干，清明忙种麦，谷雨种大田”“紧赶慢赶，小满开铲”“过了芒种，不可强种”等农谚。中华人民共和国成立前，农业生产讲究“节气”，多依时令而作。一般来讲，“雨水”往地里送粪肥，“小雪”田事即毕，粮食进仓，农民进入御冬期，谓之“猫冬”。20世纪60年代，“农业学大寨”运动兴起，实兴“拉泥压地”等农田基本建设，改冬闲为冬忙。20世纪80年代后，农忙务农，农闲兼营商业、赶海、打短工者增多，冬季进行大棚种植、经营“反季节”蔬菜渐成气候。20世纪90年代后期，农业科技含量增加，“特色农业”兴起，多有用大棚种植草莓、甜瓜、樱桃、蔬菜、甜玉米等专业户。瓜农多在瓜园种夹竹桃花，再用瓦片垒一小庙，谓“瓜娘娘庙”，庙前插一系红布条桃枝。传说瓜娘娘是个寡妇，有一女，母女以种瓜为生，喜欢在瓜院内种夹竹桃花。一个风雨夜，强贼来袭，母女不甘受辱，与歹徒同归于尽。后人钦佩其气节，故瓜园有此花此庙，相沿成习，至今尚存。

建筑业 中华人民共和国成立前，孤山镇内建房选址要看风水。中华人民共和国成立后，政府对城乡住房建设实行统一规划，不准自行选址。农村建房在“上梁”时，亲戚朋友要送红布等礼物贺喜，房主要设宴款待，名曰“贺房”。届时，新房门窗贴有横额，上写“安门大吉”“安窗大吉”，对联有：“立柱正逢黄道日，上梁巧遇紫微星”。亲友送来的红布要搭到房架上，一般要两边落地，称“落地红”。木匠安装房檩时，要将正屋的脊檩留到最后，这根脊檩上贴着红纸画的阴阳八卦图，并用方形红布拴上带眼的铜钱，绑上大葱和筷子，拴到檩上，以示日子过得充裕、发财快。

所谓“上梁”，就是安装这根脊檩。上梁时，木匠头在左，瓦匠头在右，共同用绳子将这根脊檩平衡向上吊起，有人点燃挂在脊檩上的鞭炮，脊檩就在鞭炮声中上升，鞭炮响完，脊檩也正好吊到位。接着是“跑梁”。木匠头在梁左端，瓦匠头在梁右端，二人怀抱柳斗，内盛小洋钱（硬币）和岁馍[①]，岁馍的数量分别取男女房主的年龄，男岁馍装在木匠头的柳斗里，女岁馍装在瓦匠头的柳斗里。正屋的地上放一张八仙桌，上面摆供品。跑梁时，木匠头先喊：“一踏福神到！”瓦匠头紧接着喊：“二踏财神到！”木匠头再喊：“三踏喜神到！”二人齐喊：“东家日子旺兴了！”二人在喊声中，把小洋钱和岁馍向四处撒下，众人为图吉利抢小洋钱食岁馍。“文化大革命”期间习俗废止。20世纪80年代后，复兴。建造楼房时，将最上层正中预制板视为“脊檩”，留到最后，安装时鞭炮齐鸣。20世纪90年代后，建楼房改为水泥浇筑工艺，浇筑楼房最上层横梁为“上梁”。

农村建房上梁（2018年） 吕国强 摄

① 岁馍：即上梁时抛撒的小馒头（馍）。因其数量以男女房主年龄之和而确定，故称岁馍。

商饮服务业 中华人民共和国成立前，孤山镇内商家皆供奉财神。农历三十晚上，须祭财神，子时，要念喜歌，由一佣人喊：“招进千箱宝，广积万里财，招财童子至，利市仙官来”，账房先生接着喊：“新正举笔，开市大吉，万事亨通，大吉大利，黄金万万两”。正月初二、十六中午，要摆宴祭祀，焚香烧纸，叩拜四方，祈求财神爷保佑发福生财。中华人民共和国成立后，集体商业无此习俗。1978 年后，虽个体商业兴起，但此俗不兴。20 世纪 90 年代，个别商家在店铺内或公司经营者办公室内供财神，只每日上香、拜财神，无祭祀仪式。

旧时行业忌语有：称黄烧纸为“元表纸”、黄米为“元米”、稗米为“吉米”、大蒜为“义和菜”；柜上不售墨，但遇有顾客询问有没有墨，须答有墨（脉的谐音），顾客果真要买，即答：“隔日再来，有好墨”。柜上不售枣，如有顾客询问有没有枣，回答“有枣（早）”，顾客诚意要买，答曰：“前几天卖短了。”牲畜交易，买卖双方谈价时不以口语讨价还价，而是在袖筒中互摸手指暗示价格。

小酒店、酒馆挂葫芦、酒壶幌子，大型酒家、酒楼挂长方形或三角形酒旗，也有挂箩圈幌子的，这样的酒店表示可煎炒烹炸，包办酒席；箩圈的层级代表饭店等级，以四层为最高等级。

旅店挂半圈红布箩圈幌子，表示既可住宿又可吃饭。也有挂笊篱幌子的，笊篱下缀饰红布彩的，表示只提供住宿不管吃饭。

浴池在大门上方挂一盏红色方形灯为幌。

药铺幌子用四块木板制成膏药形，红底黑纹，荷叶罩顶，下缀两条鲤鱼，用金属环串联而成。

戏曲业 清末，孤山地区属商业繁华之地，常有外地戏班、剧团到访，驻留时间或长或短。

“打冻”：早期的孤山梆子班社，多来自河北、山东。每逢冬季，乡镇、庙堂因天寒地冻便停止演戏，这些外地班社因路途遥远，返乡困难，便就地寻找住处，或空房、庙宇，或自搭席棚，暂住一冬，等候来年春暖花开，再安排演出日程。这一期间，戏班内部称为“打冻”。“打冻”时演员生活极为艰苦。

时令戏：清末，孤山镇演戏之风日盛，每年从农历正月初六开始，先在天后宫前戏楼演戏，然后陆续在观音阁、火神庙、瘟神庙、药王庙、吕祖庙、背阴寺等处，均按时令演戏，直至五月十三关帝庙演完，方告结束。每年如此，周而复始，称为“时令戏”。

“代供草料”：清末民初，孤山海口初兴，商业繁盛。商会经常组织演戏活动，借以促进物资交流，繁荣市场贸易。为此，每次演戏活动，商会即为远道而来的观众免费供应车马草料，以此招徕顾客。因此，观众不顾路远，蜂拥而至。于是，戏风大振。

“早八出”：民国初年，孤山镇商业发达，店铺林立，每年从农历正月至五月，商会出资邀请戏班，分别于天后宫、火神庙等十余处搭台唱戏，借以招徕顾客，扩大贸易。每逢“正三”（演出的第三天为正日子），在为观众演戏之前，还要特别为商人加演八出戏。演完，商人各自回店铺营业，看戏贸易两不误。人称之为“早八出”。

送考习俗　孤山镇内一向有尊师重教、崇文尚学之风，居民以子弟学而优者为荣。

孤山“送考节”始于 1995 年 7 月 5 日。当时，镇内高考点撤销，孤山镇内的考生须到东港市区考点参加高考。为了保证考生安全、及时参加高考，时任东港市第一中学校长的于广慧决定，让考生提前两天到东港市考点，以熟悉考场环境，顺利应考。全体考生由校领导带队，在各应届生班主任及课任老师带领下，一律在校内免费就餐，除提供丰富的菜肴和各类饮料外，依照本地“上车饺子下车面（条）”的俗提供主食——饺子，称吃“状元饺”。餐后，13 点左右，全校师生在操场集合，召开高考学子誓师大会，

孤山镇“送考节”，壮观的考前宣誓（2014 年）　　刘芳春　摄

在校领导发表简短动员讲话后，举行考生宣誓仪式，然后乘坐包车出发，考生车队在公安部门派出的警车护送下，到 50 千米外的东港市高考点。

当天，镇内居民自发到学校门口，为即将参加高考的学子们加油鼓劲。高考车队启动后，大家高呼励志口号，燃放鞭炮，以壮行色。民间称此为“送考节”，相沿成习。

1998 年后，固定了车队出发时间、路线和校门口摆放鞭炮的形式，使之更具仪式感。2003 年，全国高考时间更改为 6 月后，赴考时间也固定于每年的 6 月 5 日（即高考前一天）。孤山镇民众把“送考节”与春节、庙会并称为大孤山三大节令。

孤山镇“送考节”，被中央电视台、辽宁电视台、《辽沈晚报》及《鸭绿江晚报》等多家新闻媒体报道，韩国 KBS 电视台记者也对此进行过采访报道。

方言

从全国范围看，孤山方言属于北方官话区；从辽宁省看，孤山方言属于方言中较重的。孤山方言的语音和词汇都有鲜明的地方特色，符合辽宁省内方言较重的一区特点。

孤山方音、方言，属于胶辽官话登道方言区，由于发音独特，被外地人称之为“泥溜子味”“海蛎子味”，孤山方言是一张孤山人别具特色的文化名片。

孤山方音、方言的形成，主要是清末民初山东、河北“闯关东”移民带来胶东官话中的方音、方言的影响，孤山镇的居民多数为“闯关东”的移民或后裔，他们集中大规模移入时所操持的方音、方言就成为孤山方音、方言的主流特色。“闯关东”的移民择居与清末移入丹东地区的满族方言有了相对独立的文化融合，形成主体为胶辽、登道方言区特点，又受胶辽沿江沿海官话的盖桓方言影响的孤山方音、方言。

语音

从普通话与孤山方音音节上的声母、韵母、声调方面分析比较中发现，本地方音有如下特点：

声母方面 零声母的字语音差异无规律，平翘舌不分，但音变意不变。孤山方音翘舌极少，尤其是老年人，翘舌音一般均变成平舌音，部分声母是 zh、ch、sh 的字读为声母 j、q、x 的字。外地流传嘲笑孤山人所说的“大马车（qie）拉石（xi）头，掉地打脚趾（ji）头”的土话，即反映了这一方音的特点。孤山方音特点是：声母 zh、ch、sh 与韵母 i、u、e 相拼时，部分声母 zh、ch、sh 变成 j、q、x，而且韵母也跟着变成 i、u、ie。如：“知”（zhī）读成 jī，“出”（chū）读成 qǔ，“舍”（shě）读成 xiě。这一特点现在镇内及周边农村中老年人口语中保留较多，青少年因受普通话普及教育保留较少。

韵母方面 没有单韵母“o”。普通话中的单韵母“o”与“b、p、m”相拼，构成“bo、po、mo”三个音节。孤山方音所有发“bo、po、mo”音的字都读成“be、pe、me”。没有“li”音字。孤山方音中，没有“li”音字，“li”音字全部读成“lei”音字。如普通话中常用的“li”音字“里、哩、厘、狸、理、锂、鲤、娌、力、历、励、疠、蛎、立、粒、笠、利、梨、痢、俐、离、篱、漓、丽、鹂、黎、礼、李、吏、栗、例、隶、荔”等全部读成“lei”音字。部分音节缺少介音“u”，孤山方音中把有介音“u”的字读成没有介音“u”的字。韵母中有差异的个别字。孤山方音还有与普通话有差异的发音。还有一些在声母、韵母皆不同于普通话的字音，如：普通话中“说话”的“说”字，音为“shuō”，在孤山方音中音为“xuě”。

除上述字与普通话语音不同外，还有个别字音在具体应用中也有不同，“子”字，普通话语音是“zi”，在方言中“子”字后缀时，如“孩子、老头子”发音均为“de”。

声调方面 主要表现是声调不正，即孤山方音声调缺第二声，只有一、三、四三个声调，多数二声字被读成一声字，也有的被读成四声字，这使孤山方音听起来混浊，不够清脆响亮，显得“土”。

普通话语音分四类，即阴平、阳平、上声、去声。普通话一声高平，二声扬，三声拐弯，四声降；孤山方言语音的阴平、上声、去声与普通话声调有很大的差异性。孤山方音与普通话声调差异最大的是一声，普通话是从五度到五度的高平调，孤山方言音则是低而曲折的调子，孤山地区方音听起来声音浑浊不响亮，跟一声字调值不准有很大关系。孤山地区方音，对其一声调值不够 5 度，二声根本不扬。孤山方音的第三声与普通话的第三声的差异主要是降后升得高度不够。孤山方音的第四声与普通话的第四声的差异主要是降得不够，普通话的第四声是全降调，孤山音的第四声是半降调。

词汇 孤山镇内汉族、满族、锡伯族等居民在共同使用汉语的过程中，各地、各时期、各民族语言与汉语相互渗透和影响、相互吸收和融合，形成较有系统和特色的方言词汇。

孤山镇部分方言词汇表

表 7

词性	词语	解释
名词	闺妮	小女孩、姑娘
	半彪子	头脑简单，做事粗俗的人。也说“半潮子”
	二虎	头脑不清楚，鲁莽的人
	泡料	惯于行骗的人
	油头	不爽快的人
	鳖头	被戴绿帽子的男人
	小店儿	小气的人
	小脸子	好用脸色表示不满的人
	脖梗子	脖子
	脊岭杆	后背
	脚股拐	髁骨
	接壁	邻居
	老鹞子	老鹰
	气鼓子	蛙类一种
	癞结巴子	蟾蜍
	黄皮子	黄鼠狼
	骟马	已骟公马
动词	来彪	说不正经的话
	叽隔	小声吵嘴
	魇人	故意惹动人
	眼气	故意引人羡慕
	甩剂子	表示不乐意而做出试探对方的姿态
	挠杠	跑了。也说“挠丫子”
	懊糟	闹心、愁闷
	造	糟蹋、毁坏，有时也指动作，如：“造一觉”“造两碗”
	蒯痒	挠痒
	泡	指怠工或欺骗
	呀（谐音）	吃

续表 7

词性	词语	解释
动词	念央儿	故意说出自己的想法，有试探对方的意思
	戏痒	指故意挑事引起事端，也说成“刺挠”
	作、作祸	顽皮，闯祸
	反桄子	变卦了
	扎古	医治（由满族语音转而成），也说扎浑
	治溜	收拾
形容词	格虏	不驯服，做人处事怪异，表现个别。也说硌眼、隔路
	狗食	吝啬
	猜	道路泥泞，一般与“精”（副词，表程度，同很）搭配
	秃噜翻账	说话不算数或办事不利落
	滴漏拖落	话多或做事拖拉、不利索
	嘎（谐音）什	舍得
	咔哧、咔嚓	说话办事干脆
	驴性	脾气暴躁，也说“驴”或“驴性性”
	灰末缭乱	灰尘大、不干净
	特勒	不利索
	发古狼烟	发誓、赌咒

特色物产

孤山杏梅 1918 年，由丹麦传教士聂乐信传入。孤山镇的杏梅果形美观，个儿大、核小、皮薄、肉厚、柔韧多汁、酸甜可口、味道清香、营养丰富，含糖量 16% 以上；杏肉富含多种氨基酸，尤以天冬氨酸、谷氨酸、脯氨酸和赖氨酸较高；杏仁为甜仁（可食）。杏肉和杏仁含有丰富的维生素 B，具有很强的防癌抗癌作用。1981 年,《人民日报》发文介绍孤山镇杏梅，同年载入《中国土特产大全》一书。1999年，在辽宁省优质果评选中被评为金奖，孤山杏梅被评为全省杏品种第一名；曾参加全国农业展览，获农业部优质果品奖。孤山杏梅对土壤要求苛刻，只有栽植于大孤山南麓，其果品才会有如此品质。2007年，东港市农村经济局组织专家在孤山镇果农委进行“孤山大杏梅自然栽培保护性耕作试验研究”，项目组采用暖棚保护杏梅坐果，成熟期防雨水侵袭的办法，使平均单果重105克，大单果重150克，平均株产量78.5千克。

大杏梅（2006年） 刘芳春 摄

至2016年，境内有孤山杏梅7000株左右，分散在果园和400余户居民的庭院中，年产量5万千克，除国内旺销，还销往亚洲和欧美地区，供不应求。

四门张村的甜瓜（2006年） 刘芳春 摄

四门张甜瓜 孤山镇内四门张村的甜瓜，种植历史逾百年，当地有一首流传上百年的民谣：“王窝棚的风，四门张的瓜，万屯的大姑娘不用夸（孝顺）”，其中“四门张的瓜”指的就是四门张村的甜瓜。至2016年，四门张村建起几十座大棚用于甜瓜种植。

大鹿岛村出产的菲律宾蛤仔（杂色蛤）（2006年） 刘芳春 摄

杂色蛤 学名菲律宾蛤仔。盛产于镇内大鹿岛滩涂，由于大鹿岛是大洋河的入海口，为淡水与海水混合区，杂色蛤的品质表现出鲜、嫩、脆等特点，口感和味道别有风味。产品远销日本、韩国、西班牙、法国。

梭子蟹 学名三疣梭子蟹。黄海北部海域属南温带湿润地区的海洋性季风气候区，一直保持I类海水水质，浮游生物、浮游动物、底栖生物等海洋生物十分丰富，尤为适合梭子蟹的生存，可以达到国家无公害农产品的质量要求。野生的三疣梭子蟹以其蟹体

梭子蟹（2006 年） 刘芳春 摄

苇塘鲫鱼（2006 年） 刘芳春 摄

形硕大、色泽鲜润、营养丰富、口味鲜美，而区别于其他海区生长的梭子蟹。产品除国内旺销，还远销日本、韩国和欧美国家。

大洋河鲤鱼 孤山镇内的大洋河鲤鱼生存于大洋河的底层和水草丛生之处，因生长在咸淡两合水中，摄取的食物丰富，独特的生长环境使大洋河鲤鱼体色金黄，鳃鲜红，鳞片鳞条完整，肌肉有弹性，肉质好，成为颇具地方特色的鱼种，深受人们喜爱。大洋河鲤鱼或酱焖或清蒸，都很受食客青睐。

大洋河白眼鲅 大洋河白眼鲅产于流经孤山镇域东侧的大洋河，由于黄海涨潮时海水会进入大洋河，形成一段“两和水”，生存在这段水环境中的白眼鲅，与海鲅鱼大有不同，其肉细腻、味道鲜美，为鱼中美味。

苇塘鲫鱼 孤山镇大苇塘的水质清澈，各类昆虫和微生物十分丰富。由于水质和饵料不同，所产的鲫鱼品质与其他地区的鲫鱼不同，肉质更加细腻、有弹性，味道鲜美。

罗圈背水库鲢鱼 孤山镇境内罗圈背水库中生长的鲢鱼，最大个体达 30 千克以上。因水库的水质好，所生产的鲢鱼品质好、肉鲜美。鲢鱼炖酸菜、酱焖鲢鱼、酱焖鲢鱼头，是三道地方名菜。

草莓酒 2003 年，大鹿岛村在镇内建起草莓酒厂，利用当地丰富的草莓资源酿造草莓酒，成为具有地方风味的特色产品。草莓酒销往全国各地，2016 年产值 100 万元，利润 30 万元。

美食小吃

西河锅烙（2018 年） 宋文杰 摄

西河锅烙 20 世纪 40 年代，西河锅烙创始人王树清，在孤山镇西河沟附近开锅烙铺。锅烙皮薄馅美，价格便宜，深受镇民喜爱。

20 世纪 80 年代，王树清和三女儿王福艺在西河街上重开锅烙铺。王树清逝世后，王福艺传承技艺，在保持传统风味的基础上加以改进，改良后的锅烙具有馅饱、汁浓、香而不腻的特点，“西河锅烙”再度扬名。被誉为“大孤山小吃三绝”之首。

炒粄子（扒拉粄子）（2018 年） 宋文杰 摄

扒拉粄子 孤山粄子以玉米为原料，光亮金黄、细长圆滑、微酸可口，有拌粄子、烩粄子、炒粄子，以炒粄子为最。制作炒粄子时，需爆锅，添水少许，将焯好的粄子倒入热锅，轻翻几下，加沙蚬子肉或黄蚬子肉，再加葱花、香菜，即可出锅，再配上一碗高汤佐食。孤山镇人称炒粄子为“扒拉粄子”，意为将粄子倒进锅里用铲子翻炒几下即成美食。“扒拉粄子”为“大孤山小吃三绝”之一。

豆腐脑 孤山豆腐脑嫩白润滑，入口即化，且豆香味十足，似膏似腴，香浓爽滑，回味无穷。制作豆腐脑的关键在于“点”。那一锅黄豆浆水，要在微火上不急不慢地熬，不能让浆沫溢出，更不能糊锅。一勺卤水“点”入煮沸的豆浆锅里，就要急火攻之，开锅即可。凭师傅的经验和眼力，“点”出的豆腐脑不涩不苦、不硬不散、成脑如冻，如膏腴一般，不见气泡，有上好黄豆的鲜香。

豆腐脑的辅料即是“卤”。卤是先在热油锅里将肉末炒一下，加酱油、清水、香菇水，加香菇丁、木耳丁、腐竹丁，加盐，加鲜虾仁或小虾米、小毛虾，再勾芡，打鸡蛋花儿，最后“点”上花椒油。

食客嚼着刚出炉的吊炉烧饼或是芝麻火烧之类的主食，品上一口鲜嫩爽滑的豆腐脑，顿感鲜香四溢。孤山豆腐脑为“大孤山小吃三绝”之一。

碱蓬包子（2018年） 宋文杰 摄

碱蓬包子 碱蓬包子馅的主料是碱蓬子，这种食材在孤山沿海滩涂就有。碱蓬包子入口，有清爽的香味，与海鲜搭配，更是风味独特。近年来，碱蓬包子已从大众餐桌走进高档饭店。精明的商家，在碱蓬子幼苗期大量收购，然后焯好，冷冻储存。于是，宾馆、饭店无论冬夏随时可为食客提供这种美食。

宴春楼酱肉 宴春楼为孤山镇老字号饭店，其酱肉是一道难得的菜肴。做法是用新鲜的猪肋脊肉，先蒸八分熟时捞出。火候不及，肉硬而杂腥气；火候过了，肉烂而无嚼头又缺颜色。蒸后便是熏，在有焰有烟的火上翻弄，涂上酱油和白糖，烟熏火燎中酱油和白糖便渗入肉中。熏完肉已全熟了，再涂酱油和白糖，比熏时多些，再放在无焰的木炭上烤。随着“嗞嗞”的声响，内外烤出一层薄薄的硬壳，黄而不焦。酱好的肉，外观为暗红色，切开见酱红色，香中有甜，甜中有香。

七吃杂色蛤 杂色蛤为孤山镇特产，更是海鲜小吃的主要品种之一。其主要烹饪方法有7种。

煮：将杂色蛤洗净，冷水下锅，略加大粒海盐，煮至初沸、杂色蛤壳刚刚张开，即将其捞至盆中，再将煮沸的蛤子汤“坐清（澄清）”一下，倒入蛤盆中，趁热食之，即得“鲜灵”滋味。此道菜肴极具渔家风味，孤山镇人称其为“原汁沙蚬子”。

蒸：把洗净的杂色蛤放到锅内蒸熟即食。蒸制的杂色蛤可以保持蛤肉鲜嫩。原汁汤水可涮蛤肉或煮面条、粄子。

炒：将杂色蛤洗净，热油爆锅后下锅，炒至杂色蛤开壳即食。如果喜食辣，可放些

炒杂色蛤（2018 年） 宋文杰 摄

辣椒末或朝鲜辣酱。炒杂色蛤是上乘酒肴。

拌：拌分两种，其一是生拌，其二是熟拌。生拌是取生开的蛤肉，加盐和葱花、香菜等佐料拌匀即可；熟拌是取熟蛤肉加佐料拌。也可取生开蛤肉蘸辣根（芥末）直接入口。食生蛤时最好喝点白酒，以防腹泻。

烤：将杂色蛤洗净，放置烤帘上，用炭火烤，杂色蛤张开壳即可取食。蛤肉吃尽，再啜蛤壳内的鲜汁，可知何为“鲜灵”。

炸：取熟蛤肉，加微量盐，用少量面粉裹上蛤肉，热油里炸至金黄取出，装盘后，外加椒盐蘸食。

腌：用开水浇到洗净的杂色蛤上，使其略为开壳，沥出开水，加水，加盐，就可如咸菜一般随吃随取了。

此外，杂色蛤还是其他海鲜小吃的上好配料，炒韭菜、鸡蛋，做包子、饺子馅，做海鲜汤等，均为孤山镇的传统风味。即食性真空小包装的杂色蛤，已成为外出旅行的小食品之一，深受喜爱。

蒸梭子蟹（2017 年） 宋文杰 摄

五吃梭子蟹 孤山镇的梭子蟹区别于外地的主要特点是体形硕大、色泽鲜润、口味鲜美、营养丰富。梭子蟹，孤山镇的吃法有腌、蒸、炝、炒、炸等。

腌：将蟹洗净放入化开的盐水中，再撒上葱花、姜片、花椒、大料等调料，七八个小时后即可取食。若放入大孤山上的“枸椒棘籽”，味道会更好。倘若腌制活蟹，要先在水中放入一定比例的白酒，便是所谓的“醉蟹”。醉蟹的味道比一般腌制的蟹更胜一筹，令人齿颊生津，飘飘欲醉。

蒸：蒸有两种。最常见的一种是将蟹脐翻开放上一两粒海盐，然后将蟹盖儿朝下放在笼屉上直接蒸，待蟹飘出香味 10 分钟后停火，5 ~ 10 分钟后即可取食。另一种是将新鲜蟹去脐、去壳和杂碎，将整只蟹从中一分为二，装入容器，再将蟹黄抠出拌入葱花、花椒粉、香菜、熟豆油、精盐等浇到蟹块上，然后再将容器加盖放到笼屉上蒸，蒸10分钟后即可取食。蒸蟹不仅保持了蟹肉味道的鲜美，而且还增添了调料的香味，别有风味。

炝：将活蟹肢解，加入蒜末、盐末等各种调料，拌后即可取食。特点是蟹肉滑嫩，鲜而不腥，是可口的下酒小菜。

炒：将新鲜蟹去脐、去壳和杂碎后，将整只蟹从中一分为二，再从蟹腿处肢解开来，将蟹黄抠出拌入大酱中，以葱花、花椒粉爆锅，将蟹块倒入油锅炒红，加适量大酱。蟹肉鲜而不腥，酱汁浓而不咸，是为炒蟹酱。另有炒蟹肉，其主料是新鲜蟹肉、鸡蛋清，二者搅匀后在油锅中翻炒，熟后出锅装盘。特点是营养丰富，鲜嫩味美。

炸：即干炸蟹块，以梭子蟹为主料，将蟹块拌入适量的精盐、花椒粉放入油锅中炸至红熟捞出。食用时外带椒盐最好。其特点是蟹肉鲜香，回味绵长。此小吃多在春季梭子蟹肉紧黄肥时制作。

六吃对虾 在孤山镇，对虾的吃法有6种。

腌：将对虾洗净，铰掉虾枪、虾须、虾尾，抽掉虾线，再把虾身纵切一刀，加入精盐、料酒、酱油、姜丝、蒜末，入味即食。腌对虾的特点是虾肉嫩滑、清鲜可口。

㸆对虾（2018年） 宋文杰 提供

煮：锅内放些许海盐，在滚水里将对虾煮熟，俗称“盐水煮大虾”。特点是虾色艳丽悦目，虾肉柔嫩鲜美。

㸆：冷锅热油，用葱花、姜丝、蒜末爆锅，然后加入适量白糖、白醋、盐，火候要把握到恰好能把白糖熬成稀厚合适的糖浆，使入锅的每只对虾能全被包裹起来，加入清理干净的对虾后，汤汁又恰好能使对虾红熟。加盖两三分钟后，对虾即可出锅食用。如此做出的对虾甜香鲜嫩，食之满口酥脆，既甜蜜如饴，又不失海鲜滋味。

炝：把对虾洗净，铰去虾枪、虾须、虾尾，加入盐、蒜末、葱花等调料拌匀即可上盘食用。一盘新鲜的炝对虾端上桌时，那对虾脚还在动。炝对虾的特点如腌虾，但鲜味更浓，是海边人家的上乘酒肴。

烤：把对虾用调料腌制好，再放在烤帘上，用炭火烤熟。烤对虾调料讲究，风味独绝。孤山对虾体形硕大，可“一虾两吃”，即将对虾从虾头至虾身第一节处横切下来，上半部分用于炝，下半部分用于烤。

炸：将对虾进行一番修剪后，在虾身上纵切一刀（但不能切透，使对虾脊背完整如初），加少量盐和调料，对虾入味后，即放入热油锅中炸熟食用。炸出的对虾通体艳红，外酥里嫩，鲜香诱人，令人食之难忘。

四品海菊花 孤山镇人称海菊花为“海腚干子”，是生长在沿海滩涂上的一种腔肠动物，在海水中看它的活体宛若一朵盛开的菊花，故得名。海菊花的食用方法有 4 种。

酸菜炖海菊花（2018 年） 宋文杰 提供

凉拌海菊花：将海菊花洗净，用沸水焯一下，然后与大白菜心丝、黄瓜丝等同拌，加精盐、味精、辣椒油等调料。如喜食酸，可适当加入柠檬汁。如此，这道小菜就在鲜、酸、辣之外，另有一种清香，更适合女士口味。

酸菜炖海菊花：将酸菜细切成丝，揉洗干净；以少许荤油为底油，以葱、姜、花椒、大料等调料爆锅后，酸菜入锅，慢火炖；待酸菜即将烂熟，加入大片七成熟五花肉；菜熟肉烂，再加入海菊花，稍炖片刻，即可出锅。出锅前，撒少许香菜段。此道菜，鲜香可口，具有强身健体之功效。

海菊花萝卜丝清汤：一般是冷水下锅，先将适量姜片、葱段、精盐入锅，水烧开后，放入切得细细的萝卜丝，略煮片刻，放入洗净的海菊花，不必等开锅即可将一锅清汤盛入汤碗，再往汤碗中加少许香菜段，即可上桌。如果将萝卜丝换成土豆丝，又可品尝到另一种新鲜味。

海菊花汤面条、汤籾子：正常爆锅、下面或籾子，待面条或籾子熟透，放海菊花。海菊花与面条或籾子结合，吃起来更有嚼劲。

三吃泥螺 泥螺又称泥溜，为孤山镇特有海产。传统吃法有 3 种。

紧：其做法是将铁锅烧至有烘烤感时，倒入泥螺，用饭铲翻动，待泥螺在锅内溢出汤水后，撒上一把海盐，改用中火。泥螺由青灰转成微黄色时即可盛盘食之。紧泥螺的鲜汤，可用于煮手擀面条，为一菜两吃。

腌：中秋节后天气转凉时，将泥螺倒入青瓷坛中，撒上一定比例的海盐，用草帘或棉布蒙住坛口，然后糊上泥巴封住坛口，置于阴凉处，至冬季开封取食。

紧（炒）泥螺（2018 年）　宋文杰　摄

卤：即生拌，将泥螺盛入盆钵，撒上几把海盐，用筷子从中搅和，见其缩成一团，汤水溢出，便可捞出装盘食用。如要冲淡浓稠的鲜腥，则可在卤过的泥螺中加入少许白糖、蒜末、香菜末、辣椒丝。卤的泥螺生而脆、嫩而鲜。

腌嘟噜蟹子　嘟噜蟹子，学名天津厚蟹。将其洗净，用盐水加枸椒棘籽或花椒、大料、葱花之类，腌上几个小时，即成佐餐小菜。

五香海锥、海钱儿　海锥，学名西格织纹螺。海钱儿，学名托氏螺。五香海锥制作较简单，冷水下锅，使其自行吐出舌肉来，加上花椒、大料等调料煮熟即成。常有在高级饭店里请客的男士为女士专点这道小菜，谓之“女士菜”。

海钱儿做法、吃法如海锥。每逢 7 月、8 月，孤山镇内的街头巷尾会不时响起：“海钱儿——海锥儿的卖来——两三块钱一碗儿——”海钱儿肉少，但味道鲜美，吃的也就是这个味道。

青菜抹虾酱　虾酱为孤山镇特产，主要原料是境内沿海特产的小蜢虾，学名康虾。孤山镇人称制作虾酱为“发虾酱”。其过程是：在干净的蜢虾中，加入 30% 左右的海盐，搅拌均匀后，装于缸、坛等容器中，放置室外，然后用苇蔑子编制的“缸帽子”罩上。待到夏季三伏天，缸、坛内的蜢虾发酵，此时于每天日出日落前，用木铲搅动蜢虾，使之发酵均匀。在晴天时，将“缸帽子”揭开，让太阳暴晒，使其充分发酵。数月后，缸坛内的蜢虾呈淡红色的糊状，即可取食。

青菜抹虾酱

孤山镇人以黄瓜、嫩葱、萝卜、生菜、菠菜等时令蔬菜蘸虾酱食之，谓“抹虾酱”。虾酱鸡蛋糕（羹）、虾酱炖豆腐也是孤山镇的传统小吃。另外，虾酱的副产品虾油，一般作为调料品，除用于炖豆腐外，还用于腌制或拌制蔬菜小吃，如腌黄瓜、萝卜、炝拌芹菜等。也有用虾油炒菜或煮面条、粄子的，同样会使菜肴和主食有浓重的海鲜味。

凉拌布鸽鲜　布鸽鲜生长在潮间带泥滩或沙滩上。布鸽鲜味道鲜美，将其煮熟切成细条，加辣椒油、蒜末等凉拌，是下酒的上佳菜品。直接食用时，多用于炒鸡蛋、蒸制鸡蛋糕（羹）。

腌虾爬子　虾爬子，学名虾蛄，黄海海域产量最大，以春秋为旺季，但品质春季最优，是营养丰富的高蛋白、低脂肪海产品。

孤山镇人腌虾爬子，先化好盐水，再把盐水倒入盛着鲜活虾爬子的容器中，加入葱花、姜片、大料、枸椒棘籽或花椒，再加点白酒以去腥气，十二小时后，就可吃到鲜嫩爽滑的虾爬子。

宗教信仰

佛教　唐朝时期孤山即有望海寺、东阳寺、朝阳寺、龙泉寺（背阴寺），至明末，四寺坍塌荒废，仅存基垣。

朝阳寺建于唐大中八年（854），佛教临济宗开祖禅师义玄的弟子入驻此寺，大振禅风，四方学侣云集。朝阳寺成为中国东北佛教临济宗派重要寺院。初名西岭寺，后更名万松寺，后毁于大火。明成化二十三年（1487），重修未竟，后遭兵火，经寺僧募化，陆续建成，其山门两侧配有石狮，两旁题有对联。寺前为开阔地，有石砌莲花池。东有钟亭、僧侣庖厨。清朝末年，由于寺内无僧人，寺院坍塌荒废，仅存遗址。

清代中晚期，重建或新建的大孤山下庙地藏寺内地藏殿、十王殿、天王殿、大雄宝殿和东山观音庵等庙宇，是孤山镇内佛教活动最重要场所。

孤山镇内佛教信徒多属临济、法眼两派。20 世纪 40 年代，临济派、法眼派各有信徒千余人。1944 年，孤山镇观音庵住持为大雄宝殿三如来佛举行开光典礼。1945 年，

1999 年 5 月 16 日，大孤山地藏寺举行佛像开光庆典　　许敬文　提供

大雄宝殿新塑的观音菩萨和龙泉寺的准提菩萨开光时，从洮南慈云寺、营口楞严寺、沈阳慈恩寺请大法师主持典礼和讲经法会。

中华人民共和国成立后部分僧尼还俗。政府对奉教僧尼从事正常的宗教活动加以保护。1962 年，大孤山尼姑庵住持释隆道当选为县政协委员，并被选为辽宁省佛教协会理事。1978 年后，宗教政策逐步落实，大孤山上、下庙宇得到修缮，佛教活动逐渐恢复。至 1985 年，大孤山下庙的地藏寺和尼姑庵是东沟县（东港市）仅存的尚有僧尼的寺庙。1994 年 3 月，尼姑庵被正式批准为宗教活动场所，住持释亲光，有比丘尼 2 名。1998 年，地藏寺开始恢复佛教活动。1999 年 5 月 16 日，大孤山地藏寺举行开光大典。地藏寺和观音庵仍为孤山镇内最重要的佛教活动场所，每逢佛教节日，信众云集，香烟缭绕。

道教　清乾隆十四年（1749），山东道人倪理休在望海寺旧址建三霄娘娘殿。后有凤凰山紫阳观、庄河莲花山、奉天（沈阳）太清宫等道士常住，香火日盛。1925 年，大孤山圣水宫第九代嗣徒胡然方主事。东北沦陷时期，大孤山有多处道观，信徒增多。大孤山道教为“金山派”。1951 年后，大孤山道观的道人相继还俗。1987 年后，陆续有云游道人到大孤山从事道教活动。

伊斯兰教　孤山镇内伊斯兰教信众多为回族居民。清光绪三十四年（1908），有阿訇到孤山镇租赁民房5间。清宣统三年（1911）后，继续募捐购地，建筑固定会舍8间。内有拜殿2间、沐浴室2间、办公室1间，其余为膳宿室及储藏室。教长为河北人杨国仁，时有奉教者30余户，教民200余人。

1929年，阿訇杨玉仁募捐100元钱，增修清真寺四周围墙和门楼。1994年后，位于孤山镇景山街的清真寺恢复活动。2016年，本地穆斯林为百余人。

基督教 清光绪十八年（1892），丹麦基督教信义会派人到孤山传教。光绪二十一年（1895），丹麦传教士柏卫选定大孤山为中心教区。次年11月，丹麦人聂乐信到大孤山，与柏卫一起在大孤山西街设立医疗点，兼施教义。清光绪二十七年（1901），安东义和团焚烧大孤山教堂，驱逐外国传教士，后被清军、俄军联合镇压，基督教活动旋即恢复。孤山镇建立基督教路德会后，以大孤山为中心，在周边地区设立分会。其中大孤山设基督教会东教堂（东关分会）、基督教会西教堂（西关分会）。

东关分会创立于清光绪三十一年（1905）四月，地址在镇东首魁星楼北侧（今讲堂），驻会传教士聂乐信；西关分会创立于清光绪三十二年（1906）三月，地址在镇西首九圣祠附近（今九圣祠胡同内），驻会传教士柏卫、夏德慧。民国初年，孤山基督教路德会成立理事会，柏卫任理事兼牧师，聂乐信、卜士温、陈乐实3名丹麦女传教士任理事兼教士，中国人夏德慧、宋占一、李海天为理事会理事。1917年，柏卫和聂乐信于孤山北关建基督教礼拜堂，俗称“丹国楼”。20世纪20年代初，大孤山有基督教徒370余人，其中女教徒为100余人。至20世纪30年代初，孤山基督教东关分会有会员265人，西关分会会员为553人。另外，基督教会在大鹿岛西侧建有教堂一所。

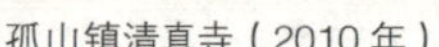

孤山镇清真寺（2010年） 宋文杰 摄

聂乐信创立的东关分会旧照 东港市档案局 提供

柏卫和聂乐信在孤山北关创建的基督教礼拜堂（俗称“丹国楼”）旧址（2016年）

吕国强 摄

孤山镇解放后，孤山基督教会由中国牧师夏德慧主持。1957年，教会活动改由从淑玉主持，时有教徒五六名，改在刘振功寓所内做礼拜，不到一年，活动停止。1982年，镇内基督教活动恢复，从淑玉主持，有新老信徒20人。从淑玉为丹东市“三自（自治、自养、自传）”爱国运动委员会委员、东沟县政协委员。1990年，经上级宗教管理部门批准，大鹿岛村设立基督教聚会点，活动场所占地面积731平方米，建筑面积185.64平方米，信众50人。2017年，孤山镇基督教活动场所在原教士聂乐信创建的讲堂内，占地面积3862.26平方米，建筑面积1211.5平方米，有信众120人，主持人为孙雪惠。

妈祖信俗

妈祖巡游及祭典的场景 孤山镇妈祖祭典由来已久，自清乾隆二十八年（1763）天后宫建成后，当地妈祖信众便以天后宫为载体，举行妈祖祭典和巡游活动。这项活动尤以每年农历的三月二十三妈祖诞辰日、农历四月十八娘娘庙会最为隆重。届时，位于大孤山下庙天后宫的海神娘娘大殿和古戏楼广场人山人海，来祭拜海神娘娘的妈祖信众和沿海渔民络绎不绝。祭典巡游期间，除在天后宫海神娘娘大殿举行盛大的祭祀活动外，有时还将妈祖神像请下神坛，抬进八抬銮轿，在众多善男信女簇拥下，沿着孤山老街行进到孤山海港码头，然后上船举行祭海活动。沿途店铺提前在门前摆上供桌，摆放馒头、水果等贡品，焚纸上香，巡游队伍经过时，这些店铺随即鸣放鞭炮，恭迎海神娘娘大驾光临。有的店铺老板还当场为吹鼓手和抬轿、护轿人员以及舞狮、扭大秧歌、杂耍人员发放赏钱。

妈祖巡游及祭典的发展 20 世纪 50 年代初，大孤山上庙和下庙的道士僧人多数还俗，妈祖祭典和巡游活动的场面逐渐变小，后来销声匿迹。1961 年，大孤山恢复传统庙会后，妈祖祭祀活动虽同时得以恢复，但其规模和声势远不如以前。1966 年“文化大革命”开始后，妈祖祭典巡游活动被禁止。中共十一届三中全会后，大孤山古庙恢复传统庙会，但当时的庙会主要以物资交易为主，到天后宫海神娘娘殿祭祀妈祖的人不多。随着每年的大孤山庙会越办越红火，到天后宫海神娘娘殿祭拜妈祖的信众逐年增多。1985 年，农历四月十七至十九的大孤山庙会，参加庙会人数突破 25 万人。来自东港、庄河沿海一带的渔民或从事与海洋有关的妈祖信众，除逛庙会、参加商品交易活动外，还虔诚地到天后宫海神娘娘大殿焚香还愿，参拜祭祀妈祖。1998 年，下庙的地藏寺恢复宗教

2008 年 5 月 22 日，大孤山天后宫妈祖祭典巡游祭海场面　　于大贤　摄

2014 年，台湾妈祖联谊会赠送给大孤山天后宫的牌匾（2015 年）

辽宁省大孤山风景名胜区管理局 提供

活动后，到天后宫参拜祭祀妈祖的信众逐年增多。

2008 年 4 月 28 日，东港市妈祖文化交流协会成立后，从福建湄洲岛妈祖祖庙恭请妈祖分灵金身坐殿于大孤山天后宫海神娘娘大殿，并于同年大孤山娘娘庙会期间，隆重举行中断长达半个多世纪的妈祖祭典巡游活动。据岳长贵、许敬文编著的《海角妈祖》一书记载："是日上午 7 时许，妈祖祭典巡游在古朴典雅的乐曲声中拉开帷幕，在大司仪主持下，祭祀活动的主祭人带领陪祭人，在由 400 多人组成的仪仗队护卫下，恭请妈祖分灵金身步下神坛，妈祖銮轿经戏楼广场短暂停留并进行祭祀后，沿孤山街巡游，为四方黎民赐福保平安。9 时许，祭典巡游队伍到达孤山码头，并在码头举行隆重的祭海仪式。祭祀人乘船将猪头、馒头、果蔬等祭品投入大海，以飨妈祖，然后护卫銮轿返回天后宫。是日正值庙会高峰，参加妈祖祭典巡游的信众及社会人士多达十几万人。"妈祖祭典巡游当天，恰逢四川汶川特大地震发生不久，参加祭典巡游活动的妈祖信众响应妈祖协会号召，踊跃向灾区捐款，至 5 月末，仅孤山镇政府民政部门就收到妈祖信众和各界人士捐款 66.28 万元。

自 2008 年开始，每年农历三月二十三妈祖诞辰，东港市妈祖文化交流协会会同辽宁省大孤山风景名胜区管理局，要在大孤山天后宫举行妈祖祭典活动。从 2013 年始，先后 5 次接待到大孤山天后宫参拜祭祀妈祖的台湾妈祖联谊会及大甲镇澜宫、新港奉天宫的台湾同胞。

2010 年 5 月，妈祖祭典被丹东市人民政府公布为第三批市级非物质文化遗产。2015 年 7 月，丹东妈祖祭典被辽宁省人民政府公布为辽宁省第五批非物质文化遗产。

老旧物件

中华人民共和国成立后，随着社会的发展和进步，生产力水平日益提高，现代化机械设备和新兴产品越来越多地在农业、手工业、食品加工业和居民生活等方面普遍应用，传统生产工具和生活用具逐步被替代。作为一种老旧器物，孤山镇的一些生产工具和生活用具逐渐远去，成为历史陈迹。

生产工具

指传统农业、手工业、食品加工业等生产过程中所用的工具。

点葫芦 农业生产中用来点种谷子、糜子[①]、高粱等小粒农作物种子常用的一种播种工具。因小粒种子用手撒播控制不好下种量，撒多了谷苗长得多长得密，间苗费力的同时也浪费种子，撒少了粮食打得少，要减产。用“点葫芦”撒播，下种均匀省力，便于操作。最初的“点葫芦”用葫芦制成，即在葫芦上下两端各挖鸡蛋大小的两个孔洞，底孔安装牢固的木柄，葫芦顶部的孔是装谷种用的，使用时要把它堵上。在葫芦的侧上方开个孔，孔里塞上一小缕扫帚糜子，起到“篦子”的作用，

点葫芦（2018 年） 宋文杰 提供

刨锛子等木工用具（2017 年） 刘洪 摄

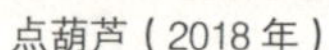

① 糜子：即北方俗称的黄米。

绑缚得不要太紧，紧了流不出里面的种粒；绑缚得太松了，种粒流量大，点播在地里容易起堆。之后，“点葫芦”被改良，装种子的葫芦有的换成铁盒、布袋或没有鞣制的猪皮。“点葫芦”由 4 个部件组成。①装种子的葫芦或铁盒、布袋，或没有鞣制的猪皮；②篦子，根据种子颗粒大小，下种量多少确定篦子密度；③手托和滤种槽；④点种棍，用来磕打筒下种。

链枷 链枷是竹制品农具，分为“链枷杆儿”和“链子（或叫排）”两部分组成。“链枷杆儿”为木质，约 2.5 米长，杆头安有一木轴；“链子”，是用绳索捆，将三四根木棍捆扎成“排”状，然后通过链枷杆儿上的木轴将“链子”与链枷杆儿链接一起，并使“链子”能自由转动，用于豆类农作物脱粒。该农具由一人操作。

石磙子 旧时农村用于场院中碾压晾晒后的高粱、糜子、稗子等谷穗类农作物，使之脱粒的小型磙状石制工具，一般是一头大、一头小，用人、畜拉动。

刨锛子 旧时木工用于刨削梁、檩等较大原木等木材所用的工具。

鞋楦子 手工缝制布鞋、皮鞋时所用的木质或塑料鞋模子，使鞋子按规格成型。

饸床子 压制饸子条的木质工具。一般用缩水性较小的木材制成，由压面杆、饸面桶、压面杵等组成。使用时，将饸床子架到锅上，将饸子面团装入饸面桶中，均匀用力下压压面杆，使饸子条自桶底饸条筛子眼中落入锅里。饸子条煮熟后，用笊篱[①] 捞出，即完成饸子条的制作和熟制过程。

生活用具

旧时居民家庭常用的生活用具风匣、石磨等，已被鼓风机、电磨等现代化机械取代。

鞋楦子（2018 年）　　宋文杰　摄

① 笊篱：传统的烹饪器具，用竹篾、柳条、铅丝等编成。像漏勺一样，有眼儿。

石碾子（2011 年）

刘洪 摄

石磨（2017 年） 刘洪 摄

风匣（2018 年） 宋文杰 摄

石碾子 旧时的碾米用具，由碾盘和磙子等部件组成。用时，将稗子、谷子、高粱等农作物谷粒放置碾盘上，然后，用人、畜拉动磙子，使谷粒去壳、成米或面，留作食用。

石磨 旧时磨面的石制工具。分为上下两扇，分别凿成不同纹路；下扇固定，楔有磨芯；上扇留有用于添加粮食，并可用人、畜推拉转动，而磨米成面。面也可分为干面、水面两种。

风匣 旧时炊事鼓风用具，置于灶台一侧，为木质，由风匣（箱）、风匣杆儿等组成。均匀用力推拉风匣杆儿，可使外部空气送入灶下，助灶内燃料火旺，以利炊事。

针线笸箩 旧时女红用具。笸箩多为泥盆糊纸或纯纸质糊制而成，也有柳条编就，经济条件稍好的人家，用竹篾子编制的笸箩。笸箩一般装置针线、布片等女红用品，多放置于炕上，方便妇女做活取用。

袜底板儿 旧时女红用具，即补袜子的木制模型，专用于缝补袜子。袜底板儿的底是用薄木板做成的鞋底模样，有前尖儿、后跟儿，前尖和后跟均用一块小圆木钉上，但前尖低，后跟高；前尖与后跟之间用一根较筷子稍宽的木掌子倾斜相连。补袜子时，将袜子套在袜底板儿上，可使袜子撑得周正，方便缝补，且使补丁补得正当、美观。

拨拉锤子 旧时捻制线绳的工具，即纺锤。一般为木制，似两个圆锥锥尖相对，多用于妇女捻制纳鞋底所用的麻绳。

针线笸箩（2017 年）

刘洪 摄

袜底板儿（2018 年）

宋文杰 摄

拨拉锤子（2018 年）

宋文杰 摄

名人与名镇

历史上的孤山镇，因港口而聚财气，因商都而聚人气，南北物资云集于此，天下商贾游走于此。一方水土育英才在于教育，孤山镇自清咸丰年间始有私塾，光绪年间兴起新学，进入现代，教育大兴。因此，近现代名人辈出，有中华人民共和国开国上将周桓，画家邵宇、梁栋，民主人士姚峻等许多活跃在全国各条战线上孤山籍的社会精英，为中华民族伟大复兴发挥着积极作用。

人物传略

聂乐信（1938 年）
东港市档案局　提供

聂乐信（1871—1960）女，原名艾伦·聂乐希思，又名聂玉铭，丹麦人。丹麦传教士。1871 年 7 月 17 日，出生于西班牙巴依尼卡（父亲是基督教徒，曾侨居西班牙），出生后即受洗加入基督教。不久，随父亲返回丹麦，并以优异成绩毕业于丹麦护士专科学校。

1896 年 4 月，聂乐信受丹麦基督教传导协会派遣到中国，协助先前到达辽东古镇大孤山的柏卫牧师夫妇布教。她先在北京学习两年汉语，1898 年 11 月 15 日到达大孤山后，立即设点为贫困患者免费诊疗疾病，开始日求诊者二三十人，后来日达百人。

聂乐信到达孤山后，收养 3 名流落街头的女孤儿，专门聘请教师为孤儿授课。后来教徒送女入学者逐年增多，1908 年创办崇正女子小学。1915 年，又创办一年制的保姆学院，附设幼稚园。1927 年，创办 3 年制女子初级中学。1930 年，创办 2 年制讲习师范班。1938 年，崇正女校学生 417 人、教师 18 人，学校各项建筑占地面积 7300 平方米。至 1945 年，由聂乐信兼任校长的崇正女校发展成综合性学校，内设幼稚园、初小、高小、初中、保姆院、师范班等，共培养女中学生 2000 余人。

1912 年，聂乐信创办崇正贫民救济所，收养无家可归的妇女，组织她们从事编织、刺绣生产。次年，她用教会的资助金，又自筹部分资金，建起厂房和宿舍，使救济所的妇女们有安身之所和做工场地。1920 年春，聂乐信在孤山北关基督教墓地西侧建养老院，有住房 8 间，收养五六名无亲可投的孤寡老人，组织她们养鸡种地，管护墓地，安度晚年。1928 年，崇正贫民救济所扩大规模，收养鳏、寡、孤、残，将男子编入农作部，组织他们耕种农田，经营苇塘、果园，搞编制、捕鱼以及养鸡、养猪、养奶牛等；女子编入工艺部，生产台布、丝织、花边、袜子、刺绣等。至1938年，崇正贫民救济所共收养370人，有厂房和住宅175间，土地120亩，还有苇塘、果园以及牲畜、渔船等。

1918年，聂乐信将从丹麦带来的五六株幼杏苗，种在孤山魁星楼南院。4年后，杏树结的果酸甜可口、味道清香。镇内居民纷纷移植。

1929年，聂乐信申请加入中国籍，1931年获准。聂乐信更加躬身各业，并将丹麦教会发给她年俸1400元的现大洋全部捐赠于慈善事业。

1946年，柏卫等3名丹麦牧师回国，聂乐信只身留在孤山镇。1947年，安东县实行土地改革，崇正救济所和养老院的房地产分给收养者和附近群众，给聂乐信留下一座教堂、4头奶牛和部分果园、苇塘。

1960年7月，聂乐信逝世，享年89岁。

姚子扬（1887—1950） 原名姚鸿声，清光绪十三年（1887）生于大孤山背阴寺砬子底。姚子扬是著名医生，对制药技术有独到研究，民国时期享有盛名。

姚子扬　　田盛华　提供

1906年，姚子扬到安东市内学医，他刻苦学习制药技术，在医院见习时专门进行药剂研制。1917年，参加西医考试获得行医资格后，决心研制价格便宜、疗效好的良药济世救人。经长期探索，姚子扬研制成功专门用于治疗伤风感冒和驱除蛔虫的“平热散”和“一粒丹”。1918年冬，安东市内发生流行性感冒，姚子扬将“平热散”投入临床，使很多患者很快康复。他研制的“一粒丹”用于驱除蛔虫效果甚佳。是年底，姚子扬将两种药品登记注册，成为专利产品，并与他人合作在安东市兴隆街东段开设“瀛西药房”，他亲自担任药房主治医生。由于其医术高、医德好，药房生意兴隆。1922年春，姚子扬又在兴隆前街开设“瀛西医院”，并给无钱治病的穷人免费治疗和赠药。其间，他又研制出专治胃病的“清顺散”和治疗肠炎的“保肠丸”，临床效果均佳，被市内多家医院选用。

其后，姚子扬在烟台、营口、哈尔滨、天津、北平、太原、西安、大连、连云港等地建起10多个瀛西药房分店，并在济南、绥远、辑安（今集安）等地开办代销业务。

1950年10月，姚子扬在台湾病逝，享年63岁。

徐成章画像　李文今（画）

徐成章（1889—1937）字锦轩，庄河县南尖董屯人。徐成章是孤山中学组建人、第一任校长。中学毕业后，在庄河县立第三小学（位于孤山镇）任教，后任校长。当时孤山镇完成小学学业的学生，要想继续学习，必须到庄河和安东求学，路途遥远。社会各界要求在孤山办中学的呼声很高。徐成章顺民意，将拟定筹办中学的材料上呈庄河县府，得到县长批准。徐成章与当地士绅计议，募捐筹资建校。他在任职的小学中组织部分师生编写剧本，排练《金丝笼》《三姐妹》等文明戏，连续上演十多天，筹得资金2000余元，加上富户捐赠，建校舍和购买教学设备经费得以解决。孤山镇建起史上第一所中学，徐成章担任校长。

东北沦陷后，日伪当局推行奴化教育，徐成章对日伪当局编印的教科书表面采用，暗地倡导师生学习中华民族传统文化。他还不顾个人安危，站出来保护宣传抗日的教师曹天久，并参加庄河教育界秘密组织的抗日救国会，成为骨干。1937年元旦，徐成章与其他5名救国会骨干被日本宪兵队抓捕，受尽折磨而不屈服。同年3月20日，徐成章等6人在沈阳被杀害，史称“庄河教育惨案”，死难者被人们誉为“庄河六君子”。

曹镇　许敬文　提供

曹镇（1890—1932）原名曹际忠，孤山镇东大于村曹家堡子人。幼年家境贫寒，靠自学识字，后来给地主放猪、扛活。1925年，始在孤山街经商。1931年“九一八”事变后，曹镇到天津与有识之士秘密联络武装抗日。是年冬，由天津带回两支大枪和抗日军袖标、传单，在孤山镇组织20多人习武练兵，矢志抗日救国。不久，带队离开孤山赴庙沟与刘同先等人成立“抗日自卫队”，成为刘同先的得力部将。

1932年年初，曹镇随刘同先在岫岩与盖县交界的魏家大岭活动时，被汉奸王殿忠所率伪大同队包围，突围时不幸被俘。王殿忠诱逼其投降未果，遂欲枪杀，张志毅等人于刑场反正，将曹镇救出。

是年春，曹镇率部在庄河镇附近夜袭日军，打死日军官兵20余人，缴枪百余支，大振抗日自卫队声威。之后，带领自卫队战士在鹿圈沟一带击溃正欲纵火烧村的日伪军，并俘虏3名日军士兵。同年初夏，奉命到北平与东北民众抗日救国会联络，为自卫队筹集一船军火。9月，完成任务返回孤山家中时，被大汉奸李寿山侦知，于次日晨被捕，遭敌多次酷刑而不屈，11 月 20 日英勇就义，时年 42 岁。

张玉和（1906—1962） 孤山镇人。技术革新能手，曾出席全国群英会。张玉和幼年丧父，8 岁给地主放猪，18 岁学木工，27 岁进安东木匠铺做工。1935 年，返回家乡。1954 年，加入孤山木工社。1956 年，调到大东木工社。

张玉和 许延光 提供

1958 年，大东铁、木两社合并成立铁木厂。当时厂里设备陈旧，不少工序为手工操作，产品供不应求。张玉和大胆从事技术革新，先创造钢板制钉机，使钉子产量由每人每日 2.5 千克增至 15 千克；后又改进工具把旋刨工具，工具把由日产 30 个增至 700 个。他曾 5 天 5 夜守机餐、伴机眠，研制出开榫机。先后创造 29 种工具设备，平均提高工效 11 倍，有的高达 33 倍。是年，他被评为厂先进工作者；11 月，加入中国共产党。

1959 年 4 月，张玉和出席省先进工作者代表大会；是年 9 月，出席全国群英会。其后，仅半年时间又研制出掏眼机、镐把机、榫凿机、起线机、平面刨等多种设备。他的创新成果，受到中国科学院辽宁分院重视。1960 年，被聘为特邀研究员。

1960 年，又试制马拉收割机、改制风选机。1961 年，试制脱谷机。

1962 年 1 月 28 日，张玉和因胃癌逝世。《安东日报》以《望青山怀故人》为题，报道他的先进事迹。

周桓（1909—1993） 曾用名周虎臣、周镇欧。中华人民共和国开国上将。1909 年 2 月 22 日，出生于孤山镇关东村周家大院。

周桓 陶作成 提供

1929 年，周桓在天津中山中学读书时，参加三民主义党义研究会。1930 年 4 月，在上海参加革命；5 月，到湘鄂赣革命根据地参加工农红军；6 月，加入中国共产党。

土地革命战争时期，周桓先后任红五军政治部秘书，红三军团政治部秘书、秘书处处长、政务处处长和保卫分局执行部长兼军团干部教导队政委，总政治部地方工作部部长、总政治部秘书长兼破坏部部长。其间，周桓在发动群众、凑集军费、文秘政务、安全保卫、长征途中护卫老干部，以及争取东北军与红军联合抗日中，做了很多工作。

抗日战争时期，周桓历任八路军野战政治部敌工部部长、八路军总部秘书长、八路军野战政治部组织部长兼军法处处长。其间，成功筹办东路军将领会议（又称“小东岭会议”），主持制定八路军组织工作条例，率领巡视团参加百团大战。

解放战争期间，周桓先后担任东北军政学校政委（主持校务工作）、东北民主联军总政治部副主任、东北军区政治部主任。担任东北军政学校政委时，组织学员在极其艰苦条件下办学，为军队和地方培养一大批骨干。任东北民主联军总政治部副主任时，组建二线兵团，整顿各部队留守处，策反国民党第一兵团副司令兼六十军军长曾泽生。任东北军区政治部主任期间，提出加强部队现代化和正规化建设；在所属部队掀起以人民军队宗旨教育、革命传统教育为主要内容的政治思想教育活动和文化学习活动。

中华人民共和国成立后，周桓先后担任沈阳军区政治委员、中共辽宁省委书记处书记、国务院文化部顾问。他参与组织中央军委在辽东半岛举行的抗登陆大规模军事演习。他主管辽宁省文艺工作期间，为改变辽宁文艺工作的落后局面，抓文艺人才招聘和培养，鼓励文艺工作者研究文艺技巧，提高艺术水平，并对辽宁人民艺术剧院排演《兵临城下》、沈阳话剧团排演《茶花女》给予支持，使辽宁文艺工作很快有新起色，多次在全国文艺会演中获奖，受到中央有关领导表扬。“文化大革命”期间遭到批判和打击。1979 年，被任命为文化部顾问。

1982 年，周桓经中央军委批准回部队休养。其间，撰写《回忆红军第五次反“围剿”的西线战场》《西安事变前的一段经历》《回忆东北野战军的新式整军运动》等。1993 年 10 月 27 日，周桓在北京逝世。

周桓是中共苏维埃第一次党代会代表，第一届中国人民政治协商会议代表，中国人民政治协商会议第五届全国委员会委员，第二、三届全国人民代表大会代表，中共第八届中央候补委员。1955 年，被授予上将军衔和一级八一勋章、一级独立自由勋章、一级解放勋章。1988 年，被授予一级红星功勋荣誉章。

李桂仁　　李刚　提供

李桂仁（1910—1999）1910 年 6 月，出生于山东省海阳县，后迁入孤山镇大鹿岛村。全国劳动模范、大鹿岛村渔业生产合作社带头人。他带领渔民组成辽宁省第一个渔业生产合作社——安东县大鹿岛乡海放红渔业社，任社主任。常年带头出海，精心组织生产，严格管理社务，渔业连年增产，人均收入逐年增加，大鹿岛村率先成为全县较富裕渔村。

20世纪50年代，李桂仁曾连续5年被评为省劳动模范。1956年，出席省农业增产劳动模范代表大会，被授予“辽宁省农业增产劳动模范”称号，获奖章1枚。1957年2月，出席全国首届农业劳动模范代表大会，被授予“全国劳动模范”称号，获奖章1枚。2月22日，受到毛泽东、周恩来等党和国家领导人接见。1999年1月，李桂仁逝世，享年89岁。

赵乃禾（1916—1944） 原名赵秀升，孤山镇辛家店村人。1931年2月，赵乃禾考入孤山中学，他学习刻苦，成绩优异，获银牌1枚。

赵乃禾

东港市档案局 提供

1931年“九一八”事变后，赵乃禾积极投身抗日爱国运动，上街游行，张贴抵制日货、抵抗日本帝国主义侵略标语，参加驱赶日本驻孤山领事馆官员示威活动。

1934年2月，赵乃禾中学毕业后到天津，在其伯父赵荣甲资助下，进入河南鸡公山中学（张学良创办的军事化学校）学习，有机会读到鲁迅、茅盾和老舍的作品，受到爱国主义思想熏陶，决心寻求救国救民之路。

1935年，赵乃禾在参加声援北平“一二·九”学生运动示威活动中崭露头角。1936年，经老师王一夫介绍，加入中华民族先锋队，随后参加鸡公山中学师生要求国民党“停止内战，一致抗日，恢复东北失地”南下请愿活动。

1937年9月，赵乃禾奔赴八路军驻太原办事处，学习三周后分配到115师政治部。不久，被派到河北阜平县宣传抗日救国、组建地方抗日武装，在战地动员委员会领导下，他深入敌后发动群众，出色完成任务。

1937年冬，赵乃禾调到晋察冀三分区工作，历任宣教科长、营教导员、组织股长、团政治委员。1944年某日，日军突然袭击曲阳县灵山镇，赵乃禾率部在凤凰山阻击，激战中团指挥所被敌人包围，赵乃禾牺牲，时年28岁。

邵宇（1919—1992） 画家、书法家、出版家。1919年8月21日，出生在孤山镇，在家乡读完小学和中学后，考入沈阳小河沿美术专科学校。1935年，考进北平艺专，学习期间加入中国共产党地下外围组织。

邵宇

东港市档案局 提供

1938 年，邵宇在长沙参加中国共产党领导的湖南文化界抗敌后援会。其间，在茅盾主编的《文艺阵地》上发表《会议》等素描作品，并在《力报》《申报》上发表揭露日本侵略者罪行的木刻《无妻之夫》《无母之儿》等木刻作品。是年，加入中国共产党。

1940 年，邵宇参加新四军，在军政治部从事宣传工作，先后在《抗敌报》《战士报》上发表《反动派的滔天罪行》等木刻连环画作品。

1941 年 1 月，在“皖南事变”中被捕，关押在上饶集中营，后成功越狱。回到根据地不久，被分配在《苏中报》工作，其后相继任专区工农科长、区委书记、地委及旅部秘书及苏中新华分社副社长等职。

抗日战争胜利后，邵宇到东北日报社担任通讯采访部部长。1946 年冬，到黑龙江省东安地区参加土地改革运动，任东安地委宣传部长。其间，创作一套由 200 多幅图的连环画作品《土地》。

中华人民共和国成立后，邵宇任新闻摄影局副秘书长兼美术创作室主任,《人民日报》在一段时间内每期都刊发邵宇的“首都速写”。1950 年，邵宇参与主持筹建人民美术出版社工作。1951 年冬，赴抗美援朝前线采访，回国后，连续发表朝鲜战场速写作品。

1955 年起，邵宇先后任《人民画报》总编辑,《人民日报》美术组组长，人民美术出版社社长兼总编辑，中国美术协会常务理事、书记处书记，中国书法家协会主席等职。

1982 年，邵宇在孤山为亲友题字 东港市档案局 提供

1984 年，邵宇兼任《中国美术全集》编辑委员会主任，主持出版《中国美术全集》。同时，还兼任中国出版工作者协会理事、国际文化出版公司副董事长。1988 年，任《中国美术分类全集》总编辑。1990

年起，任中国书法家协会副主席、主席、党组书记。

1988年10月，邵宇回到孤山镇，为乡亲创作很多字画。1992年6月4日，邵宇在深圳因心脏病突发逝世，享年73岁。

邵宇是第三届全国人民代表大会代表，第四至第七届中国人民政治协商会议全国委员会委员。被誉为当代著名画家、书法家、出版家，其大部分作品收入《邵宇作品选集》中。

郑振江（1919—1981） 孤山镇辛家店村人。郑振江5次当选省市县劳动模范，为孤山镇农业发展做出重要贡献。1948年加入中国共产党。1953—1955年，他带领社员把大片荒地、涝洼塘开发成水田。1956年冬，任高级社社主任和党支部书记，亲自研究1亩试验田，从选种育苗到插秧、灌水施肥都严格把关，经3年试验，获得总产量1006.5千克的好收成，摸索出适应当地特点的水稻高产经验。他发明的人力除草器，提高工效3倍。

郑振江　　许敬文 提供

1959年，郑振江被评为省劳动模范。为消灭水田地“鸭嘴草”，他经3年研制出一种带弯钩的“绞草耙”，并摸索出插秧前半月放水泡田，促草生长，然后牲畜拉着“绞草耙”在田里走几个回合，除草90%以上，除草肥田一举两得。秋后，水田亩产由130千克提高到280千克。1963年，郑振江第五次获得省、市、县劳动模范称号。1964年6月，中共安东市委发出《全市区农村干部向郑振江同志学习的通知》。1964年7月，被诬告他土改时“包庇过地主”，被开除党籍，调公社修配厂工作。1966年年初，调任公社农业技校校长后，使濒临倒闭的校办工厂起死回生，创出可观经济效益，并成为学生实习基地，多次受到上级表扬。1966年11月，他的错误处分被纠正。1969年12月，被任命为县农业科学实验站站长。1970年4月，告别久病卧床的妻子，带领9个乡40多名农业技术人员到海南岛育种，圆满完成玉米、高粱制种任务。1972年，任县农机研究所所长。1973年4月，调回孤山公社任党委常委、革委会副主任。1981年11月24日，郑振江因胃癌病逝，享年62岁。

姚峻（1925—2010） 出生于孤山镇东关街一个殷实家庭。1931年“九一八”事变后，随父亲姚子扬流亡到天津、北平，在颠沛动荡的岁月里读完了小学、中学。1944年，以优异成绩考入上海中法大学药科。

1948 年，大学毕业后，先后任天津私营瀛西制药厂药师、技术副厂长。1958 年后，改任天津市河北制药厂药师、总工程师。姚峻是中国初期导弹燃料高浓度过氧化氢的主要研制开发者。为研制国防尖端事业急需的高能燃料，他将行李搬到工厂，昼夜奋战。一次试车时，容器突然发生爆炸，正在现场指挥的姚峻被烧伤。经过数次试验，终于获得成功。1960 年，中国用姚峻等人研制的高能燃料，将首批“东风 1 号”和“东风 2 号”导弹发射成功。其间，还圆满解决高能燃料安全储运问题。1964 年，他获得国家计委、科委、经委颁发的全国新产品科研成果二等奖。1992 年 5 月，又获化工部颁发的“在国防化工的创业和发展中做出突出贡献”奖励证书和奖章。

姚峻　　许敬文　提供

1964 年 2 月，姚峻任天津东方化工厂副厂长兼总工程师。1979 年年底，姚峻出席全国工商联代表大会，提出“进一步落实知识分子政策，调动广大知识分子的积极性”的建议。有关部门将他的建议报告给邓小平，邓小平作重要批示，推动全国知识分子政策落实工作。1981 年 3 月，姚峻担任天津化学工业公司副经理兼总工程师。1983 年，当选天津市副市长。

姚峻是第九、十、十一、十二届中国农工民主党中央委员会副主席。任职期间，分管经济技术咨询和“老、少、边、穷”地区扶贫开发工作，扶贫重点是贵州省毕节地

2000 年 5 月，姚峻（左四）回故乡，游览大孤山　　许敬文　提供

区、黔西南地区和广西百色地区。至1998年年底，他包扶的毕节地区大方县，贫困人口数量由包扶前的30多万人下降到不足2万人。

2000年5月6日，姚峻回到家乡。考察中，对东港市经济发展提出很有价值的建议。

2001年，姚峻当选为中国农工民主党中央委员会名誉副主席。2010年5月18日，因病于北京逝世，享年85岁。

姚峻是第五、六届全国政协委员，第七、八届全国人大常委会委员，第八届全国人大环境与资源保护委员会委员，第九届全国政协常委。

梁栋（1926—2014） 曾用名梁有仁、梁仁鹏，笔名铁牛、甘年，斋名无尽斋。孤山镇人。画家，中国藏书票研究会发起人。1945年参加工作。1946年，入白山艺术学校学习。1947年，在旅大文工团从事舞台美术工作，曾任美术队长。1951年，任旅大市文联美术工作委员会秘书。1952年，进入中央美术学院绘画系学习。1954年毕业后，调任旅大市职工业余艺术学校美术科长。

梁栋　东港市档案局　提供

1956年，梁栋调到中央美术学院版画系任教。他长于版画、水彩画创作，曾获第一届全国青年美术作品展览会二等奖（1957年），第六届全国美术作品展铜奖（1984年），第一届亚欧艺术作品展奥斯曼·哈姆迪艺术奖（铜质）（1985年），中国版画家协会颁发的“二十世纪五六十年代优秀版画家鲁迅版画奖”（1996年），土耳其国际版画双年展铜奖。

1984年4月，梁栋策划成立中国版画藏书票研究会，任理事长。随后，他将主要精力转移到对中国藏书票事业开拓和发展中。1987年11月1日,《版画藏书票信息》创刊，梁栋任主编，将藏书票研究成果介绍到中国台湾、日本、美国和欧洲。梁栋1984—2008年担任藏书票研究会会长，共参加13届国际藏书票双年展。1986—2007年，共参加12届全国藏书票艺术展，并担任评委。2008年，梁栋当选为中国美协藏书票研究会名誉主席。

梁栋曾任中央美术学院版画系教研室主任、院学术委员会委员,《版画世界》副主编（兼）、《水彩艺术》主编。是中国美术家协会会员，曾担任第一届中国美术家协会水彩画艺术委员会主任、中国版画家协会常务理事、中国出版工作者协会藏书票研究会会长、《中国水彩》顾问。代表作品有《站在景山望鼓楼》《渔家忙》《日以继夜》《渔汛

梁栋的藏书票作品（2015 年）　　东港市档案局　提供

季节》等。出版专著有《梁栋水彩风景画法》《梁栋木刻选集》《藏书票艺术》《珍珠雅集·梁栋藏书票》《水彩画技法》《现代水印版画》《中国藏书票选》《梁栋版画》等。他的版画、水彩画、藏书票作品被国内外多家美术馆、博物馆及私人收藏。2014 年，梁栋在北京病逝。

王心稳（1931—2003） 孤山镇人。全国职工技术革新能手。1958 年，王心稳进入县农机二厂工作后，刻苦钻研技术，先后研制出小型联合磨米机、曲轴式切草机、310 型粉碎机、4m 龙门刨床、C615 车床、200T 曲轴冲床等 40 余种专用设备和测试仪器，并实现技术革新 50 多项。1969 年，厂里试制柴油机精密偶件喷油嘴，他设计的液压半自动磨床、针阀自动分选机被推荐为全国同行业推广项目。他还自制光学投影仪、光学比较仪、中孔检测仪。1974 年，中国科学技术情报研究所《科技信息》第十期，刊载他设计的喷油嘴简易检测仪。是年，第一机械工业部《技术革新简报》第七期以《自力更生造油嘴》为题，整期介绍他的技术改造成果。1976 年，研制针阀平研机，实验成功阀体冷冲压成型新工艺。

王心稳　许延光　提供

1979 年，王心稳任厂技术科长，同年 11 月加入中国共产党。1980 年，晋升为工程师，被任命为副厂长，他自制和改造设备 80 余台，建成一条喷油嘴生产线，使工厂成为生产喷油嘴专业厂家。全厂 280 台设备中，由他亲自设计和参与设计、仿制达 240 台；30 台仪器中，很多是他设计和仿设计的。

自 1977 年起，王心稳 5 次被评为丹东市劳动模范、先进生产者。1978 年，当选县革命委员会委员。1980 年，被评为省先进生产者。1982 年，被全国总工会命名为“全国职工技术革新能手”。先后当选东沟县第八、九、十、十一届人民代表大会代表，丹东市第八届人民代表大会代表，政协东沟县第三届委员会委员，中共东沟县委第六届委员会委员。2003 年逝世。

韩云娜　　宋义祥　提供

韩云娜（1941—1989） 女，孤山镇北街人。1962 年 8 月，从鞍山师范物理系毕业后，先后在辽阳县二十四中学、唐马寨公社习家小学、唐马寨中学、辽阳县第一高级中学任教。1980 年 5 月，加入中国共产党。

1982 年 7 月，任中共辽阳县委理论学习室副主任。1983 年 2 月，任中共辽阳县委宣传部副部长，同年 12 月，任县委常委、宣传部部长。1988 年 8 月，任中共辽阳县委副书记。担任宣传部长期间，她苦口婆心留住要求改行的县、乡政工干部，稳定全县政工队伍；想方设法解决政工干部的工资待遇和家庭困难，使他们安心工作，全县政治工作局面得以转变，涌现出 9 个省级文明村，县城被辽阳市命名为“文明县城”，县委宣传部连续 4 年被市里评为优秀宣传部；韩云娜在省里介绍辽阳县文明建设经验，并作为辽宁省唯一代表出席全国精神文明村镇建设汇报会。担任县委副书记期间，她每年有三分之二的时间下乡工作，全县 21 个乡镇 300 多个村几乎都留下她的足迹。首山乡兴隆台村是全县有名的后进贫困村，她先后到村里近 200 次，做群众思想工作，帮助做规划、办企业、建学校和幼儿园，使之成为省级文明村。

1989 年 10 月 1 日，韩云娜因胃癌逝世，时年 48 岁。

韩云娜多次被省、市授予“优秀共产党员”“优秀党务工作者”“优秀女领导干部”称号。逝世后，中共辽宁省委命名她为“党的好干部”，并做出《关于向党的好干部韩云娜同志学习的决定》;《共产党员》杂志以《延长生命的音响和光华》为题刊载韩云娜事迹;《辽宁日报》、辽宁电视台对韩云娜的事迹进行报道。

名人与孤山

毛文龙驻守大鹿岛　明天启元年（1621）五月，明朝抗击后金名将、平辽将军、左都督毛文龙率兵200余人，赴辽东招募将士。七月，攻克大鹿岛，并以大鹿岛为根据地，先收复石城岛，继而夺取镇江城。鼎盛时，拥兵10万余人，有力地牵制了后金向西扩张，减轻了宁远、山海关守军的压力。明崇祯元年（1628），毛文龙在大鹿岛新建望海寺，并立碑铭志："指日恢复全辽，神气苞孕于此；吾侪赤心报国，忠义指据于此。"毛文龙在与后金的多次鏖战中屡立战功，但后被袁崇焕矫诏所杀。毛文龙死后不到一年，大鹿岛等沿海诸岛被后金（清）占领。

大鹿岛村毛文龙碑亭（2006年）　　刘芳春　摄

李希霍芬登顶大孤山 费迪南·冯·李希霍芬（Ferdinand Paul Wilhalm Saron von Richthofen，1833—1905）为德国地理学家、地质学家，近代中国地学研究先行者之一。1869年6月7日，李希霍芬登上大孤山考察。1907年，李希霍芬的学生迪森（E.Tiessen）将其在华期间的日记整理出版，名为《李希霍芬旅华日记》（Ferdinand von Richthofen's tagebiicher aus China），考察大孤山的日记收入其中。

邓世昌在大鹿岛海域壮烈殉国 清光绪二十年（1894）八月十八日（9月17日）12时50分，中日海军舰队战斗在黄海北部海面打响。激战中，“致远”舰舰身被损弹药耗尽，管带邓世昌命军士开足马力向敌舰“吉野”冲去，欲与日舰同归于尽。但是冲击途中被敌舰发射的鱼雷击中，锅炉被炸裂，于15时30分沉没。邓世昌落水后，拒绝随从刘忠推给他的救生圈，以身殉国。

宋教仁在孤山组建中国同盟会辽东支部 辛亥革命爆发前，以宋教仁为首的中国同盟会会员到大孤山，在绿林武装中组建中国同盟会辽东支部，从而点燃辽东地区革命烽火。1911年秋，辽东支部成员宋吉成、何秀斋到凤城县大堡、鸡冠山、边门、白旗、红旗、石城等地宣传革命，号召民众建立革命武装，推翻清王朝在东北的统治。其后，以鲍化南、刘纯一为首的1.7万名民众武装集会，抗缴“土地税”，并多次进行反清廷统治的武装斗争。

邓铁梅、赵同指挥四路自卫军围攻大孤山 1932年，伪安奉地区警备司令李寿山率

费迪南·冯·李希霍芬 东港市档案局 提供

邓世昌 东港市档案局 提供

伪军 3 个营盘踞孤山镇。是年 10 月下旬，邓铁梅领导的东北民众自卫军第 28 路军、刘景文领导的东北民众自卫军第 56 路军、刘同先领导的东北民众自卫军第 40 路军以及李春光领导的东北民众自卫军第 35 路军，共 3000 余人集结于大孤山外围，向孤山镇守敌发起攻击。邓铁梅指派赵同（当时协助邓铁梅管理队伍，后创建中国少年铁血军并任参谋长，总司令苗可秀牺牲后，继任之，又组建辽南临时政府，任总裁）担任前线总指挥，刘景文、刘同先、李春光为副总指挥。四路自卫军围攻大孤山持续 28 天，打死打伤伪军 200 余人。

郭沫若关注孤山文化 20 世纪 50 年代初，历史学家、考古学家郭沫若到朝鲜慰问志愿军停留丹东期间，应有关部门请求，对孤山古建筑群中发掘的 16 尊铁罗汉中的两尊进行鉴定。经考证上面的铭文，认定是契丹文字，并认定这 16 尊铁罗汉属唐代晚期文物。1963 年秋，郭沫若应孤山中学师生请求，为该校题写校名：安东县孤山中学。

姜育恒代言大孤山风景名胜区 2013 年 8 月，台湾艺人姜育恒初次到孤山镇，就被大孤山的独特气韵打动。随后，东港市合众房地产公司总经理尹传军作词、台湾知名音乐人李子恒作曲的《孤山寄情》，由姜育恒首唱，先后在大连、长春演唱会上隆重推出。之后，每年的农历二月十九、四月十八、九月初九等日，姜育恒必到大孤山。2015 年 10 月，姜育恒为大孤山景区捐建道德经碑。2017 年 10 月 25 日，大孤山名胜风景区管理局正式聘请姜育恒为大孤山景区旅游形象大使。2018 年 5 月 31 日，姜育恒在孤山镇首届杏梅花旅游节文艺晚会上演唱《孤山寄情》。

刘颍农民画作品:《收获》(2015 年) 丹东孤山经济开发区管理委员会 提供

艺文杂记

孤山镇山明水秀，风光如画，历史悠久，人文底蕴深厚。孤山镇的风景名胜，引文人雅士挥毫泼墨，虽多散佚，但仍可见于碑碣、书画题跋中。民国至今，孤山镇作家、诗人、学者频出，艺文著述不下百种。

本类目中分为诗文作品、杂记、绘画作品选3个分目。限于篇幅，在诗文作品中收录10位近现代作家、诗人创作的与本地相关诗歌9首、散文2篇和民间传说3篇、民间故事2篇；杂记分目收录11位近代以来名人在孤山镇留下的墨宝和题词，并收录了歌曲2首、楹联4副、碑文2篇；绘画作品选录入孤山籍画家绘画作品6幅。“孤山籍作者主要著述一览表”辑存了孤山籍学者、作家、诗人、书画家等著述、书画集篇目46种。

诗文作品

诗歌

大孤山闲眺

李翰颖[①]

重冈历尽断云平，突兀奇峰画不成。
崖覆梵宫森月窟，林穿古树纳风声。
海潮直泊将军石，山背孤悬高丽城。
南望苍茫獐鹿岛，当年兵革旧连营。

——录自《东沟县志》

登大孤山绝顶

许文运[②]

抠衣石蹬踏秋寒，万户纵横脚下看。
山压河流盘海外，顶摩星宿插云端。
凤城迢递千峰小，鹿岛苍茫一水宽。
松径仙风来谡谡，骖鸾欲向九霄抟。

——录自《岫岩志略》

---

① 李翰颖：字芝岩，清咸丰七年（1857）编纂《岫岩志略》，著有《蕊峰樵者集》。

② 许文运：生于清乾隆四十五年（1780），卒于清咸丰三年（1853）前后。字则修，号凤楼、愚泉，大孤山西南木耳山潮浒沿人。平民诗人，著有诗集《浒东诗钞》共十二卷，收入诗歌约千首。

游孤山朝阳寺

许际阁[1]

一径绿云稠，穿林钟磬幽。乍来人境外，斗觉此生浮。

山色常依塔，河声欲上楼。盘桓松荫下，指点海边舟。

——录自《岫岩志略》

游大孤山圣水宫

于成之

一

孤峰屹立压群山，石磴层层步履间。目极烟霞连海岱，天然圣水滴巉岩。

饮来紫液芳心豁，踏去青云俗眼删。佳景不嫌朝露冷，一轮明日山松关。

二

孤山形势本超然，人到此间了俗缘。不看神工鬼斧迹，飞来鹿岛鸭江边。

漏天了望山云岫，流水窍通古洞泉。峭石嵯峨相拱璧，故乡风景我留恋。

——录自《东沟县志》

秋日登大孤山

于洵静

极目大观色万千，年来幸未被情牵。孤山涉足接灵气，圣水润心了俗缘。

攀石老松坐绝顶，悬天明月照平川。云烟过眼都飞去，独饮林泉且学仙。

——录自《东沟县志》

古韵街吟

滕永麟[2]

天街蕴雨泻钱河，紫气东来神圣多。王母瑶池群聚首，左厢书院步白鹅。

——录自《东港诗词》

---

① 许际阁：许文运次子，字书诚。府学生，曾任盛京宗室书院学习。擅长诗歌，著有《乃吾庐诗集》4卷，今不存。

② 滕永麟：1942年生，辽宁省东港市孤山镇人，曾任东港市诗词学会副会长兼秘书长，会计师、政协东沟县第五、六届委员，政协东港市第一、二届委员。

这是一座千年的小镇

冯忠臣[①]

谁丢失了宝贝，遗落在辽东半岛的岸边
那些古迹，那些钟声，那些善男信女
那些纷纷扬扬的故事和传说
填充这座叫孤山的小镇

山势并不崔嵬，像波浪舒缓递进
被僧、道走了千年的一条幽静小路
一块一块石头都有了灵性，光洁的沉思

两棵千年的古银杏一定有深刻的思想
只是不说话，让我们仰望的头晕目眩
楼阁。亭榭。飞檐。斗拱。砖雕。佛塔。壁画
怀揣无限的秘密，引诱陌生的眼神抚摸、感叹

大海就在山脚，抒情的碧蓝，绸缎一样抖动
朝阳。海岛。帆影。鸥鸟。古渡。沙滩。暮霭
海市或蜃楼偶尔也会出现，让想象抵达
喧嚣或沉默的大洋河，舒展腰身环山而去
野鸽群从天空掠过，脖颈闪耀金属的光泽
孤山并不孤独，她有远播的声名和深厚的底蕴
化境
——摹写孤山古建筑群千年的古银杏树

① 冯忠臣：1965年生，孤山镇人。笔名风萧萧，中国作家协会会员。现为中国人民银行东港市支行职员、中国人民银行作家协会副主席、丹东市作协副主席、东港市作协主席等职。著有诗集《红芒果》《梦中的红苹果》《流浪的蝴蝶》《玄思与虚无》《锈钝的词》，中短篇小说集《在江湖滑行》。

你包藏了私心，要与我分享苦乐
千年的古寺前，我们再次邂逅
深沉的古钟声在树梢萦绕
作古的僧人隐藏到了时间的深处
哲思的偈语被鸟儿们衔在嘴里
啁啾声清亮，洗去了朝拜者心头的愁绪

哀伤也罢，幸运也罢
千年的风霜，千年的雨露，千年的忍受
千年的泪水，千年的阳光，千年的神往
一片祈愿者焚香跪拜在脚下
风一吹又换了一茬新面孔
虚幻又真实的场景啊
枝叶繁茂，绿茵匝地
神圣。庄重。高贵。灵性无限

抚摸粗皴的躯干，一种刺痛激活神经
恍若我已虚化，融入了大树
古老的传说在血管里汩汩流淌
怀揣着唐风宋雨，沐浴着梵音佛语
根须在土层深处不停地挖掘探索，体验大地的深厚胸怀
枝枝叶叶都是一部天书，庋藏人间的兴衰

香火鼎盛，缄默沉思
或葳蕤或萧瑟或喧哗或沉寂
剑戟远行，家园繁华
是精灵？是智者？是大山千秋不散的魂魄
袅袅雾岚，悠悠岁月
物换星移带不走的是虔诚的信仰

彩色的风一阵阵清唱着博爱仁慈地抚过
一群游客兴奋赶来，两只鹰隼巡游天空
穹庐之下永远不会苍老的是心境

——录自风萧萧诗集《锈钝的词》

古戏楼[①]

王雪茜[②]

谁把一生的悲欢
交付这一角朱壁戏台
入相出将的辉煌远去了
而在我心中
戏正上演

三庆班　仁和班　长须班
粉墨登场
秦腔昆曲连绵涌来
神听和平的漆匾下
白素贞正痴恋着许仙

柱石上的梅兰松竹
见惯了人间悲喜
这一台戏
一唱就唱了二百年

檐角纷飞的古戏楼啊
何尝不是古镇的一道月光

① 摘自《丹东日报》，2010年7月8日。

② 王雪茜：1968年生，孤山镇人，笔名伊人雪。辽宁省作协会员、丹东市作协副主席、东港市作协副主席、中学高级教师、二级作家，现任东港市第三中学教师。著有诗集《冰房子》。

在生生世世的守望中
将岁月慢慢点亮

散文

鹿岛钓古[①]

岳长贵[②]

从地图上看，大鹿岛仅是“鸡”嘴旁边的一粒米。然而，因为它与一场震惊中外的大海战连在一起，也就“名见经传”了！

110年过去，海风早已吹散了海战的硝烟，来而复去的波浪早已扑灭了熊熊战火，燃烧的海水也已恢复了平静。唯有沉默的凭吊者，清楚地听到了自己“嘭嘭”的心跳。

遥望古战场，满目是黄色的大海和蓝色的天空。我想，“致远”舰沉没前的最后一分钟，将士们一定会在硝烟烈火中，用最后的目光与它们匆匆诀别吧！如今，阳光和海风从这里穿过，深情地抚慰着海底的亡灵。没有祠堂，没有纪念碑，没有一点可资凭吊的遗迹。然而，那与广袤的黄土地一个颜色的大海，却在不住地咏吟着海战中836名殉难者的名字：邓世昌、林永升、黄建勋、林履中、杨用霖……

时光回到110年前的9月17日，那一天晴光万里，风平浪静，只有海上的鲨鱼嗅到了血腥的气息。阴谋和罪恶就在这明媚的阳光下猝不及防地发生了：

“午前11时25分，当时船役已鸣号开午饭。菜肴是烧白鸽。忽然一个军官冲入，报告说：‘日舰已出现！’船中的将士全部登上甲板。只见地平线上薄烟如柱……”（“定远”舰帮办、英人泰莱记载）。

站在小岛上，犹如置身于古罗马竞技场的看台，俯瞰着一场遥远的海上激战——眼前浊黄的海水中，隐隐地浮现出当年“致远号”战舰的战斗雄姿：当号称“帝国精锐”的“吉野”四舰以18.8海里时速向“定远”舰（北洋水师旗舰）逼近时，中国海军阵中忽有一舰“鼓轮怒驶，且沿途鸣炮，不绝于耳，直冲日舰而来。”准备用冲角撞击“吉野”。这就是邓世昌管带的2300吨巡洋舰“致远号”。“吉野”迅疾规避，在就要被“致

---

① 原载《人民日报》，2014年10月16日。

② 岳长贵：1939年生，孤山镇人，中国作家协会会员，首批国务院特殊津贴专家。与李述宽合著长篇小说有《风浪口》《贼船》《大海情》，中篇小说有《大橹的故事》，短篇小说集有《白蹄儿流放记》《情人岛》等多部作品。

远”撞上的关口发射鱼雷。“被鱼雷击中的‘致远’，舰体之倾斜益甚，螺轮翘出水上，虚转于空中，终挟全船人员以俱沉。此时砉然有声如裂帛者，恐即其汽锅裂也（泰莱记载）。”

激烈的“绞杀”使黄海瞬间变成“红海”：分不清哪是尸首哪是活人？分不清哪是日本水兵哪是中国水兵？分不清哪是敌舰哪是我舰？当“致远”舰沉没时，清军遥见在海面上旋转的螺旋桨，还兴高采烈地以为那是一艘被我方击沉的日本军舰呢！

如今，“致远”舰庞大的身躯静卧于海底，像一头巨兽残留的骨骸，与“经远”“超勇”“扬威”“广甲”永远地停泊在这片海域了。110 年前的威风与耻辱，在锈铁残骸的缝隙中一波一波地荡漾开去、荡漾开去……

假如乘船走近，可见一座黄色的礁石屹立在惊涛骇浪之中，渔民管它叫“老黄石”，是林永升和他的“经远”舰沉没之处，很像一座矗立在海上的纪念碑。这是我迄今为止见过的最富创意的墓碑，比起泰山的李斯碑、乾陵的无字碑毫不逊色——就在牺牲者的牺牲之地，追念者与牺牲者同在。

在这座“水上纪念碑”上，“镌刻”着这样一段甲午故事：日舰依仗势众，以排炮猛攻“经远”。“经远”以一敌四，毫无畏惧。正当激战之际，林永升突然发现一敌舰中弹受伤，遂下令鼓轮追之，欲击使沉。

然，日舰死死咬住“经远”，先以鱼雷，继以丛弹。于是，“经远”其舵不能自如，浓烟与爆声迸发，爆弹充满于空中，海水被鲜血染红。永升不幸突中炮弹，脑裂阵亡。都司帮带大副陈荣和守备二副陈京莹也先后中炮牺牲。“经远”舰中弹累累，遂在烈焰中沉没。

不知过了多久，一个身负重伤的老兵漂到了礁石旁。他爬上礁石的最高处，硬挺着站立起来，呆呆地望着沉舰。泪，流了下来；血，流了下来。老兵没有回到岸上，也没有倒下，他就这样站着牺牲了。

岛上渔民说，这座礁石从此便有了灵性：涨潮蒙不上顶，落潮露不出滩。渔民常常根据礁石上出现的奇异预兆，判断小区域气象变化。如天气晴朗，风平浪静时，突然听到那里水响，就知道将要发生海颠（当地人叫发海）。后人根据这奇异的现象写了一首诗：

滔滔海水碧万顷，铮铮骨骼最多情。曾经浪过眉须白，不见尘飞面目清。

砥柱将军欣作友，垂纶钓客拜呼兄。有时如近复如远，堪卜今朝雨与晴。

凝神注目，随着夕阳西斜，礁石周边的海域竟然变成一片红色，像是从海底冒出的一朵硕大的红杜鹃。那色彩变幻着、扩展着，最外围的一圈渐渐泛黄，继而，红黄赤紫交织翻滚，将海水染得五彩缤纷，像是一幅动态的现代绘画，变换着时而沉痛时而悲壮时而诡秘时而荒诞的面孔——那大概是甲午壮士的鲜血吧？

想到这，忽然浑身就冷冷地战栗，甚至听到黄石礁那里发出的水响，好像有人在海底呼喊："吾辈从军卫国，早置生死于度外，今日之事，有死而已！""然虽死，而海军声威弗替，是即所以报国也！"

那一刻，邓世昌和"致远"舰上的二百余名官兵猛然就活了过来，或许从来就没有死过——不死是因为不甘，以当时中国的国力（1890年，中国的国民生产总值是日本的5.8倍）和官兵那种不惜死的精神，怎会败给一个弹丸小国呢？

关于甲午海战的成败得失，直到今天，还在"百家争鸣"。我想借鉴中央电视台《焦点访谈》的做法，也来个"用事实说话"：

中日甲午战争前，日本天皇每年通过节俭从内宫拨款30万，对军队进行补助，连续8年制造、购买先进军舰，并购买了航速最快火力最猛的吉野号巡洋舰。而慈禧太后每顿饭要上100多道菜，还要抽打100多名太监，用太监哭叫声来满足她的奇怪嗜好。1887年到1895年，海军应拨军费3600万两，实际只拿到了1400万两。慈禧太后修建颐和园就挪用海军军费750万两。10年间竟未购一艘军舰。有"帝国精锐"之称的巡洋舰吉野号，本来是为中国制造的，由于清政府拒购而转卖给日本，最终成为甲午海战中的"先锋杀手"。

乾隆后期实行"没罪银"制度：官员犯罪，可以酌量没罪罚银，导致腐败之风盛行。大学士和珅贪污8亿两（朝廷年收入7000万两）。李鸿章财富4000万两，相当于北洋水师全部经费的2.7倍。当时就有"半个合肥（李鸿章老家）都姓李"之说。如此腐败的封建专制王朝，焉有不败之理？

大海真是个诡谲多变的怪物，刚才还是满眼黄滔滔的浊浪，一阵微风掠过，水面上立即荡漾出一朵朵银白的浪花。海燕贴着水面低飞觅食；海猪肚皮朝上，在浪涡表演仰泳技术；海蜇则像一把把肉伞，在水中探头探脑地飘浮着。鱼群游过来了，亮瓦瓦的一大片，如同一匹抖动的绸布——它们是甲午沉舰的陪伴者吧？

船主赠给每人一只瓶子，让游客趴在船舷亲手打上来一桶海水，灌在瓶子里。我一看，这是一只特制的瓶子，外形很像一只踞伏着的千年老龟，龟背上刻着两行字："勿忘国耻，牢记甲午！"

我捧着这只瓶子，激动得不能自已：因为，这是古战场送给我们的纪念品，里面装的是"甲午魂"哪！

大孤山的“鲜灵螃蟹”

盛安世[①]

在家乡大孤山一带，一提起“东山顶”的“鲜灵螃蟹王”，人们就会不约而同地竖起大拇指。“鲜灵螃蟹王”的鲜灵螃蟹，堪称大孤山一绝。

家乡有句俗话：七上八下。意思是说进入八月，螃蟹便离开河道，进入深海区。这期间，螃蟹长得特别棒，蟹黄顶盖肥，味道佳美，是吃鲜灵螃蟹的最佳时节。

一大清早，天刚刚蒙蒙亮，出巢的鸟儿在林间飞来穿往。那委婉动听的歌声打破了山乡清晨的宁静。这时，巷子里飘起了一阵阵的熟悉、洪亮、带有磁性的“鲜灵螃蟹”叫卖声。这叫卖声洪亮、带有磁性，只听家家风门响，只见户户街门前人影晃动。他们一手端着小盆，一手在整理因匆忙而穿戴不整的衣裙，直奔鲜灵螃蟹挑担而去。

卖鲜灵螃蟹者姓王，是卖鲜灵螃蟹的专业户。只见他担着一担别致的浅盘竹篮，竹篮呈扁月形，大小正好放进一个大釉盆。盆里装着连汤带水的鲜灵螃蟹，釉盆上面点缀着几个小红辣椒，几段绿的葱和几株山枸椒棘籽，十分醒目，看上去像一件艺术品，又让人有食欲。不用吃，馋虫就会跑了出来。

王师傅腌的鲜灵螃蟹有他的独到之处：用白酒把洗净的螃蟹醉死，然后放进胡椒大料小红辣椒和葱。他不用花椒，而是去山上采撷山枸椒棘籽。王师傅说，山枸椒棘籽成色好，味道独特，既能清除螃蟹的腥味，又能增加螃蟹的口感。然后，再投进大粒盐和凉开水。王师傅腌螃蟹不用瓷盆泥盆，他说那样会跑味儿。王师傅说，腌螃蟹一定要用釉盆，这样腌出的螃蟹才能味道纯正、脆生、鲜灵。腌了一昼夜的鲜灵螃蟹，第二天一大早，王师傅便挑上它，走街串巷地做起了鲜灵螃蟹生意来了。

王师傅腌的鲜灵螃蟹成色好、脆生、味道鲜灵，咸淡恰到好处。揭开蟹盖，蟹黄顶盖肥，一边黄、一边青，未曾入口，已是涎水满腔了。咬一口，满嘴蟹黄，鲜中有咸，咸中有鲜，就着玉米面大饼子吃，那才叫口福呢！

王师傅卖完了鲜灵螃蟹，回家收拾一下，便扛起一捆钓蟹杆和“抄捞子”，又上海边钓螃蟹去了。王师傅卖的螃蟹都是自己钓的。而且，钓点都在大洋河入海处。因那里是海河两合水，螃蟹既饮淡水，又能饮咸水，其滋味，是海蟹、河蟹兼而有之。王师傅用的钓

---

① 盛安世：1938 年生，笔名戈笑，孤山镇人。1973 年开始发表作品。中国诗歌学会会员、中国科学诗人协会会员、辽宁省作家协会会员。著有儿童诗集《童年的摇篮》《鱼篓里的童话》《水乡蛙鼓》等。

竿是材质轻、韧性好，而又细长的长竹竿，在竿稍上拴根细长的线绳，线绳上间距相等地拴上几串“猴了鱼”。“猴了鱼”抗蟹钳，在水中又放光，是钓螃蟹最佳诱饵。王师傅把钓竿差开距离一字排开，把钓饵投进河里，把钓竿平放在河岸边。每隔20分钟左右，便起身巡查一遍。看，他一手慢慢提竿，一手拿着“抄捞子”。当诱饵上的螃蟹刚要露出水面时，他便迅速把“抄捞子”从螃蟹下方抄过去，网住螃蟹后，再慢慢地继续往上提竿再抄，抄蟹的动作要麻溜快，否则，那螃蟹便会松开大钳逃之夭夭。傍晚，王师傅把满满的一水桶的螃蟹挂在钓竿上，扛起心满意足的收获，踏着夕阳的余晖，乐颠颠儿地回家了……

民间传说

圣水宫的传说

很久以前，大孤山脚下有个叫山应的后生，为了治好他母亲失明的眼睛，他常年攀佛山登仙阁，不知求过多少名医，仍无济于事。一天，他来到大海边，面对茫茫大海，一遍又一遍祈祷：“大慈大悲的观音菩萨啊，请您让我的母亲重见光明吧！”说话间，只见云海相接处，观音菩萨驾着祥云而来，手指大孤山说：“山应，你若能在那陡砬子上凿出一道缝隙，便会流出圣水，取来给你母亲洗眼，即可复明。”山应乐得跳起来，双脚踏到海水里，醒来却是一场梦。山应拔腿就往家里跑，心里暗想，只要能治好母亲的眼睛，别说凿出一道缝，就是将大孤山凿穿我也愿意！冬去春来，山应整整凿了三年，终于把大砬子凿出一道缝。圣水果然从石缝中流了出来。山应就用圣水给母亲洗眼，老母亲真就重见光明了。为感谢观音菩萨的恩德，山应便在砬子下修庙出家，为人们接取圣水治病。从此，人们便称此庙为圣水宫。

大泉眼的传说

很久以前，天宫里住着一位龙王，这龙王专管人间降雨。他手里有很多水管，看到人间干旱，就往下扔一个水管，每个水管都是一场雨。水管有大小，大的降大雨，小的降小雨。后来，龙王得罪了玉皇大帝，玉皇大帝就把龙王的水管收归自己掌握。

人间久旱无雨，河水断流了，地不长草，盆不开花，田里没有禾苗，树上没有果子，黎民大批渴死，勉强活着的也都奄奄一息。龙王就想得到一个水管，为人间降雨，他知道玉皇大帝不好说话，就找玉皇大帝的女儿玉女帮忙。

玉女不光长得美丽，心地也慈善。她得知人间干旱成灾，也愿意为降雨出力，她问玉皇大帝为什么不降雨，玉皇大帝说：“黎民百姓对我也没什么供奉，我为什么给他们降雨呢？”玉女急了，说：“眼看着凡界庄稼旱死，黎民百姓渴死，不降雨，太残忍了！”玉皇大帝大为恼怒，叫玉女不得多言，玉女只得忍气吞声等待机会。

有一天，玉皇大帝出门了，玉女盗取玉皇大帝的钥匙，打开金柜，偷出一个降雨水管交给龙王，龙王将水管抛向人间，那水管离开天宫，化作一溜金光伴随着雷鸣闪电和疾风暴雨，飞进大孤山西边的一口枯井中。那口已经干涸多年的枯井，从此不论天有多旱，天气多冷，总是涨满了水。井水冬暖夏凉，甘洌如饴，人们叫它“大泉眼”。

后来，玉皇大帝知道玉女和龙王盗水管的事，就把玉女贬到凡间，任玉女的母亲苦劝也没用。玉女见父亲赶她出天宫，落了两滴眼泪，就决意离开天宫。这时，天上出现了一条彩虹，一头搭在天宫，一头搭在大孤山东隅，这是龙王为玉女搭起的天桥。玉女彩衣飘飘，裙带飞舞，沿着彩虹轻悠悠降落下来，住进了大孤山东山顶的破庙里。几天后，龙王也被贬下凡间。随着雷雨闪电，一条飞龙从天而降，“扑通”一声落入藏水管的那口井中。

人们知道水井里住着龙王，每逢天干地旱，就跪到井边，挑一两个年轻力壮的人下到井里，从龙王手中接过水管，回到村中把水管供奉起来，不出三天，一定就会降下喜雨。降雨后，人们再把水管送还龙王。

为答谢玉女，人们在大孤山东山顶建起玉女庙，后来改名观音庵。又在大孤山上庙建龙王殿，在摆渡口建龙王庙。

大鹿岛的传说

有关大鹿岛的由来，有三个传说。

传说一：相传天宫中一位仙女私自下凡，与杨三郎结为夫妻。玉皇大帝闻知大怒，派天兵天将捉拿仙女回宫问罪，仙女奋力厮杀突出重围，化为一只美丽的梅花鹿跃入海中。天兵穷追不舍，万箭齐射，梅花鹿中箭身亡，卧在海中，慢慢变成一尊巨石，便成了大鹿岛。

传说二：相传很久以前，南极仙翁身背一鹿一獐，腾云驾雾，行至黄海某处，不小心把鹿、獐掉进海中，便形成今日的大鹿岛和距大鹿岛东北 4 海里的獐岛。

传说三：相传杨二郎之母被玉皇大帝压在凡间一座大山底下，杨二郎劈山救母后，将母亲放在山坡晒太阳。玉皇大帝闻知，传旨十二个太阳一起出来，将杨母活活烤死。杨二郎一怒之下，连斩十一个太阳，当追杀最后一个太阳时，太阳已跑到海上。杨二郎不会水，便用三尖两刃刀担山填海，但太阳已跑远，杨二郎一泄气，一座山便从三尖两刃刀上脱离出去，另一座山也“张”（方言，多指容器因超负荷盛装，固体物质流出）了出去。脱离出去的那座山便是大鹿岛，“张”出去的那座山便是獐岛。

民间故事

聚宝盆

早先，从南海来了一对逃荒的老夫妻，他们坐船到人孤山北面有个叫老庙沟的地方，老两口一看这儿的地土不错，就落下了脚。

每天太阳一露头，老两口就开始在山坡上开荒种地，一年一年，地也多了，粮食也吃不完了。老两口一合计，就买了条毛驴，雇了个伙计。

伙计天天都到山沟里割草喂驴，这草又细又嫩，驴吃了就长膘。一天，老头问伙计：“你怎么天天能割到这样好的草？”伙计说：“我也不知怎么回事儿，山沟里有块地，我头天割了草，第二天又长出同样的草来，怎么割也割不完。”老头一听，哈哈大笑，说：“天下哪有这样的事？”第二天，他就叫伙计带他到那块草地去看看。老头到那儿一看，更加不相信伙计的话，这么一小块地方长的草，怎么能一直割不完呢？他从伙计手里拿过镰刀，自个儿弯腰动手割起来。不一会儿就把草割完了。老头直起腰问伙计：“我割的和你割的一样吗？”伙计点点头：“一样。”老头说：“那好，帮我把草捆了扛回家去吧。”

第二天，老头和伙计到这里一看，果真又长出齐刷刷的好草。老头叫伙计拿来一把镢头，动手刨这块地，想亲眼看看底下有什么东西在作怪。除了刨出来一个石槽子，其他的什么也没刨着。老头让伙计把石槽子扛回家，正好猪圈里少一个猪食槽子，就把它放到猪圈里当猪食槽。

自从用它做了猪食槽，圈里的猪几天就肥起来了。

老两口日子越过越红火。可逃荒出来这么多年了，他们认为还应落叶归根。老两口商量好以后，就把家里的东西折腾完了，坐着客船往南下。

船走到大鹿岛西口，刮起了北风，船老大挺高兴，忙拉起大篷。可是，北风把大篷鼓得满满的，桅杆吹得“嘎吱嘎吱”响，船却一动不动。眼瞅着别的船都顺风走了，船老大发毛，急得船前船后乱转。突然，他发现船头被两只大蟹子夹叉住了。这只大蟹仅蟹夹就有水桶那么粗。船老大明白了，船上准有什么怪奇东西。于是，就船里船外四下翻腾，翻来翻去翻出了老两口带的那个石槽子。船老大把石槽子抓起来，“扑通”一声扔进海里了。说来也怪，石槽子一落水，大船就“呼”的一声，飕飕地往南开去了。

从这以后，大鹿岛西口的海滩上，每当落潮，大人小孩就成担成挑地扒蚬子，一辈辈也没扒光，扒了就又生出来，直到现在，大鹿岛西口海滩上的蚬子也有很多。原来，那个石槽子是个聚宝盆，只要装进东西，就会永远拿不完。当年石槽子落到海底后，爬进去了蚬子，就再也扒不完了。

曹大汉的故事

清光绪年间，大孤山东山脚下住着一户姓曹的人家。曹家有一个儿子，叫曹积，长得膀大腰粗，身高九尺，胸宽三尺，每顿饭能吃三斗米，大家都叫他曹大汉。

大孤山修上庙的时候，有一天傍晚，曹大汉到山上闲逛，看到山脚下四个人抬着石条往山上走，一个个被压得趔趔趄趄的。曹大汉坐在道中央。四个人见曹大汉横在道上，就火了。

曹大汉像没听见似的，还在那坐着。四人抬着石条站着受不了，就把石条放下，到路旁的槐树下喘口气，歇一会儿。这时，曹大汉慢悠悠地站起来说：“四个人抬一块石头，就累成这样？”四人一听，更加生气，“你有本事就把它扛上山，这才算好汉！”

曹大汉说：“这有什么，让我吃饱肚子，我扛个三块五块的都不成问题。”四人大笑，说：“你是乞丐饿得受不了，上这儿来骗饭吃？”曹大汉一听，眼珠子瞪得溜圆，匆匆地往山下走去。

过了一会儿，只见曹大汉两个胳肢窝一边夹了一块大石条，身后还背了一块，噔噔噔地走到四人跟前，说：“怎么样，我是骗饭吃的吗？”四人谁也没敢吱声。

晌午，曹大汉被道主留在上庙吃饭。不知道吃了多少，两个专给他盛饭端菜的小道士累得满身是汗，还是供不上，最后把锅里的饭菜吃光了，他才放下碗筷。有人问他：“吃没吃饱？”他说：“也就是垫补垫补吧。”道主看他力气大，就把他留下帮着干活儿。修上庙用的大石条，都是他搬上去的。

有一年农历四月十八的前几天，曹大汉上山溜达，走到半山腰的时候，看见上庙道主领着一帮小徒扛着口袋，有的往山下走，有的往山上走，一个个累得满头大汗。曹大汉问：“你们扛了些什么？”道主说：“还有几天到四月十八庙会了，到山下碾点粮。秋天收了粮扛到山上，吃时又扛到山下，碾好了又扛上来，真是折腾人。”曹大汉问：“庙上怎不安一盘碾子呢？”道主说：“碾子早就买了，搬弄到山后石崖下，再也弄不上来了。”曹大汉说：“我去帮你搬上来吧。”道主想，这人有力气不假，不过，石碾子不像石条那么好搬弄，再说，后坡的崖多、又陡。但是，既然他说能帮着搬上来，不妨让他试一试。

道主带着曹大汉来到山崖下石碾跟前。问：“你看能搬弄得了吗？”曹大汉笑了笑没吱声，他端量了一会儿石碾子，顺手折了一株碗口粗的蜡树杆子，往碾盘芯里一插，一下就掀到身后把大碾盘背了起来，然后弯腰用一只胳膊把石磙子夹在胳肢窝，往山上走去。

上庙坐落在山前半山腰，从后山到上庙得爬上山顶再下来。曹大汉到山顶后，把石磙子放下，先把大碾盘送到庙上，回头又用胳膊把石磙子夹走了。

晌午，道主留曹大汉在庙上吃饭，这一顿，他吃了一锅半饭、半头猪。

从这以后，庙上道士们吃的粮食再也用不着背到山下去碾了。为了感谢曹大汉，庙上立了一个规矩：凡是曹家老小和亲戚朋友来到庙上，一定要留下吃饭。

曹大汉背的大碾盘和石磙子，至今还放在上庙圣水宫旁边。

古韵街灰塑《曹大汉背碾盘》（2009年） 辽宁省大孤山风景名胜区管理局 提供

杂记

名人题字与墨宝

左宗棠题匾 清光绪十一年（1885），允兴栈信士求得军机大臣左宗棠题写的“永庆安澜”四字，后制成牌匾，悬挂于天后宫。

郭沫若为孤山中学题字 1960年，安东县中学更名为安东县孤山中学。1963年秋，孤山中学校长让美术教师给时任全国政协副主席、中国科学院院长、中国文联主席郭沫若写信，求题校名。很快，孤山中学收到郭沫若题写校名的宣纸信笺。校方将墨宝制成牌匾悬挂出来。学校虽更名为东港市第一中学，但郭沫若的题字仍被制成刻石，镶嵌在校门南侧墙壁上。

王堃骋为大孤山古建筑群题字 1979年9月5日，大孤山古建筑群被辽宁省公布为省级文物保护单位。应辽宁省文化厅请求，辽宁省副省长、省书法家协会副主席王堃骋题写“大孤山古建筑群”。1982年，王堃骋游览大孤山时，为大孤山上庙圣水宫题写“圣

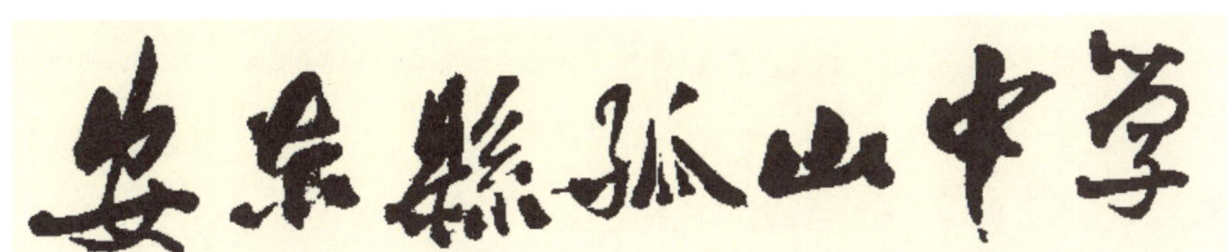

郭沫若为孤山中学题写校名（2017年） 丹东大孤山经济开发区管理委员会 提供

王堃骋题写的“大孤山古建筑群”（2006年） 刘芳春 摄

王充闾为大鹿岛甲午海战无名将士墓题的词（2006 年）　　刘芳春　摄

邵宇题字（2006 年）　　刘芳春　摄

水宫”“东来紫气，西望瑶池”。“大孤山古建筑群”石碑立于下庙广场前，“圣水宫”及“东来紫气，西望瑶池”镌刻于圣水宫后侧崖壁上。

王充闾为大鹿岛无名将士墓题字　1985 年春，孤山镇大鹿岛村为开发旅游资源，加强对青少年的爱国主义教育，将位于大鹿岛村东口哑巴沟的甲午大东沟海战无名将士墓迁移至大鹿岛东山北坡，并重新修建。应东沟县政府的请求，辽宁省人大常委会副主任、省作家协会主席王充闾为无名将士墓题写“甲午英烈永垂不朽”。题字镌刻于墓墙上。

郭峰为大孤山古建筑群题词　1986 年 12 月，中顾委委员、原中共辽宁省委第一书记郭峰为大孤山古建筑群题词“加强文物保护，尽快恢复大孤山古建筑群，是精神文明建设的重要内容”。

邵宇故乡留墨宝　1982 年 5 月 21 日，时任全国政协委员、人民美术出版社社长的邵宇随全国政协考察团回到家乡大孤山，为大孤山庙题写“海天一览”（后被制成匾额，悬挂于大孤山上庙西院客厅门楣之上），为守庙老人曲忠堂赠写“寿”字中堂一幅。1988 年 10 月，时任全国政协常委、中国美术家协会副主席、人民美术出版社社长兼总编辑、孤山籍画家、书法家、出版家邵宇再次回到故乡，并为大孤山古建筑群题写“海天一览”，为孤山大泉眼古井遗址题写“大泉眼”。在大鹿岛，为该岛题写“宝岛生辉”。为母校东沟县第一中学题写“尊重知识，尊重人才”。

高德占为大孤山国家森林公园题字　1992 年 6 月，林业部部长高德占为大孤山国家森林公园题匾“大孤山国家森林公园”，题匾存放于大孤山国家森林公园管理处，其刻

高德占题写的“大孤山国家森林公园”（2006 年）　　刘芳春　摄

欧阳中石题名大孤山（2017 年）

丹东大孤山经济开发区管理委员会　提供

书法名家刘炳森为大孤山题名（2006 年）　　刘芳春　摄

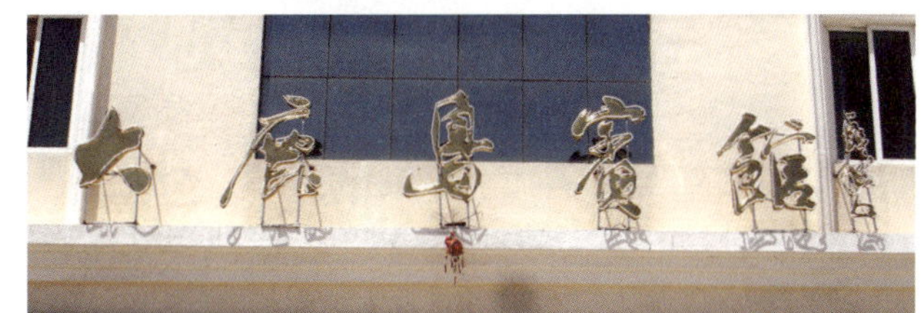
书法名家聂成文为大鹿岛宾馆题名（2006 年）　　刘芳春　摄

沈延毅为大孤山天后宫题写的“海不扬波”（2009 年）

丹东大孤山经济开发区管理委员会　提供

石立于大孤山山门西侧。

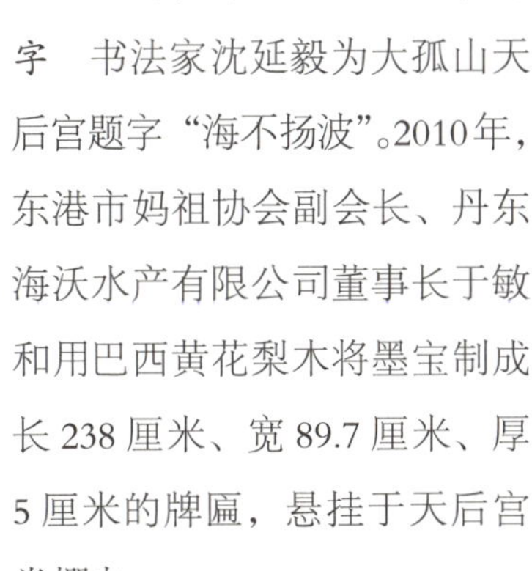

沈延毅为大孤山天后宫题字　书法家沈延毅为大孤山天后宫题字“海不扬波”。2010年，东港市妈祖协会副会长、丹东海沃水产有限公司董事长于敏和用巴西黄花梨木将墨宝制成长 238 厘米、宽 89.7 厘米、厚 5 厘米的牌匾，悬挂于天后宫卷棚内。

欧阳中石为大孤山、大鹿岛题字　1995 年 8 月，应东港市旅游局请求，北京首都师范大学教授、书法家欧阳中石为大孤山、大鹿岛旅游风景区题写“大孤山”“大鹿岛”。“大鹿岛”题字被复制在大鹿岛后口山门门额上，刻石立于大鹿岛旅游风景区金龟园西侧。

刘炳森为大孤山题字　1996 年，全国政协常委、中国书法家协会副主席刘炳森到东港市考察时，为大孤山森林公园修建的大孤山风景区山门题写“大孤山”。

聂成文为大鹿岛宾馆题名　2000 年，大鹿岛村第一家三星级宾馆落成。时任中国书法家协会副主席、辽宁省书法家协会主席聂成文为其题名。

歌曲

鹿岛之恋

女声独唱

1=♭A 4/4
♩=60 亲切 抒情地

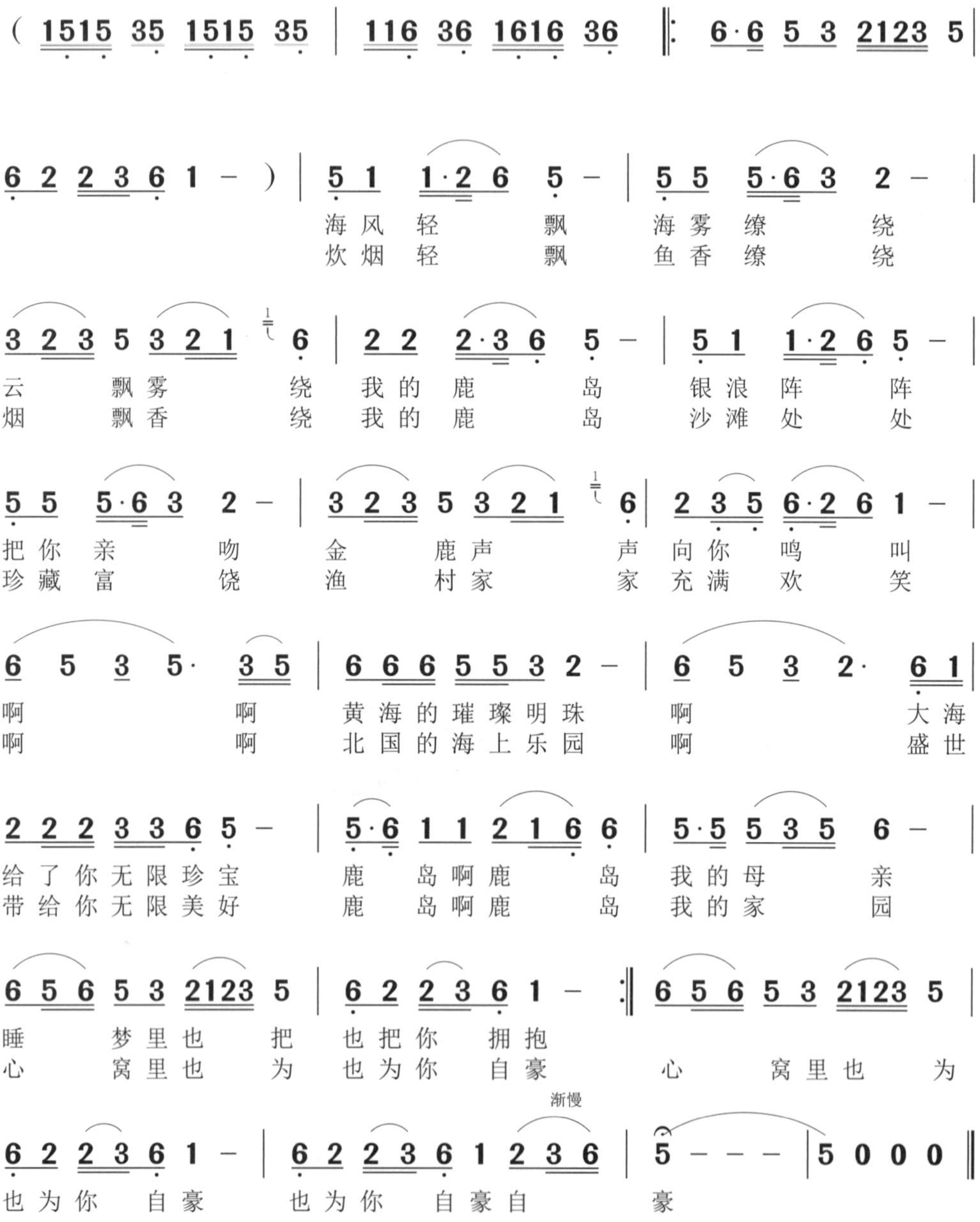

邬大为 词
铁 源 曲

(1515 35 1515 35 | 116 36 1616 36 ‖: 6·6 5 3 2123 5 |

6 2 2 3 6 1 –) | 5 1 1·2 6 5 – | 5 5 5·6 3 2 – |

海风轻飘 海雾缭绕
炊烟轻飘 鱼香缭绕

3 2 3 5 3 2 1 6 | 2 2 2·3 6 5 – | 5 1 1·2 6 5 – |

云飘雾绕 我的鹿岛 银浪阵阵
烟飘香绕 我的鹿岛 沙滩处处

5 5 5·6 3 2 – | 3 2 3 5 3 2 1 6 | 2 3 5 6·2 6 1 – |

把你亲吻 金鹿声声 向你鸣叫
珍藏富饶 渔村家家 充满欢笑

6 5 3 5· 3 5 | 6 6 6 5 5 3 2 – | 6 5 3 2· 6 1 |

啊 啊 黄海的璀璨明珠 啊 大海
啊 啊 北国的海上乐园 啊 盛世

2 2 2 3 3 6 5 – | 5·6 1 1 2 1 6 6 | 5·5 5 3 5 6 – |

给了你无限珍宝 鹿岛啊鹿岛 我的母亲
带给你无限美好 鹿岛啊鹿岛 我的家园

6 5 6 5 3 2123 5 | 6 2 2 3 6 1 – :‖ 6 5 6 5 3 2123 5 |

睡梦里也把 也把你拥抱
心窝里也为 也为你自豪 心窝里也为

渐慢

6 2 2 3 6 1 – | 6 2 2 3 6 1 2 3 6 | 5 – – – | 5 0 0 0 ‖

也为你自豪 也为你自豪自豪

孤山寄情

作词：尹传军 姜育恒 李子恒

作曲：李子恒 编曲：屠 颖

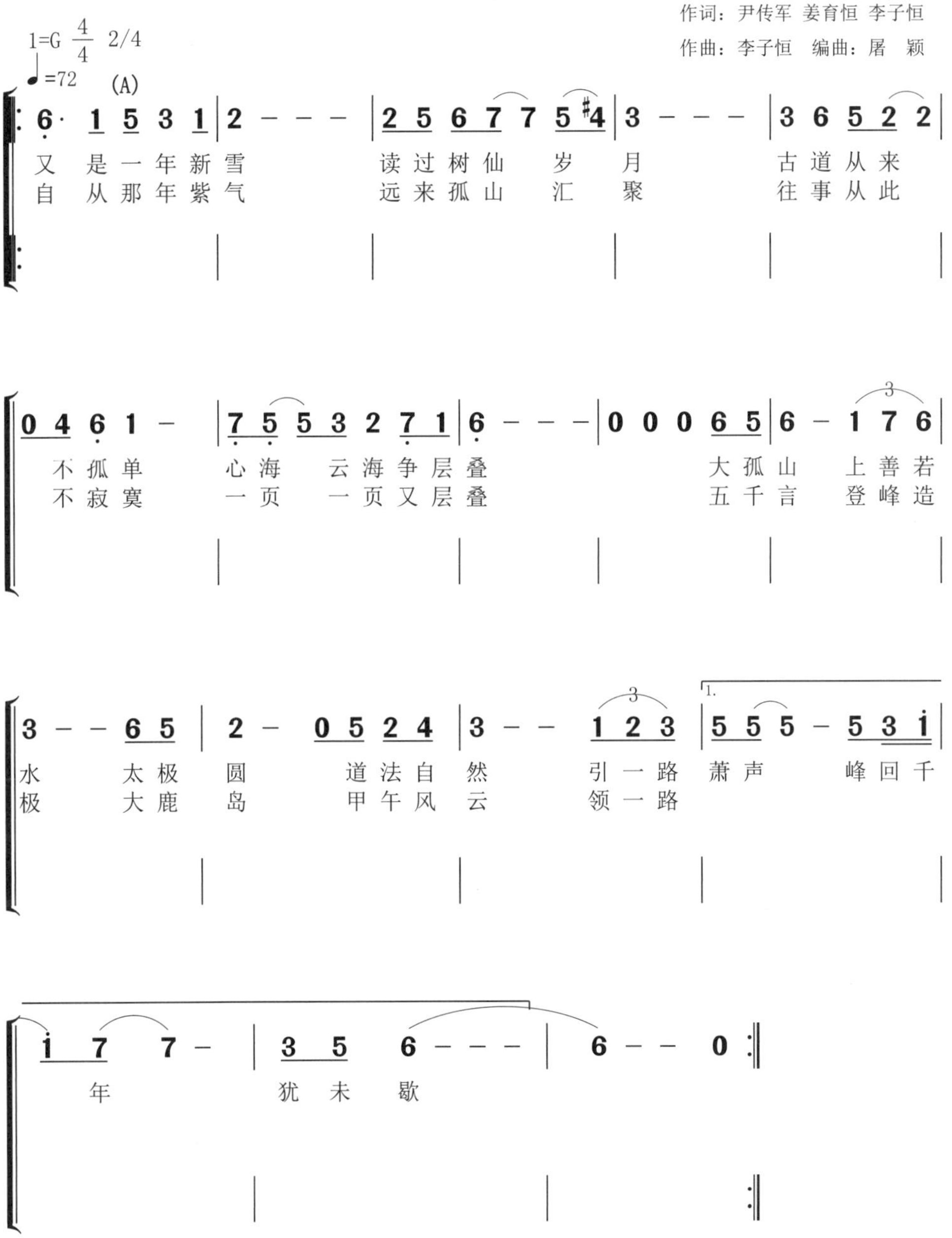

1=G 4/4 2/4

♩=72 (A)

又是一年新雪 读过树仙岁月 古道从来不孤单 心海云海争层叠 大孤山上善若水 太极圆 道法自然 引一路 萧声 峰回千年 犹未歇

自从那年紫气 远来孤山汇聚 往事从此不寂寞 一页一页又层叠 五千言登峰造极 大鹿岛 甲午风云 领一路

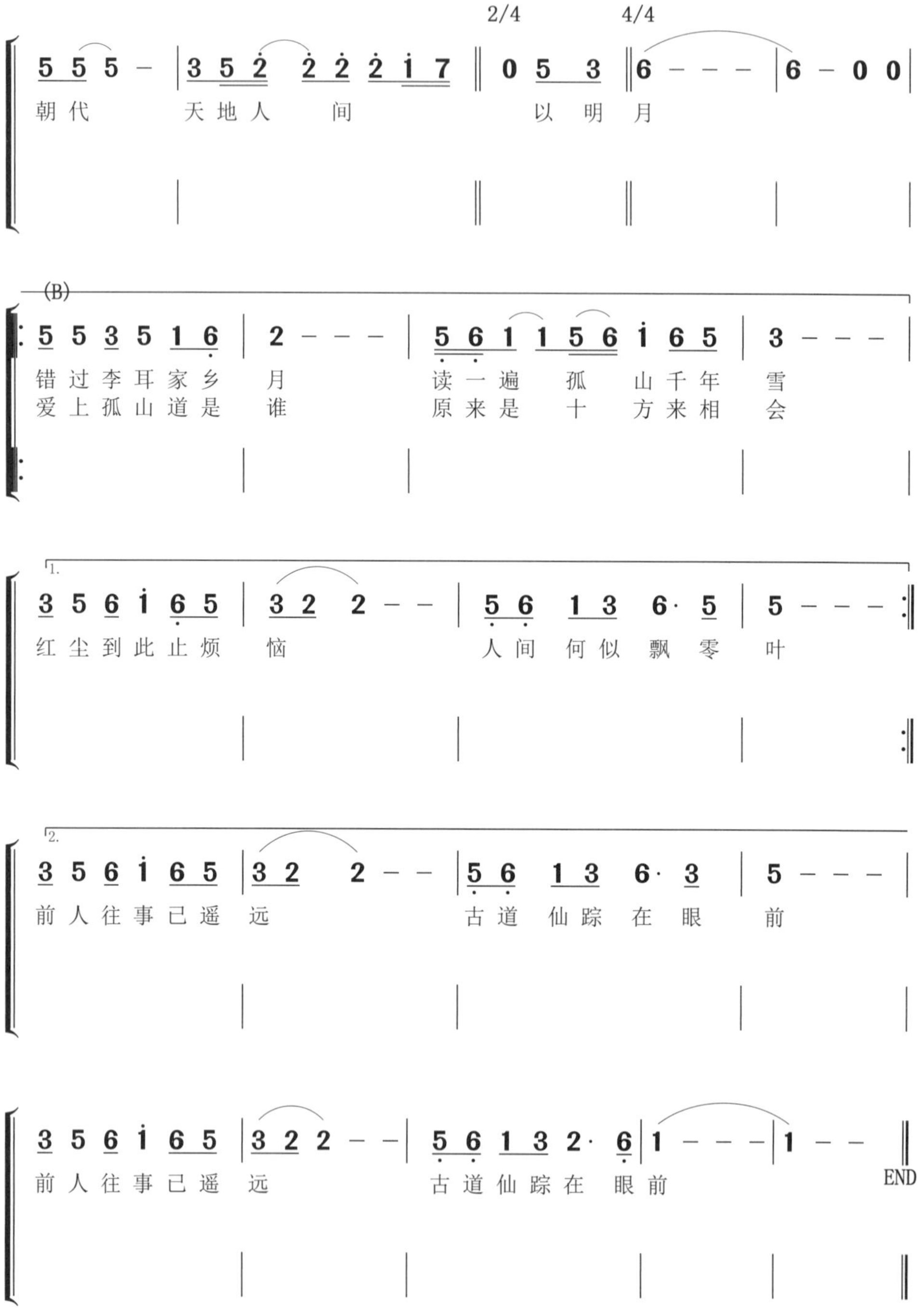

2/4 4/4

5 5 5 – | 3 5 2 2 2 2 1 7 ‖ 0 5 3 ‖ 6 – – – | 6 – 0 0 |

朝代 天地人 间 以明月

(B)

5 5 3 5 1 6 | 2 – – – | 5 6 1 1 5 6 1 6 5 | 3 – – – |

错过李耳家乡 月 读一遍 孤 山千年 雪

爱上孤山道是 谁 原来是 十 方来相 会

1.

3 5 6 1 6 5 | 3 2 2 – – | 5 6 1 3 6· 5 | 5 – – – :‖

红尘到此止烦 恼 人间 何似 飘 零 叶

2.

3 5 6 1 6 5 | 3 2 2 – – | 5 6 1 3 6· 3 | 5 – – – |

前人往事已遥 远 古道 仙踪 在 眼 前

3 5 6 1 6 5 | 3 2 2 – – | 5 6 1 3 2· 6 | 1 – – – | 1 – – ‖

前人往事已遥 远 古道仙踪在 眼前

END

楹联

观海亭柱联

此地有一亭风月

偶来作半日神仙

一层楼联

孙义俭[①]

千里目中沧海小

一层楼上白云多

观音阁柱联

问大士为何倒座

叹众生不肯回头

朝阳寺山门联

三皇治世人根祖

五帝为君定乾坤

横批：古开福寿

碑文选录

重修天后宫碑记

孤山旧有天后宫，由来久矣。感应异常，慈悲昭著，赞灵显顺。当飓风而远赐明灯救苦，循声冒蛋雨而宏开宝筏，圣德允同，坤载母仪，克配乾行，诚泽国之福星，实海邦之生佛也。光绪庚辰年春[②]，不戒于火，自正殿燃及两厢，悉为灰烬。其何以安灵爽而妥式平耶？监院宋法师，讳空岫，字虚谷，发愿重修，竭诚募化，于本年经始，至壬午年[③]落成。凡寒暑三移，而工程告竣矣。基宇仍旧，庙貌聿新，丹阁亘云，四壁仰丹

① 孙义俭（1862—1946）：孤山镇十二神庄人。字克轩，号守愚，以号行世，擅书法，尤以隶书见长，曾书丹《观海亭碑记》《薛公德政碑》，现存大孤山古建筑群内。

② 光绪庚辰年春，即光绪六年（1880）。

③ 壬午年，即光绪八年（1882）。

青奄画金容，满月重檐瞻，金碧辉煌。越明年，宋法师功修甫毕解脱，旋闻化白鹤以西归，骑青牛而东度。嗣徒座莲尹道友，虔遵遗范，恪奉清规，已完者守之，未备者修之。迩时，欲建丰碑以铭师德，缘贞珉莫扚，遂勒石未能。今者既为住持，难忘继述斋居素室，俟服阕，以终三卷，衍黄庭知法门之不二行。见千艘万艇，顶礼庄金，并期商舶估帆，捧资香火。九天宫阙被神化于孤山；满地江湖，沐慈恩于洋水，所以经堂接武，適观厥成。维兹悬碣镌文，永垂不朽云尔。

募化：迟俊选　同合福　广顺栈　协元栈　允兴栈　杨荣泰　通顺栈　福昌萃　双合庆　日丰当　周长盛[①]　谦德栈　通成合　福丰号　福德恒

山左张松龄撰文　浙绍周良图[②]书丹　监院宋空岫承修　石工　夏景鸿

大清光绪十四年岁次戊子年秋九月吉日立

大孤山革命烈士纪念碑碑文

革命烈士同志，在全国进行翻天覆地的革命斗争浪潮里，你作为一个无名的烈士，把你的高贵的鲜血，英勇地撒在东北南海滨上，完成了革命战士的英雄战斗的任务。你这坚强的意志，英勇的革命行动和为人民解放事业而奋斗到底的伟大精神，实在是革命者的高贵品质最集中的表现。现在你虽然离开了人间，但人民是要永远铭记着你的，向你不朽的英灵致以崇高的敬礼！

烈士同志，你的遗志由中国共产党的英明领导和广大人民队伍的不屈不挠的斗争实现了。你的英灵可以安息吧！

今天全中国解放了，封建主义被彻底摧毁，帝国主义已完全驱逐出去。全中国人民从此站立起来，最后的黑暗已由新中国的自由幸福和光明所替代了。我们永恒地向祖国致敬，向英雄的烈士致敬！

在二十五名烈士中，知其姓名的计十六名。今将姓名列下：

张洪福、孙慧民、赵书明、李厚民、薛凤鸣、康同信、姜九才、曲川洪、于文忠、赵夏风、赵仁生、栾成环、唐士增、廉宇清、冷新德、于忠信

公历一九五〇年四月一日

① 周长盛：孤山东关人，字茂堂，清末士绅，《庄河县志》有传。曾撰《观海亭碑记》《重修天后宫碑记》《重修观音阁碑记》等。

② 周良图：周长盛之子。

绘画作品选

邵宇国画作品:《家乡山村变了样》　　　丹东大孤山经济开发区管理委员会　提供

李德甲国画作品:《大孤山胜迹图》（2018 年）

李德甲 提供

梁栋木刻画作品:《秋江获渔》

丹东大孤山经济开发区管理委员会　提供

王绪阳国画作品:《家乡潮》

宋文杰　提供

张坤获得联合国妇女儿童基金会金奖的农民画作品:《母与子》

丹东大孤山经济开发区管理委员会　提供

鲁世刚（合作）版画作品:《秋收时节》(入选第十届全国美展)

鲁世峰　提供

孤山籍作者主要著述一览表

表 8

序号	作者	著述名称	体裁	出版时间	出版单位	备注
1	邵　宇	《首都速写》	速写集	1959 年	人民美术出版社	
2	岳长贵	《大橹的故事》	中篇小说	1973 年	辽宁人民出版社	与李述宽合著，1977 年再版
3	岳长贵	《海柳青青》	小说集	1974 年	辽宁人民出版社	与李述宽合著
4	岳长贵	《瓜瓜看瓜》	短篇小说集	1974 年	上海人民出版社	与李述宽合著
5	岳长贵	《大橹的故事》	电影剧本	1977 年	上海美术电影制片厂	与李述宽合著
6	岳长贵	《风浪口》	长篇小说	1977 年	辽宁人民出版社	与李述宽合著
7	邵　宇	《邵宇作品选集》	书画集	1981 年	湖南美术出版社	
8	梁　栋	《水彩风景画法》	水彩画集	1982 年	上海美术出版社	
9	梁　栋	《梁栋木刻选集》	木刻画集	1983 年	人民美术出版社	
10	姜　忠	《地震之谜》	科普故事	1983 年	地震出版社	
11	岳长贵	《大海情》	长篇小说	1984 年	春风文艺出版社	与李述宽合著
12	王秉忠	《马占山》	人物传记	1985 年	黑龙江人民出版社	与王鸿宾、吴琪合著，获省级奖
13	李　犁	《没有国籍的芭蕾》	中短篇小说集	1986 年	中国文联出版社	
14	岳长贵	《贼船》	长篇小说	1988 年	北方妇女儿童出版社	与李述宽合著
15	岳长贵	《一号探险行动》	电影剧本	1988 年	长春电影制片厂	与李述宽合著
16	岳长贵	《白蹄儿流放记》	短篇小说集	1988 年	辽宁少年儿童出版社	与李述宽合著
17	王秉忠	《东北沦陷十四年大事编年》	历史著述	1990 年	辽宁人民出版社	与孙继英合编
18	李　犁	《倩女梦》	长篇小说	1990 年	时代文艺出版社	
19	李德甲	《李德甲作品选集》	书画集	1990 年	辽宁美术出版社	
20	盛安世	《童年的摇篮》	儿童诗集	1991 年	西南交通大学出版社	获辽宁省第五届儿童文学作品三等奖
21	王喜义	《深圳股市的崛起与运作》	金融论著	1992 年	中国金融出版社	
22	盛安世	《鱼篓里的童话》	儿童诗集	1993 年	新世纪出版社	
23	冯忠臣	《红芒果》	诗集	1993 年	成都科技大学出版社	
24	冯忠臣	《梦中的苹果树》	诗集	1997 年	辽宁民族出版社	
25	姜　忠	《山川走笔》	散文集	1997 年	辽宁民族出版社	
26	岳长贵	《黄海明珠大鹿岛》	散文	1998 年	大连出版社	与汪仁本、施恒青合编
27	岳长贵	《中华古镇大孤山》	散文	1998 年	大连出版社	与汪仁本、施恒青合编
28	冯忠臣	《流浪的蝴蝶》	诗集	1999 年	中国文联出版社	

续表 8

序号	作者	著述名称	体裁	出版时间	出版单位	备注
29	栾德君	《辽东方言》	学术著述	2005 年	大众文艺出版社	
30	冯忠臣	《玄思或虚无》	诗集	2005 年	重庆出版社	
31	王喜义	《深圳股票市场运作与管理》	金融论著	2005 年	中国金融出版社	与雷志卫、肖世尤合著
32	张所文	《民间俗闻稗考》	民间文学	2006 年	中国文联出版社	编著
33	曹祖义	《红楼梦与大孤山》	学术论著	2006 年	中国文联出版社	
34	李　文	《血与火》	长篇小说	2008 年	华文出版社	
35	李德甲	《中国近现代绘画名家经典・李德甲画集》	画集	2009 年	荣宝斋出版社	
36	岳长贵	《海角妈祖》	编著	2009 年	群众文化出版社	与许敬文合编
37	王雪茜	《冰房子》	诗集	2010 年	时代文艺出版社	
38	王喜义	《血路——金融深圳改革拓荒者足迹》	回忆录	2011 年	中国金融出版社	
39	冯忠臣	《在江湖滑行》	中短篇小说集	2011 年	大众文艺出版社	
40	冯忠臣	《锈钝的词》	诗集	2012 年	中国文联出版社	
41	姚星翰	《道山不老》	长篇历史小说	2013 年	辽宁大学出版社	
42	杜新元	《中国当代名家书画集》	书画集	2014 年	天津美术出版社	
43	栾德君	《多情鸭绿江》	散文集	2015 年	辽宁大学出版社	
44	栾德君	《新编儿歌 365》	儿童诗集	2016 年	辽宁大学出版社	
45	宋长江	《或为拉布拉多而痛》	中短篇小说集	2016 年	中国文联出版社	
46	宋长江	《后七年之痒》	中篇小说集	2017 年	长江文艺出版社	

大事纪略

孤山镇历史悠久，文化底蕴丰厚。从谷屯村发现阎坨贝丘遗址算起，孤山镇有人类活动的历史至少可追溯到五六千年前的新石器时期。遗址出土的多种生产工具和生活用具，证明当时的孤山地区社会生产力发展已达到相当水平。

孤山大事纪略是孤山镇乃至丹东东港地区社会历史发展的一个缩影。大事纪略按照以时为序和详今略古的原则，筛选出发生在大孤山地区的一些大事要事。这对大孤山乃至丹东东港地区的社会文化持续发展，可起到一定的作用。

清宋三好起义

清同治十二年（1873），为反抗封建当局横征暴敛，被孤山街木材商人招募为壮丁首领的宋三好，在大连金州农民起义军首领高希田配合下，毅然在大孤山举行起义。起义军迅速扩展到千余人，并将盘踞在大东沟垄断木材经营的恶霸宓老八武装击败，与高希田联合控制了大孤山、北井子、大东沟沿海通道。次年，凤凰城守尉同吉率清军多次镇压，均被宋三好设下的伏兵击退。清光绪元年（1875）春，起义军占领北井子，盛京将军都兴阿派协领德印领兵围剿，被起义军打败。清廷遂调拨总兵陈济清、副将左宝贵统领的直隶步军洋枪炮队 1000 余官兵、马队 500 余官兵、巡哨大轮船 2 艘，采用水陆夹击战术，于 6 月 20 日向起义军发起攻击。宋三好采取“三道分扰，互相牵制”的战术，统领人马筑木城坚守大东沟。清军用重炮将木城击毁，为保存实力，宋三好、高希田率部沿鸭绿江北撤，并于土门岭伏击清军陈济清部。左宝贵急率清军马队增援，高希田在激战中阵亡，宋三好率余部 800 余人突围至宽甸红石砬子，据险扼守，顽强抗击，直至弹尽粮绝。起义失败后，宋三好等人在盛京（沈阳）被杀害。

清光绪年间凤城巡检司移驻大孤山

清光绪二年（1876）一月，凤城巡检司移驻大孤山，归属岫岩州辖。光绪三十二年

（1906）八月，奉天右路巡防步兵第三营前、中、左、右4哨500余名官兵进驻庄河。其中，中、左2哨进驻孤山镇。同年11月，清政府从岫岩州划出南部地区成立庄河厅，大孤山巡检司归属庄河厅辖。

清光绪三十二年（1906）大孤山建成地车铁路

清光绪三十二年（1906），由孤山商务会筹集款项兴修的，用于载运客商和搬运货物的孤山地车铁路建成。时有靠人力推动的地车设备若干辆。其线路北起孤山商务会门前（今金城商场路南处），南抵大湾子船坞（今大孤山港老码头），地车铁路“宽约一丈七尺，长约三里半”。该地车铁路直至20世纪60年代初被拆除。

始建于清光绪三十二年（1906）的大孤山地车铁路

王维刚 提供

20世纪20—40年代孤山镇手工业工人举行5次大罢工

清末和民国初年的孤山镇是辽东地区重要制香地。1922年，大孤山香铺工人为要求作坊主增加工资，举行持续 7 天的大罢工，迫使作坊主将日工资由 1 银圆增至 1.3 银圆。1932 年，孤山镇同祥泰、仁和生两家香铺工人在赵风礼、韩德昌领导下，又举行为期 6 天大罢工，迫使作坊主适当减轻了工人的劳动强度。次年 4 月，园祥泰等 6 家香铺 100 余名工人在赵风礼领导下，举行长达 5 个月的罢工，迫使作坊主将日工资由 1.3 银圆增至 1.75 银圆。1940 年 7 月，因物价上涨，民不聊生，孤山镇 6 家香铺工人在总部设在辽阳的香铺工人总工会支持下，举行为期 24 个月的大罢工，迫使资本家将制香工人的日工资涨到 4 银圆。

另外，时有 50 多名工人的孤山公合泰榨油坊，是一家由日伪当局控制的豆油加工企业，其原料是日伪当局强迫农民打包出货的大豆，日本人从中渔利。为榨取高额利润，作坊主强迫工人每天必须加工 1.35 万千克大豆，劳作时间增至 12 个小时。1945 年 6 月，不堪忍受盘剥的榨油工人举行罢工，伪警察将参加罢工的工人抓进警察署，并以“反满抗日”和押送到本溪煤矿做劳工相威胁，对罢工工人进行精神和肉体上的折磨。但工人毫不妥协，无奈之下，伪警察署只好将被关押的工人放出。十几天后，参加罢工的工人逐个被找回榨油坊，此后劳动强度有所减轻，罢工取得胜利。

1945 年吕其恩率部解放孤山镇

1945 年抗日战争胜利后，中共中央从关内一些解放区抽调 2 万余名干部和 10 万大军先期挺进东北，孤山镇是大军开赴辽东的必经之路。

8 月 17 日，吕其恩按照中共胶东区委指示，会同邹大鹏率领“挺进东北先遣支队”，乘船渡海，于 8 月 30 日解放庄河县，成立辽东地区第一个县级民主政府——庄河县民主联合政府。

部队在庄河休整半个月后，吕其恩亲率一部分兵力向安东（丹东）挺进。在中秋节前两天的 15 时许，解放孤山镇。1946 年，庄河县民主政府建立了孤山区民主政府。

1958年谷屯村发现新石器时代贝丘遗址

遗址位于谷屯村东北约500米的一处低矮台地上。经辽宁省文物部门鉴定，该遗址属距今五六千年前的新石器时代中期文化遗址。

贝丘遗址的发现纯属偶然。1958年，当地生产队为改造土壤，组织社员将堆积如山的贝壳从中间掏开。当挖到地表层时，突然发现用石块垒砌的规格0.7×0.9米的石砌方槽，槽内的泥土和石块均有被火烧过和被浓烟熏过的痕迹。消息传出后，孤山中学教师曲廷利到现场察看，初步认为可能是文物，遂上报文物管理部门。之后，陆续出土了石刀、石斧、石凿、石铲和骨锥、骨针、骨梭、骨刀及大量印有“之”字形饰压纹的红褐陶器残片。其中，骨梭由斜劈野兽的长骨制成，一面保持原骨质面，另一面经人工削磨，在距顶端5厘米处斜穿一孔，孔径3毫米，尖端已磨损，残长10.5厘米。1976年，经辽宁省文物考察队鉴定，该遗址属原始社会新石器时代文化遗址。出土的方格槽子，则是先人用于将从海里捕捞上来的贝类水产品进行熟食加工的原始炉灶。之后，考古部门又在谷屯村的王坨等地发现两处与阎坨贝丘遗址相似的新石器时代贝丘遗址，并出土一批文物。1988年10月，孤山阎坨贝丘遗址被丹东市人民政府公布为市级文物保护单位。

阎坨贝丘遗址的发现，证明早在新石器时代，就有人类在孤山这块富饶丰腴的土地上繁衍生息。从出土的各类生产工具和生活用具，证明当时孤山地区的社会生产力已发展到一定水平，而大量贝壳堆积和飞禽走兽遗骨的出现，反映出当时人们是以狩猎和捕捞为主。这为研究孤山地区社会发展和古海岸线的变迁提供了重要依据。

1981 年西土城村发现辽代西土城遗址

辽代西土城遗址位于孤山镇西土城村张家沟村民组，遗址东西长 600 米、南北宽 700 米，面积 42 万平方米。1981 年第二次全国文物普查时，在遗址处发现散落的青砖、灰布纹瓦块和少量砌墙石。1990 年 10 月，文物部门对遗址进行调查，在文化层中发现原始地垄和房址遗迹，四周可见部分墙基石。遗址内先后出土青砖、陶器、瓷器残片及铁制、铜制器物残件。其中出土的两块完整的辽代灰布纹瓦，其瓦大而厚，前沿有人工指肚压印窝。另有明代灰板瓦、脊瓦、筒瓦、檐瓦、滴水瓦等。在遗址范围内还发现一处窖藏，出土唐末和北宋中前期铜钱。考古专家根据遗址规模和出土遗物分析，西土城遗址曾是一处规模较大、比较繁华的城郭。由于窖藏铜钱有着历史延续性和辽代人沿用唐、宋钱币这一特殊性，由此判断西土城遗址的上限年代不超过辽代。另外，除出土的辽代遗物外，还出土了明代青花瓷碟、褐釉瓷罐、青布纹瓦片等遗物。由此断定，西土城遗址的下限年代未跨过明代。根据遗址的地理位置、规模和史料记载，考古专家认为西土城遗址是辽代穆州城所在地。西土城遗址的发现，对研究辽东地区辽代和明代的建置沿革、经济发展及军事防御等具有重要价值。

2009 年丹东大孤山经济区成立

2009 年 8 月 14 日，丹东市机构编制委员会向丹东市直各部门、各县（市）、区政府印发了《关于成立丹东大孤山经济区管理委员会的通知》（丹编发〔2009〕12 号）。通知指出，为贯彻落实辽宁沿海经济带发展规划，全面启动丹东沿江沿海各组团的开发建设，经市委常委会研究决定，成立丹东大孤山经济区管理委员会。同时确定：丹东大孤山经济区管理委员会作为丹东市政府派出机构，代表市政府对经济区实行统一领导和管理。

2011 年 6 月 9 日，经丹东市政府常务会议研究决定，将孤山镇、菩萨庙镇、黄土坎镇、海洋红盐场、海洋红农场、黄土坎农场和辽宁省大孤山风景名胜区管理局整体划入经济区管辖，由大孤山经济区管委会代丹东市政府对上述区域的经济、社会事务和有关行政工作实行统一的领导和管理。

2017 年 3 月 10 日，中共东港市委、市政府为贯彻落实丹东市委关于理顺大孤山经济区管理体制的要求和《市编委关于调整大孤山经济区管委会机构编制的通知》（丹编发〔2017〕14 号）精神，在大孤山经济区召开大孤山经济区交接见面会，正式将大孤山经济区管委会调整为东港市政府派出机构，由东港市管理。

2014年纪念中日甲午海战120周年海上公祭活动在大鹿岛举行

2014年7月29日，辽宁省甲午战争史研究会、华商晨报社与大鹿岛村联合在大鹿岛海域举行“毋忘国耻、振兴中华——甲午战争120周年甲午后人海上公祭”活动。甲午海战将士的后裔、北洋舰队提督丁汝昌的第五代孙丁昌明，广乙舰管带林国祥的后人林其浩，北洋水师军官周维屏的后人周良屏，谢葆璋的后人冰心（谢婉莹）之女吴青，刘冠雄的第四代孙女刘景瑞，以及中国近代史研究专家、东北地区中日关系史研究会秘书长、大连民族学院原副院长关捷，大连舰艇学院教授陈福明等参加公祭活动。

当日上午，当大鹿岛村出动的10艘船只驶抵当年发生甲午黄海海战古战场海域时，丁昌明代表甲午海战将士后裔向古战场鞠躬并致祭辞，人们将写有对甲午海战为国捐躯将士追思及感言信笺的漂流瓶，连同黄白相间的菊花瓣撒向大海，并在雄壮的国歌声中目送漂流瓶和花瓣漂向远方。海上公祭后，参加公祭活动人员到位于东山坡上的甲午英烈陵园敬献了花篮。

2014年辽宁省甲午战争史研究会、华商晨报社与孤山镇大鹿岛村联合举行纪念中日甲午海战120周年海上公祭活动　　孤山镇大鹿岛村村民委员会　提供

“丹东一号”入选2015年度全国十大考古新发现

2015年5月16日，“2015年度全国十大考古新发现”新闻发布会在北京举行。辽宁“丹东一号”清代黄海沉船水下考古调查入选本年度全国十大考古新发现。

由国家文物局水下文化遗产保护中心、辽宁省考古研究所联合组成的“丹东一号”沉船水下考古调查工作启动于2013年11月，至2015年，共在大鹿岛西南海域进行了4次水下考古调查。考古队在水下发现了一艘沉没战舰的舰体，通过对沉舰两侧发现的用于识别“致远”舰与其他甲午海战沉舰重要标志物——方形舷窗、带有“致远”篆书的瓷盘、“致远”舰大副陈金揆用过的单筒望远镜以及格林机关炮、鱼雷引信等百余件埋藏在水下物证的科学鉴定，最终确认“丹东一号”即为甲午海战北洋水师的“致远”沉舰。

2015年11月4日，国家文物局在北京召开文物、军事等有关方面专家参加的专题论证会，一致认为“丹东一号”沉船考古调查，为中国近代史、中日甲午海战史和世界舰船技术史的研究，提供了珍贵的实物和档案资料。

孤山镇获得“中国历史文化名镇”“全国文明村镇”等称号

2002年10月，孤山镇在开展全民健身运动中成果显著，被农业部、体育总局、中国农民体育协会评为“全国亿万农民健身活动先进乡镇”。

孤山镇荣获“全国亿万农民健身活动先进乡镇”称号（2017 年） 孤山镇人民政府 提供

2014 年 2 月 19 日，住房城乡建设部、国家文物局印发《关于公布第六批中国历史文化名镇（村）的通知》，在所公布的 71 个中国历史文化名镇中，孤山镇榜上有名。同年 7 月 21 日，孤山镇被住房城乡建设部、国家发改委、财政部、国土资源部、农业部、民政部、科技部等公布为小城镇建设发展重点和龙头的全国重点镇。

孤山镇获得“全国文明村镇”奖牌

孤山镇人民政府 提供

2015 年 1 月 20 日，住房城乡建设部印发《关于公布第二批建设宜居小镇、宜居村庄示范名单的通知》，孤山镇被住房城乡建设部确定为全国 45 个“建设宜居小镇示范”之一。

2016 年 7 月 2 日，住房城乡建设部等国家 3 部委发布《关于开展特色小镇培育工作的通知》。按此精神，孤山镇在层层推荐的基础上，经专家复核于同年 10 月 14 日被国家发改委、财政部、住房城乡建设部评定为全国第一批 127 个中国特色小镇之一。

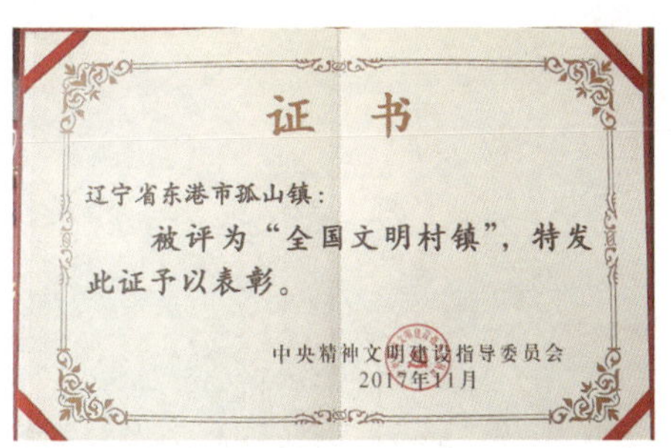
证 书

辽宁省东港市孤山镇：

被评为“全国文明村镇”，特发此证予以表彰。

中央精神文明建设指导委员会

2017年11月

孤山镇获奖证书 孤山镇人民政府 提供

2016 年 12 月 13 日，在中国报业协会主办的“中国报业报旅融合创新发展高峰论坛”上，经《丹东日报》推荐，孤山镇作为东北地区唯一入选的古镇，获得“2016 中国报业特别关注古镇”称号。

2017 年 11 月 17 日，新华网授权发布：孤山镇被中央精神文明建设指导委员会评定为第五届“全国文明村镇”。孤山镇是辽宁省获此殊荣的 5 个乡镇之一。

晨雾轻锁古韵街（2018 年）　　牟作玉　摄

附录

孤山镇阎坨贝丘遗址保护公告

根据《中华人民共和国文物保护法》和丹东市人民政府《关于确定丹东市第三批市级文物保护单位的通知》(丹政发〔1988〕137号)文件精神，现对东港市孤山镇阎坨贝丘遗址文物保护相关事宜公告如下：

一、地理位置与自然环境

阎坨贝丘遗址位于东港市孤山镇谷屯村阎坨子屯东北500米处的低台地北侧。台地是由人类居住于海边捞食海生物所遗留下来的多种贝壳与泥、沙、石混杂堆积而形成。高出地面约5米，呈边长为100米的正方形，面积约一万平方米。周围坡缓，地势低洼平坦，多为耕地。地理坐标，东经123° 30'，北纬39° 55'。遗址东南7公里为孤山镇，西南2.5公里为谷屯村委会所在地，北邻养鱼池。

二、历史沿革与保护现状

闫坨贝丘遗址，系原始社会新石器时代遗址。1958年，由孤山中学历史教师曲廷利发现，遗址当时状况，是由多种贝壳堆积而成，范围极大。其堆积高度约十余米，呈小山状。1958年“大跃进”期间，当地群众为加工“肥田粉”将遗址中的贝壳陆续运走，一直挖到地表，使遗址遭受严重破坏。据当时参加挖运贝壳的人员介绍，在遗址底层，还发现了周围用石块垒砌的规格约0.7×0.9米的石方格，格内的土和石头均有被火烧和烟熏过的痕迹。据文物工作人员分析，当属灶址。

自遗址被发现以来，在遗址中先后出土了石刀、石斧、石(打制或磨制)和骨锥、骨针、骨梭以及大量饰压印“之”字纹、刻画斜线纹夹砂红褐陶残片。在1981年文物普查期间，考古工作者对该遗址多次进行考查，据已经出土的遗物和遗存的文化内涵，认定为新石器时代古文化遗址，距今约五六千年。

三、历史、艺术、科学价值

闫坨贝丘遗址的发现，证明了早在新石器时代，我们的祖先就在这块土地上繁衍生息，创造光辉灿烂的古代文化。现已出土的石刀、石斧、石铲和骨锥、骨针、骨梭、骨刀以及大量的压印纹，刻划纹陶片等生产和生活用具，说明了当时的社会生产力水平有了一定的发展，大量贝壳堆积和兽骨的出现，反映了当时人们是以狩猎和捕捞业为主。该遗址为研究东港市原始社会的发展史和古海岸线的变迁都提供了重要资料。

四、保护范围及建设控制地带

按照丹东市人民政府丹政发〔1988〕137号文件《关于确定丹东市第三批市级文物保护单位的通知》规定，阎坨贝丘遗址保护范围：以遗址北侧养鱼池南岸为界，向南延伸100米。

建设控制地带：以养鱼池南岸的中心点向东、西各延伸50米。

五、保护标志及说明

阎坨贝丘遗址保护标志碑，为青色花岗岩质，立于遗址北坡下。碑身高70.5厘米，宽90.5厘米，厚12.5厘米；须弥坐（青色花岗岩质）通高99厘米，上、下宽120厘米，中宽85厘米。上、下厚35.5厘米，中厚28厘米。

碑身正面阴刻：“市级文物保护单位，阎坨贝丘遗址，丹东市人民政府公布，一九八八年十月”。

六、有关文献

《东沟县志·文化篇·古迹·阎坨贝丘遗址》。

七、管理机构和保护组织

东沟县文物管理所，在县文化局的领导下，实施对阎坨贝丘遗址的安全、保护、管理的工作。

孤山镇人民政府组建以谷屯村民委员会书记兼村长为组长的群众保护组织，对阎坨贝丘遗址进行看护、管理。

东沟县文物管理所

1989年1月18日

孤山镇历史文化名镇保护规划（2008 年—2030 年）（节选）

规划编制单位：辽宁省城乡建设规划设计院

规划编制时间：2009 年 3 月

第一部分 概述（略）

第二部分 现状背景（略）

第三部分 历史文化名镇保护规划

3.1 保护原则

1. 保护历史真实载体的原则　文物古迹和历史环境不仅提供直观的外表和建筑形式的信息，同时是历史信息的物化载体，它能传递目前尚未认识，而于将来可能认识的历史和科学的信息。文物古迹和历史环境是不可再生的资源。因此，保护是第一位的，必须切实保护。应严格维护文化遗产的原真性，改、扩建和新建部分应当与历史风貌协调。

2. 历史环境的保护原则　任何历史遗存均与其周围的环境同时存在，失去了原有环境，就会影响对其历史信息的正确理解。对孤山历史文化名镇的保护不仅在于保护单个的文物古迹，也要保护古迹、历史街区周围的环境和历史氛围。孤山镇的历史文化风貌特色通过城镇格局、街坊肌理、河街空间、历史建筑和传统风貌建筑、河街设施等体现，对此应制定整体性的保护措施。

3. 合理利用、永续利用的原则　合理利用和永续利用的原则强调历史文化遗产的利用不能急功近利，不能单纯追求经济利益，当前的利用方式应保证未来的可持续发展。历史文化遗产成为旅游发展的核心资源，历史文化风貌保护区域也是当地居民长期聚居的地区，应当综合协调历史遗产保护、居住环境改善和旅游产业发展之间的关系，制定具有可持续发展意义的保护规划。

3.2 保护层次

对孤山历史文化名镇的保护可分为两个内容，即物质文化的保护和非物质文化的保护。

围绕规划的三个层次贯彻保护内容：

在历史文化保护及自然风貌控制区层次，重点保护历史文化资源与自然山水相结合的自然、人文协调格局，对形成协调发展格局有重大意义的自然要素包括大孤山国家级森林公园、鸭绿江口湿地自然保护区、大鹿岛海陆资源、大洋河及穿越镇区的水系和灌渠。大孤山应保持其自然形态，严格保护古建筑群景观风貌，禁止与历史文化保护无关的建设活动，保护山上的绿化。湿地应按照相应的管理标准严格控制建设活动，严禁直接向河流、湿地中排放污水，保护河流两旁的绿化环境。沿海岸线建设活动应得到建设部门批准后严格按照规划进行。

在历史文化街区层次，结合古建筑群和古民居，将镇区东部生活用地规划布置为地方特色鲜明的历史文化展现街区，并作为建设控制区进行保护。建设控制区内的建设应注意协调城市与周围山水的关系，建筑高度应严格按照规划来控制，以保证重要视线走廊的通畅。建筑风格应注意互相协调，同时将本地传统符号应用其间。同时，规划协调古街区历史文化风貌轴线，并与山—城—湿地（河）—海大轴线相结合，统一考虑旅游线路开发。

重要的历史文化节点，是保护的核心区，其保护范围应按照文物部门规定进行划定，在保护范围内严格禁止与历史文化保护无关的建设活动进行。

3.3 功能结构调整

1. 调整原则　提升城市综合品质，从功能布局上体现历史文化遗产价值。

将非物质文化融入到城市空间布局之中，适当增加文化展览用地。

工业及仓储用地等对历史文化资源有干扰的区域应远离历史文化街区。

严格控制沿河绿地和山体绿地。

2. 调整措施　结合自然山水的旅游轴线，形成山—城—湿地（河）—海—岛的纵向轴线，串联起城区片区和鹿岛片区。

山、湿地、河、海作为自然景观要素，以观光休闲功能为主，予以严格保护，限制建设行为，沿河、湿地流出绿色开放空间。

历史文化街区仍以居住功能为主，同时布置行政办公、商业、历史文化展示、旅游服务等功能。

现代化工业、居住等应布置在镇区西部，历史文化街区建筑风貌应于古建筑、古民居风格相协调。

孤山古建筑群向南延伸，依托古韵小区古街建设历史文化展示一条街，古建筑群至古韵广场为物质文化风貌轴，体现孤山建筑特色，以商业功能为主；古韵广场向南至通港路为非物质文化风貌轴，将孤山民间艺术等非物质文化集中展示，并提供体验场所。

3.4 空间景观规划

1. 规划原则

保证山体至河流（湿地）的视觉通达性。

保证重要功能轴线的通畅性。

2. 主要观景点和视觉通廊

（1）主要观景点

大孤山、湿地观鸟亭、大洋河、大鹿岛海滨。

（2）主要景观轴线

大孤山—古街区—湿地（大洋河），历史文化风貌轴线的延伸。

大鹿岛南海岸，海滨文化风貌轴线。

（3）主要视觉通廊

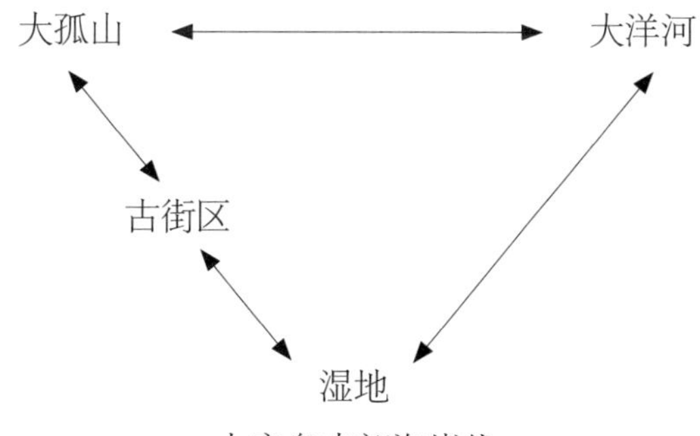

3.5 建设控制导则

3.5.1 保护范围

1. 文物保护范围划定

文物保护单位的保护范围分为保护范围和建设控制地带两个等级。保护范围为已经公布批准的各级文物保护单位其本身和其组成部分的四至界线；建设控制地带指为了保护文物本身的风貌和环境完整性、安全性所必须控制的周围地段。

2. 保护范围及建设控制地带的具体规定

文物保护范围内不能随意改变现状，不得施行日常维护外的任何修建、改造、新建工程。影响文物建筑的建构筑物必须迁移或拆除；文物建筑内禁止存放影响文物安全的可燃物；禁止安排影响文物安全的活动；在文物保护单位的保护范围和建设控制地带内，不得建设污染文物保护单位及其环境的设施，不得进行可能影响文物保护单位安全及其环境的活动；对已有的污染文物保护单位及其环境的设施，应当限期治理。

3. 古镇保护范围划定与控制要求

保护范围分为两个层次：核心保护范围和建设控制范围。

（1）核心保护范围

核心保护范围是为保护古镇传统街巷和河道的历史文化风貌、保护文物古迹和历史建筑的完整性和安全性而划定实施重点保护的区域。以保护单位为单元，包括大孤山古建筑群（省级历史文化保护单位）、孤山基督教东教堂（县级历史文化保护单位）、孤山观音庵（县级历史文化保护单位）、大孤山山城遗址（县级历史文化保护单位）、闫家坨子遗址（县级历史文化保护单位）、保存较好的古民居（曹、王四合院）等，其四至界线为核心保护范围。

（2）建设控制范围

建设控制范围是为了与核心保护范围的历史文化风貌相协调所必须实施规划控制的周围区域。孤山建设控制范围是历史文化街区内除核心保护区的其他地区。

3.5.2 控制导则

1. 核心保护区控制要求

在核心保护范围内，不得擅自改变古镇的空间格局和沿街建筑的立面、材质和色彩；除确需建造的建筑附属设施外，不得进行新建、扩建活动，对现有建筑进行改建时，应当保持或者恢复其历史文化风貌；不得擅自新建、扩建道路，对现有道路进行改建时，应当保持或者恢复其原有的道路格局和沿线景观特征。

2. 建设控制区控制要求

不得在建设控制范围内新建、扩建、改建建筑时，应当在高度、体量、色彩等方面与传统风貌相协调；新建、扩建、改建道路时，不得破坏传统风貌；不得新建对环境有污染的工业企业，现有对环境有污染的工业企业应当有计划迁移。新建工业企业，现有妨碍历史文化古镇保护的工业企业应当有计划迁移。

3.5.3 高度控制

1. 文物古迹和重要建、构筑物周边高度控制

凡文物建筑（包括登记不可移动文物），应严格遵守《中华人民共和国文物保护法》，确保其自身的高度维持原高；其周边建筑控制地带内的所有建筑的高度，以一、二层建筑为宜，一层建筑檐口高度不超过 3.3 米，二层建筑檐口高度不超过 6.4 米。核心保护区内历史文物建筑保持原高，包括观音庵和曹、王四合院，其周边 50 米区域为建筑控制地带，建筑高度予以控制。

2. 地块高度控制

历史文化街区内，结合古民居分布，同时考虑孤山至湿地视觉通廊，控制地块高度。

曹、王四合院周边 80 米，控高二层（高度不高于 9 米），保障古民居风貌特色体现；其外围约 120 米距离，控高为四层（高度不高于 15 米）。

古韵小区及周边地区控高六层（高度不高于 22 米），保障沿历史文化风貌轴的视觉通廊畅通。

第四部分　历史文化名镇发展与保护

4.1 旅游发展规划

1. 旅游总体布局

规划将古镇定位为集观光、游憩、度假三位一体的旅游胜地。在严格保护历史文化遗产的前提下，保存传统居住功能并拓展旅游功能，将孤山非物质文化遗产落实到空间布局之中，并充分利用沿海的资源优势发展休闲度假旅游。

2. 旅游片区

（1）观光游憩旅游片区

依托山、河、湿地资源，镇区东部古街区及周边山、河、湿地等自然景观形成观光游憩旅游功能片区。古街区以居住生活功能为主，将部分民居规划为民俗旅馆、茶室、主题博物馆等，针对不同街区特点制定不同的民居用途转换的分类指导原则，促进旅游发展，并为当地居民提供就业岗位。

沿历史文化风貌轴形成南北向的旅游特色商业街巷，传统风貌民居可以作为民居旅

馆或与旅游相关的文化休闲设施，形成观光、文化、民间艺术展示、表演、餐饮、购物等综合性的古街区。结合大洋河及湿地，建设水上旅游线路，形成观光、休闲型旅游功能板块，包括湿地展示、观鸟、泛舟等。

（2）休闲度假旅游片区

大鹿岛依托海岛景观资源、海产品资源、历史文化资源等资源条件，规划为休闲度假型旅游区，成为以短期休假为主的旅游目的地，同时兼具观光游憩职能，并开发文化旅游项目。

3. 旅游服务设施

（1）餐饮、住宿等服务设施

为游客提供具有地方特色的旅游商业服务设施；观光游憩和休闲度假旅游功能片区为游客提供休闲娱乐设施及相应的餐饮服务设施；增加古街区外围的宾馆设施，提供多样化的住宿设施以满足游客的不同需求，包括旅游片区内的民居旅馆、建设控制区边缘的一般旅游旅馆和外围的度假村。

（2）道路及停车等交通设施

规划为游客提供相应的交通设施，包括长途汽车站和社会停车场；在综合交通枢纽与主要停车场提供信息咨询、导游、旅馆预订和票务等综合性服务，布置高效的游客集散中心。

4. 旅游线路组织规划

（1）步行游览线路

以古街区南北向文化风貌展示街巷作为步行游览主线，贯穿历史文化名镇的精华部分；古街区至老港区的道路形成穿越湿地的步行游览线路，可由洋河至湿地经水路返回。

（2）水上游览线路

借助部分现有灌渠，在大孤山湿地外围打造处一条“湿地护城河”，与大洋河形成环状的水上旅游线路。规划保留孤山港作为内陆水系旅游码头，并结合“湿地护城河”建设旅游码头。

4.2 历史文化名镇保护分期实施建议

为使本规划与总体规划及地方经济发展规划相协调，规划制定分期实施目标，规划期限近期至 2010 年，中期至 2020 年，远期至 2030 年。

1. 近期实施要点

建立健全历史文化名镇保护管理体制；划定核心保护范围界线，清理范围内冗余建筑；加强古韵小区建设，完善历史文化风貌轴线；完成观音庵的修复工作；加强绿化建设。

2. 中期实施要点

完成古韵小区整体风貌建设，建设历史文化风貌展示街区；实施完成各保护单位的文物保护措施，如建筑修复、周围建筑风貌治理等；形成配套的孤山历史文化展示区，并配套相应设施。

3. 远期实施要点

实现镇区整体风貌协调发展，构建功能分区合理，空间布局适当的一体化发展结构；结合地区旅游发展，完善相应服务设施配套，完善历史文化资源保护、展示等工作；完善相应基础设施配套。

4.3 历史文化名镇保护保障措施

1. 加强法制建设、依法管理古镇

根据有关法律、法规，制订与健全有关历史文化名镇保护，建设管理的行政规范性文件，依法办事；进一步制订古镇内各地块保护和修建的详细规划；制订文物保护实施细则，把保护的要求和措施落实到具体单位和个人。

2. 加强领导、健全机构

历史文化名镇保护工作涉及面广，政策性强，需要有强有力的领导和实干的专职队伍。应成立历史文化名镇保护委员会，以全面开展工作；并在名镇保护委员会下设专职的名镇保护、研究、建设机构，集中并有权威地协调各部门关系，参与对镇域范围内所有涉及历史文化遗产保护的建设项目的审批，负责组织各项保护整修改造项目的实施。

3. 加强宣传、统一认识

在全镇进一步提高对历史文化名镇保护、建设、管理工作的认识。历史文化名镇保护的宣传工作要利用各种渠道，采取多种形式，要编写介绍历史文化名镇的资料、图册、书籍等，在全体市民中造成“保护名镇，人人有责”的良好社会风尚。

4. 加强文保队伍建设、提高管理人员素质

名镇的文保工作量大，专业性强，需要有一支勇于奉献，事业心强，精通业务的队伍，保证正常和专项的名镇与文物维护费。

5. 增加保护投入，保证规划实施

集中政府、投资公司、旅游公司以及民间各组织、个人的力量筹措保护资金，按照市场经济规律进行历史文化遗产的保护。

6. 量力而行、分期实施

历史文化名镇保护规划经批准后，要严格按规划，根据近、中、远期建设的要求，在详细规划的基础上，区分轻重缓急，量力而行，组织分期实施。

当代大孤山妈祖公祭仪式（节选）

一、大孤山妈祖祭典巡游程序

大孤山天后宫现供奉的妈祖神像为福建湄洲妈祖的分灵金身，由东港市妈祖文化交流协会于2008年5月14日自湄洲恭迎至大孤山天后宫。2008年5月22日（农历四月十八日，每年农历四月十七日至十九日为大孤山传统庙会），由东港市妈祖文化交流协会主办的大孤山天后宫妈祖祭典活动隆重举行。祭典有近20万民众参加。此次祭典是孤山半个多世纪以来的首次妈祖公祭。

祭典之前，为弘扬妈祖扶危济困、助人为乐的仁爱精神，市妈祖文化交流协会常务副会长兼秘书长许敬文代表协会向广大妈祖信众发出向10天前刚刚发生的四川汶川“5·12”大地震灾区人民捐款的倡议。上午7时许，祭祀活动在古朴典雅的乐曲声中开始，在大司仪的主持下，市妈祖文化交流协会会长、本次祭祀活动的主祭人于长福带领陪祭人恭请妈祖步下神坛，妈祖銮轿经戏楼广场短暂停留进行祭祀后，沿街巡游，为四方黎民赐福。9时，到达大孤山码头，举行了隆重的祭典，祭祀人将供品投入海中，以飨海神，然后护卫銮轿回殿。妈祖入宫后，许多信众焚起高香，排队祭拜。整个祭典由请神、巡游、海祭三部分组成。具体步骤如下：

步骤一：序幕

大孤山天后宫山门两侧贴长副对联："虔敬愿心祭妈祖，和谐盛世荡春风。"巳时（上午 9 时）前，鸣钟 90 响（紧十八，慢十八,十八十八再十八），并鸣炮 18 响。

步骤二：请神

巳时整，大司仪宣布："黄海之滨大孤山天后宫海神娘娘祭祀吉时已到，恭请海神娘娘步下神坛。主祭人、陪祭人入殿——"

聚于孤山天后宫前广场之僧、道、各表演队及沿海渔民，围观民众皆跪。大司仪率主祭人入殿，燃香，稽首，上香。大司仪诵读《赞美词》："救苦救难洒甘泉，不图虚名不图钱，消灾解难德流芳，保国昌盛保民安。"读毕，稽首，主祭人将妈祖神像抬出殿堂，请娘娘神像下坛。大司仪前引出殿，主祭人及随从随出。至銮轿前，将妈祖神像安放在八抬大轿之中。

此过程大约用时 20 分钟。主要参与人员为僧、道各 20 人，共 40 人。所奏音乐为《请神乐》，诵经声起，焚烧香纸。

大司仪："日丽风和，海不扬波；娘娘妈祖，佑我海疆乡土；天后圣母，为我黎民赐福。巡游开始，銮轿起驾……"

轿夫起轿上肩，仪仗队组成行进队形，准备起步表演。开路神（千里眼、顺风耳）手持方天画戟，挥舞前行。

此过程用时约 10 分钟，主要参与人员为 8 名轿夫，所奏音乐为《起轿进行曲》。

步骤三：巡游

巡游路线从孤山天后宫经古韵街、中大街至海边。行进队伍包括：最前面的是四面大铜锣开道（4 人），四步一响。后面跟着高擎"肃静""回避"牌（2 人），引行官 1 人，着清总督道台服饰，或骑马。金瓜、斧钺、朝天登、金钩、金叉钩各两个（拿此道具者皆着清朝服装），依序而行（20 人）。华盖宝伞，各列于行进队伍中，并适时交换位置。

花轿后面便是诵经队，或僧或道，共 40 人。接着是由沿海各地渔民组成的手持彩船模型的队伍，人手一船，共 40 人。彩船中间绘有海神娘娘画像。

彩旗队彩旗挥动，乐队沿路吹奏。

满族单鼓表演队（男女各 20 人）表演行进动作。

旱船队（40 人）包括彩姑、年轻艄公、髯口艄公。

秧歌队 23 支，940 人，包括鳌精、蟹精、鱼精、虾精、蚌精、跑驴、八戒背媳妇、轿抬芝麻官。寸跷队表演队 3 支，120 人。包括八戒拜堂、三打白骨精、水漫金山。后面配有喇叭队，主要是大喇叭、小喇叭、锣、鼓、钗等。

威风锣鼓队包括舞扇队、舞绸队、书童、舞郎、樵夫、青蛇、白蛇、许仙、渔翁、傻柱、黄天霸、济公、杨香武（各种民间传说故事中的扮相）。舞龙队，龙两条，20 人。舞狮队包括大狮、小狮 20 只，40 人参与。皇封牌匾队（计 32 人）手持匾额，上书写“海不扬波”“永庆安澜”“海神慈母”“海运之神”“庇佑八方”“灵应天后”“和平女神”“福泽千载”“护国济民”“海晏河清”“惠光普照”“德昭玉宇”“国泰民安”“咸颂慈恩”等。

祭器祭品队抬礼盒随后。祭器有香炉、烛台等，祭品有牛头、猪头、羊头、馒头、水果等。

巡游队伍至海边码头停下。此时鼓乐齐奏，鼓乐声中，大司仪将妈祖銮轿从轿夫手中接过，交主持人恭请海神娘娘妈祖上祭台，设好香案，摆上祭器、祭品。各表演队环立空地周围（临海处）轮流进入场地表演待时。

整个巡游过程历时最长，约 1 小时，参与人员最多（千余人）。行进中各鼓乐班沿路吹奏，各方队沿街展演，热闹非凡。

步骤四：海边祭典

1. 出主（请海神娘娘出轿）

2. 燃烛（点蜡烛，烧香纸）

午时（正午 12 时），大司仪宣布：“正午良辰，公祭海神，万重诚意达海宇，一瓣心香到天门，燃烛上香——”。

3. 设案

4. 上献（上贡品）

大司仪：“上献祭品——”，主祭人将供盘（三牲、果点等）托举过额，依次摆放至香案之上。

5. 跪叩

大司仪：“跪叩——”（沿海渔民跪地），大司仪行至跪榻前，行三叩九拜礼。在场公祭人员行首礼。

6. 荐食

7. 侑食

8. 初献礼

大司仪起立转身："四方信众，向海神娘娘妈祖初献大礼——"（在场表演者、民众跪叩，或行稽首礼）。

9. 读祝

大司仪："敬诵祭文——"，主祭人读祭文。

10. 再献礼

大司仪："四方信众，向海神娘娘妈祖再献大礼——"。

11. 三献礼

大司仪："三献礼——"。

12. 焚祭文

由主祭人焚烧祭文，焚毕稽首。

13. 纳主（请海神娘娘回府）

未时（13 时）

大司仪："祭典礼毕，恭请海神娘娘妈祖回宫——"众祭人将海神娘娘妈祖銮驾从祭坛请上轿，轿夫接轿上肩。

14. 撤

大司仪："起驾——跪——起"，众人跪，起。

大司仪："撤——"，然后祭品队将三牲祭品装上祭船，驶入大海，将祭品抛入海中，以飨妈祖。

15. 馂（礼毕）

仪仗队前循，顺原路返回至天后宫门前。

步骤五：回銮

大司仪："停止行进，落轿！"

大司仪："万众同乐，恭请海神娘娘妈祖入殿升座——"。

祭典结束后，祭典队伍回到天后宫，恭请妈祖神像入主殿安坐，公祭人将妈祖神像请出銮轿，大司仪前循入殿归座。率众公祭叩首出殿。众人散去。公祭结束。

步骤六：尾声

酉时（晚 19 时），唱戏酬神，组织一个半小时的京剧折子戏和二人转等节目。

大孤山妈祖祭典与东南沿海妈祖祭典略有不同，大孤山妈祖祭典活动代表了北方的祭祀特征。大孤山祭典活动由僧人礼忏诵经队、纸扎彩船队、旱船表演队、秧歌寸跷表

演队、萨满音乐、单鼓表演队、天津跷表演队及各种民间传说故事中的扮相组成，这些都彰显出妈祖祭典的地域文化特色。

二、“宴桌”祭品摆放

“宴桌”祭品的摆放方式为，中心四大碗，周围八小碗。外围再以“四甜”“四咸”“四青”，计十二碟果品。分素桌、荤桌两类，不能混杂。具体为：中心四个大碗：猪头一个、鱼两条、虾一碗、蟹一碗（第一桌）；周围八个小碗：其中米饭两碗、供果（饼干之类）二碗、糕点二碗、糖果二碗（第二桌）。

四甜：红糖一碗、白糖一碗、冰糖一碗、软糖一碗（第二桌）；

四咸：鸡块一碗、羊肉一碗、牛肉一碗、猪肉一碗（第一桌）；

四青：草莓一碗、桃一碗、苹果一碗、西红柿一碗（第二桌）；

彩供馒头：一副（10个）。

贡品第一桌先摆上，第二桌行三叩九拜，三献供礼。

另外，祭祀海神娘娘时祭服一般为绛紫色，绣团花，喇叭形大的袖口，下身穿“裳”，即类似裙子的衣服。

——节选自孙晓天著《辽宁地区妈祖文化调查研究——以东港市孤山镇为例》

中央民族大学出版社，2011年版，第五章第二节156～162页

主要参考文献

1. 廖彭、李绍阳督修:《庄河县志》，奉天作新印刷局，1922 年。

2. 李其宝、杨维嶓、李蜀春、王仲泮纂修:《庄河县志》，庄河永源书局，1934 年。

3. 辽宁戏曲志丛书编委会主编:《辽宁戏曲志丛书·丹东市戏曲志》，春风文艺出版社，1993 年。

4. 许敬文主编:《东沟县志》，辽宁人民出版社，1996 年。

5. 庄河县地方志编纂委员会办公室编:《庄河县志》，新华出版社，1996 年。

6. 汪仁本、施恒青、岳长贵编著:《黄海明珠大鹿岛》，大连出版社，1998 年。

7. 汪仁本、施恒青、岳长贵著:《中华古镇大孤山》，大连出版社，1998 年。

8. 张涛著:《孤山独白》，民族出版社，2000 年。

9. 任鸿魁著:《丹东史迹》，辽宁民族出版社，2005 年。

10. 杨光主编:《东港文化丛书》，中国文联出版社，2006 年。

11. 东港市军事志编纂委员会编:《东港市军事志（1876—2005）》，国防大学出版社，2010 年。

12. 张忠民主编:《辽宁近现代五大战事》，白山出版社，2015 年。

13. 孙晓天著:《辽宁地区妈祖文化调查研究——以东港市孤山镇为例》，中央民族大学出版社，2011 年。

14. 东港市地方志编纂委员会编:《东港市志（1986—2005）》，沈阳出版社，2015年。

编纂始末

按照中国地方志指导小组办公室关于实施“中国名镇志文化工程”的总体要求和部署,《中国名镇志丛书·孤山镇志》(以下简称《孤山镇志》)终于付梓了。

编纂名镇志，在东港市、丹东市乃至辽宁省尚属首次，是当代孤山镇人政治、文化生活中的一件大事，也是传承孤山古镇文脉、抢救和保护孤山古镇历史文化资料、展示千年古镇基本发展概貌的文化工程。

《孤山镇志》的编纂工程启动于2016年5月下旬，大致经历了人员配备、学习考察、篇目设计、资料收集、志稿撰写、总纂合成和送审验收等几个阶段。

人员配好后，丹东市地方志办公室领导带领孤山镇志编辑组人员到江苏苏州学习考察编纂《中国名镇志丛书·周庄镇志》的经验，实行四级联动，高标准准备完成编纂工作。同时，参考已出版的名镇志，结合孤山镇实际，注重突出“名”与“特”，科学设置篇目，并请教专家，召开篇目论证会，进行完善。

在资料收集整理阶段，编辑人员先后几十次深入到孤山镇，并4次赴大鹿岛实施田野调查，采访知情人和当事者600余人(次);到丹东、庄河等地及东港市档案馆、图书馆、收集文字档案资料2000余份，图片2500余幅，进而为镇志编纂打下坚实的资料基础。

在志稿编纂过程中,《孤山镇志》编辑组坚持统筹兼顾，根据编纂当中遇到的一些新问题，科学归类，捋顺层级关系，挖掘特色事物，力求做到突出历史文化古镇的地域文化和历史文化特色。本着突出孤山镇的“名”与“特”，兼顾基本镇情的原则，设置了山风海韵灵秀孤山、基本镇情、文化遗产、古建筑群、古镇保护、旅游开发、驻军战事、地域文化、风土风情、名人与名镇、艺文杂记、大事纪略、附录、主要参考文献、编纂始末等类目。成稿后，又随文配上200余幅照片、图画，使镇志图文并茂，让读者从中领略孤山镇的无穷魅力。2018 年 7 月，编辑组按照方志出版社审稿意见，对志稿再次进行修改加工。

《孤山镇志》之所以能如期出版发行，是中国地方志指导小组办公室、辽宁省地方志办公室、丹东市地方志办公室精心指导和东港市党史地方志办公室编辑组成员努力拼搏付出的结果。为了编纂出版一部高质量的名镇志，辽宁省人民政府地方志办公室主任鄢钢城亲自坐镇指挥，市县指导处具体负责指导名镇志编纂工作。丹东市政府、东港市政府将《孤山镇志》编纂作为一项重要文化工程，定期听取编纂工作汇报，妥善解决编纂当中遇到的一些实际问题，帮助解决困难。镇志编委会还专门从上海邀请《中国名镇志丛书・枫泾镇志》主编戴桂云、凤城市史志办原主任孟昭材，在总纂阶段修改加工志稿。在《孤山镇志》编纂过程中，孤山镇党委、政府自始至终把编纂镇志当作全镇政治文化建设中的一件大事，从申请立项到最终出版，都给予了强有力的配合和支持。在资料收集和志稿编纂过程中，丹东市和东港市的档案馆、图书馆、文物管理所等诸多部门都给予热情帮助，在此一并表示诚挚的感谢。因《孤山镇志》所选照片及诗词文章较多，部分作品未能在出版之前及时与作者联系，敬请著作权人看到后与我们联系，我们将奉上稿酬。

"谁知志中字，字字皆辛苦。"《孤山镇志》的面世，凝集着编纂人员大量心血和汗水，是集体智慧和力量的结晶。编辑组的编辑人员大多是聘用的退休老同志，他们当中，有的曾参加过中华人民共和国成立后的两轮修志，有的曾担任过县志的主编或市志的副主编，年龄最大的已 73 岁。为了完成编纂中国名镇志的使命，他们尽职尽责，在总纂合成的关键阶段，连续奋战，终于使《孤山镇志》如期面世。

由于《孤山镇志》所记载的史实历史跨度较长，涉及的内容较多，加之史料不足，编纂者水平有限，难免会有疏漏或错讹，恳请方志学者、专家、修志同仁以及广大读者批评指正，以备将来续修时补正。

编　者

2018 年 7 月

张所文农民画作品：《五月》（2015年）　　丹东孤山经济开发区管理委员会　提供